英語の構造
－その奥に潜む原理－

小野 隆啓 監修

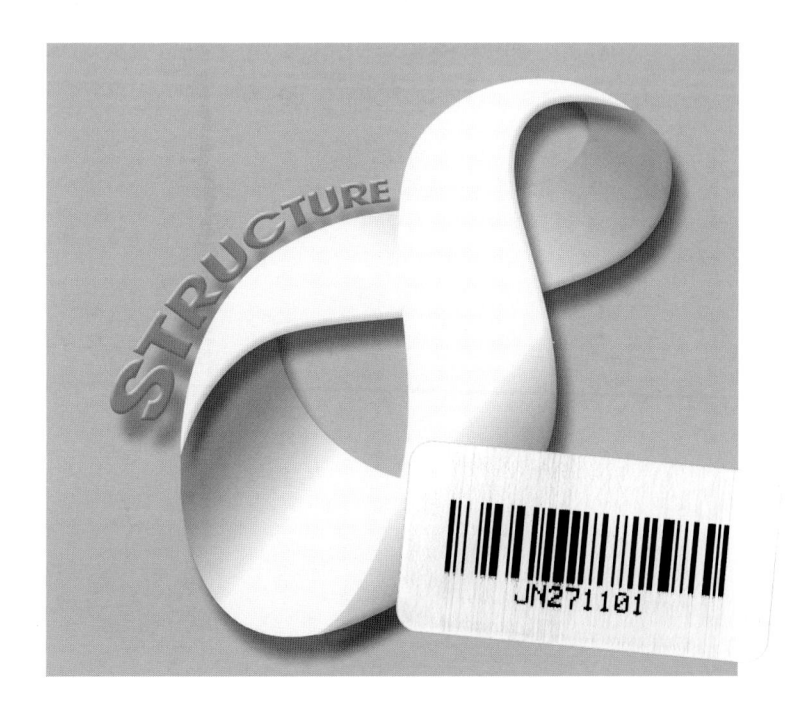

金星堂

はしがき

　人間の言葉がきわめて複雑で高度な抽象構造物であることに我々はほとんど気がついていないのではないだろうか。言葉は人が生まれて数年すると、教えられもしないのに話せるようになる。気がつくと無意識で使用できるようになっている。人間が無意識で行うことはたくさんある。息をする、目で何かを見る、立って歩く、耳で何かを聞き理解するなど、あげればきりがない。これらの行動は非常に複雑な筋肉運動、それを指示、管理する脳神経細胞、それを誘発する体内での分子反応など、驚くほど高度で複雑な生物学的作用のたまものである。

　機械工学の発達で、二足歩行するロボットがお目見えするようになってきた。ペットロボットも販売されるようになった。留守の間に自動的に掃除してくれるロボットも出てきた。言葉で普通に話しかけると反応するロボットも現れた。これらのロボットは複雑な行動が可能になっており、人間に多少近づいたと言える。これらが我々の日常生活に入り込み、普通になる日もそう遠くはなさそうである。

　では、これらのロボットがなぜこのような人間と同じような行動がとれるのか、一般の我々は知っているであろうか？もし、故障したら、直し方を知っているであろうか？どうしたら人が希望する行動をしてくれるロボットが作れるのか知っているであろうか？勿論、答えは No! である。自由に使えるからといって、そのものの本質を知っているとはいえないのである。言葉がまさにそれである。

　人は言葉を自由に操る。操れはするが、その本質は全く意識していない。宇宙の真理に匹敵する（あるいは上まわる）複雑さを持っているが故に、それを意識することが出来ない。本書は言葉の背後に潜む構造を明らかにすることを目的として書かれた英語学、言語学の入門書である。英語学、言語学の理論や考え方を紹介し、それらを用いて身近な映画や小説の英語を例に親しみを持って理解してもらえるように書かれたものである。

　各章の中には *A Tip for Thinking* という囲み記事がちりばめられている。いずれも映画や小説からとったものである。理論を理論としてだけ理解するのではなく、実際の英語を通して、言葉そのものとしても理解してもらいたいために入れたものである。

　本書の執筆者はすべて京都外国語大学から巣立っていった若い研究者達である。編者が初めて Noam Chomsky から質問に答えてくれた手紙を受け取ってから20数年になる。その間に探求心旺盛な学生が数多く英語学、言語学、特に生成文法（当時は変形文法）を勉強し研究者の道に進んで行ってくれた。すべて

編者を踏み台とし、さらなる一歩を踏み出してくれた者たちである。

[執筆者]

小野隆啓（Ono, Takahiro）	京都外国語大学外国語学部	
	（第1章　英語から言語学へ）	
山根典子（Yamane-Tanaka, Noriko）	ブリティッシュコロンビア大学	
	大学院言語学科（博士課程）	
	（第2章　音の構造）	
小野尚之（Ono, Naoyuki）	東北大学大学院国際文化研究科	
	（第3章　語の構造）	
近藤　真（Kondo, Makoto）	静岡大学情報学部	
	（第4章　文の構造 4.5-4.8）	
藤本幸治（Fujimoto, Koji）	京都外国語大学外国語学部	
	（第4章　文の構造 4.1-4.4）	
蔵藤健雄（Kurafuji, Takeo）	琉球大学教育学部	
	（第5章　意味の構造 5.1, 5.2, 5.4）	
田畑圭介（Tabata, Keisuke）	金沢学院短期大学言語コミュニケーション学科	
	（第5章　意味の構造 5.3, 5.5）	
桐生和幸（Kiryu, Kazuyuki）	美作大学生活科学部	
	（第6章　談話の構造）	
島田将夫（Shimada, Masao）	福山平成大学福祉健康学部	
	（第7章　言語と社会）	
松岡和美（Matsuoka, Kazumi）	慶應義塾大学経済学部	
	（第8章　言語と心理）	
神谷昌明（Kamiya, Masaaki）	豊田工業高等専門学校	
	（第9章　英語の歴史）	

　言葉の神秘は尽きることなく、理論も次から次へと移り変わっていく。言葉の科学的研究が始まってまだ半世紀ほどしかたっていない。言葉のおもしろさ、その背後に隠れている原理の美しさを追求したいと思う新たな若い世代の誕生に一役買えれば、本書の目的は十分に果たせたものと言える。

２００４年３月
小野　隆啓

英語の構造
―その奥に潜む原理―
― CONTENTS ―

はしがき

第1章　英語から言語学へ ― 1
- 1.1　はじめに ― 1
- 1.2　音に関する素朴な疑問 ― 第2章への序奏 ― 2
- 1.3　単語に関する素朴な疑問 ― 第3章への序奏 ― 3
- 1.4　文に関する素朴な疑問 ― 第4章への序奏 ― 4
- 1.5　意味に関する素朴な疑問 ― 第5章への序奏 ― 10
- 1.6　談話の解釈 ― 第6章への序奏 ― 13
- 1.7　社会との関係 ― 第7章への序奏 ― 14
- 1.8　心理との関係 ― 第8章への序奏 ― 15
- 1.9　英語の歴史 ― 第9章への序奏 ― 18

第2章　音の構造 ― 23
- 2.1　音声学 ― 23
- 2.2　音変化の規則性 ― 30
- 2.3　同　化 ― 34
- 2.4　韻　律 ― 36
- 2.5　きこえの役割 ― 44

第3章　語の構造 ― 51
- 3.1　はじめに ― 51
- 3.2　語と形態素 ― 51
- 3.3　語の構造 ― 58
- 3.4　語形成の方法 ― 61
- 3.5　まとめ ― 75

第4章　文の構造 ― 77
- 4.1　統語論とは何か？ ― 77
- 4.2　統語論の目標 ― 77

- 4.3 英文法はどのくらい完全か？ ― 78
- 4.4 統語論の分析法 ― 78
- 4.5 生成文法による英語の分析 ― 94
- 4.6 統語論と言語能力 ― 英語学と言語学 ― 109
- 4.7 普遍文法 ― 英語から全世界の言語へ ― 110
- 4.8 英語学・言語学の新展望 ― ミニマリストプログラム ― 111

第5章　意味の構造 ― 115
- 5.1 はじめに ― 115
- 5.2 意味論的直観と様々な意味関係 ― 115
- 5.3 語彙の意味 ― 121
- 5.4 形式意味論 ― 130
- 5.5 構文と認知 ― 145

第6章　談話の構造 ― 151
- 6.1 談話と語用論 ― 151
- 6.2 発話行為論 ― 153
- 6.3 会話の含意 ― 159
- 6.4 前提と会話 ― 163
- 6.5 関連性 ― 164
- 6.6 直　示 ― 172
- 6.7 ポライトネス ― 180

第7章　言語と社会 ― 185
- 7.1 はじめに ― 185
- 7.2 社会言語学の発展 ― 185
- 7.3 社会言語学の領域 ― 187
- 7.4 言語変種 ― 189
- 7.5 言語変種の諸概念 ― 195
- 7.6 sexismとracism ― 197
- 7.7 結　び ― 203

第8章　言語と心理 ― 205
- 8.1 はじめに ― 205

8.2 言語獲得 —————————————— 205
8.3 統語解析 —————————————— 214
8.4 脳とことば ————————————— 217
8.5 バイリンガリズム ——————————— 220

第9章 英語の歴史 ——————————— 223
9.1 はじめに ————————————— 223
9.2 古英語期以前 ———————————— 223
9.3 古英語期(450-1100)の英国 ——————— 224
9.4 古英語の文法 ———————————— 227
9.5 中英語期(1100-1500)の英国 ——————— 232
9.6 中英語の文法 ———————————— 233
9.7 近代英語(1500-1900) ————————— 240
9.8 英語史から見た現代英語 ————————— 242

章別推薦図書 —————————————— 245
参考文献 ——————————————— 247
索　　引 ——————————————— 251

第1章　英語から言語学へ

1.1 はじめに

　英語という言語はおもしろい、それでいてやっかいな言語で、学ぶ者に数多くの疑問を持たせる言語だと思う。英語に限らず、外国語というものは、**母語**(native language)とは異なった環境のもとに、異なった歴史、文化の上に成立し発展してきたものであるから、おもしろく、やっかいで、多くの疑問が出てくるのは当然である。多くの人にとっては中学校で初めて英語というものにふれるわけだが、発音、文字、文法、意味、そしてその背景にある文化など、日本のものとは大違いである。英語を学び始めて、我々が持つ素朴な疑問をいくつか考えながら、それらの素朴な疑問に答えを与えてくれる**英語学**(English linguistics)・**言語学**(linguistics)の世界に入っていこう。

1.2 音に関する素朴な疑問 —第2章への序奏—

　まず、英語の音について考えてみよう。**母音**(vowel)一つとってみても日本語なら「あ」一つしかないのに、英語だと、日本人が「あ」に近いと感じる発音には[æ], [ɑ], [ʌ], [ə], [ɚ]などがある。この区別を練習し獲得しなければならないのだから大変である。文字と発音の関係にしてもこれまたやっかいである。aという文字が使われている場合、h<u>a</u>tのaの発音のようにいつも[æ]と発音できるのならいいのだが、h<u>a</u>teになると[ei]に変わるし、s<u>a</u>wになると[ɔ]、choco<u>la</u>teでは[i]、c<u>a</u>reでは[εə]、などなど。文字の「あ」は「あ」としか発音しない日本語からすると、本当にやっかいな言語である。

　英語には母音だけでなく日本語にはない**子音**(consonant)が数多くある。[f]や[v]は「下唇を噛んで発音せよ」、[θ]や[ð]は「舌を噛んで発音せよ」と習う。birdの[ɚ]は舌を巻けだの、とにかく日本人の感覚からすれば、「舌にサーカスをさせる」がごときである。

　日本人の英語の発音練習を皮肉った次のような笑い話がある。「ある日、イギリスのとある田舎町での話である。優雅にも馬車で田舎ののどかな道を、イギリス人、アメリカ人、そして日本人の3人が旅行していた。はじめは話に加わらなかった日本人も、二人の話に興味を引かれ会話に入った。ところが、少しすると日本人の口からは血が流れ始め、イギリス人とアメリカ人はびっくり！ What's wrong? と尋ねる彼らに Nothing. I'm all right. と答える日本人。事情

を聞いてみると、日本では、英語の発音を教える時、fとvのような子音は下唇を、そしてthの場合は舌を、「噛む」と習っており、それを忠実に守って発音していたところ、馬車が走っているのが田舎の舗装もされていないガタガタ道なので、fの音を発音しようとした時に、ちょうど石に乗り上げそのショックで下唇を切り、またthの音を発音しようとした時に、同じく石に乗り上げそのショックで舌を切り、血が流れ始めたという。話を聞いていたイギリス人とアメリカ人は、口からあごを血だらけにした日本人を、ただ呆然と見守るばかりであった。その見守る二人のアメリカ人とイギリス人の口からは一滴の血もにじんでいなかった。」

[f],[v],[θ]や[ð]は日本語にない音なので、ある意味問題ないが、実は日本語と同じだと思っていて、実際には違う発音の仕方をしている音の方がやっかいなのである。例えば日本語の「す」と英語の[su]は同じだと思っている人がほとんどであろう。次の話はある外国語大学で実際にあったことである。

英会話が必修科目になっている大学での話である。担当のアメリカ人教師は非常に教育熱心ではあったが、言葉が厳しく、本来なら人権問題にもなりそうなきつい言葉で学生を叱責することで有名な教授であった。発音指導を中心に授業が進められ、ほとんど毎回小テストが行われた。テストは、学生を一人ずつ教卓に呼び、発音をチェックするために用意された単語のペアを、いくつか発音させるというものであった。そのテストの中で学生たちが一番不平を訴えたのが[s]と[θ]のペアであった。実際に課されたテストでは、sinkとthinkを発音するというものであった。このテストで、ほとんどの学生が[θ]は発音できているが[s]の発音ができていないと、悪い点をつけられたのであった。

そのような学生の中の一人がクラス担任の教授に、「今まで[f]や[v]、[θ]や[ð]が正しく発音できていないと言われたことはあっても、[s]が発音できていないと言われたことはありません。あの教授は本当にアメリカ人なのですか?」と涙ながらに訴えてきたのである。

学生の言い分はもっともなように思われる。しかし、実は間違っているのは学生なのである。上の状況のように発音のテストの場合、いくら大学1回生の学生でもthinkは舌を噛み発音するぐらいのことは心がけてテストに向かうものである。したがってthinkという語の発音で失敗することはむしろないのである。しかし、sinkの場合は、今まで誰にも注意されてこなかったし、英語の[su]と日本語の「す」は同じだと思っていたことが、実は間違いなのである。

このように、英語にはあって日本語にはない音は多少の注意と練習をすれば発音できるようになるが、日本語と同じ音だと思っているが実際には少し異な

る音の方が見逃されやすく問題なのである。

　また、教師側の**発音記号**(phonetic alphabet)そのものに対する理解が間違っていることも多い。例えば、[ə]の発音をどのように理解しているかはかなり問題である。これは筆者の実際の体験であるが、中学の時 tomorrow という語を習った時、その時の教師はこの単語を「タマロウ」と発音するように指導した。理由は、この語の発音記号が[təmɔ́rou]であり、下線部の発音記号は bird という語の発音記号の[bəːrd]と同じだから「ア」なんだというのが理由であった。これは明らかに発音記号に対する誤解から生じたものである。

　boy の発音記号を見ると[bɔi]となっている。これだけ見たら「ボイ」と発音すべきで「ボーイ」のような長音にはならないはずである。bed や bag も発音記号上に長音記号([ː])は入っていないのに、pet や pack とはちがい、長く発音される。これは「**有声音**(voiced sound)に囲まれた短母音は半長音長くなる」という音声学の規則があるからである。

　最近の英語教育では、口語英語を教えることが要求されることが多い。口語英語の発音上の一つの特徴として、2つの単語を結合して発音上ひとつの単語として発音することがある。例えば、次のようなものである。

(1) a. is not→isn't　　b. have to→hafta　　c. going to→gonna
　　d. got to→gotta　　e. want to→wanna　　f. used to→usta

このような現象を**縮約**(contraction)という。縮約の中で歌などによく出てくるものに want to の縮約形である wanna がある。次の例は Michael J. Fox 主演映画 *Back to the Future* の一場面である。

(2) BIFF　　　　:Don't be so gullible McFly...
　　　　　　　　（マクフライ、簡単に引っかかるんじゃねえよ。）

　　GEORGE　　:Okay.
　　　　　　　　（わかったよ。）

　　BIFF　　　　:I don't <u>wanna</u> see you in here again.
　　　　　　　　（お前の顔なんかここで見たくなんかねえからな。）

　　GEORGE　　:Okay.　All right.　Bye-bye.
　　　　　　　　（ああ、わかったよ。バイバイ。）

このwanna縮約はwantとtoが隣接していれば一般的には可能な音韻規則であるが、wantとtoが隣接さえしていればいつも可能であるというわけではない。次の例を見てみよう。

（3）KATHARINE : I really don't think that's a variable. Tess, you know, you don't get anywhere in this world by waiting for what you <u>want to</u> come to you. You make it happen.(*Working Girl*)
（それはないわね。テス、いい？この世の中では、待ってるだけじゃ何も起きないの。自分自身で行動を起こさないと。）

上の例ではwantとtoが隣接しているが、実はwantとtoの間にはwhatがもともと存在しており、「wh語は文頭に移動させる」という英語の文法規則のために移動した結果、wantとtoの間に**痕跡**(trace)というものを残していると考えられる。母語話者はこの痕跡を無意識のうちに認識しており、痕跡がwantとtoの間にある場合wanna縮約はできないことを知っているのである。実際映画の中での発音ではwantに強勢が置かれている。

時代が変わり、中学校で初めて英語にふれる際の教科書の出だしも変わるものである。今ではそんなことはないが、筆者が中学で英語を学び始めた時の教科書では、Lesson 1, §1がThis is a pen.から始まっていた。そしてこの文を何回となく発音練習させられたため、英語の文を読む時は、この文のアクセント、抑揚パターンが英語の基本形なのだと思った。そのため、John hit Mary.のような文を読む時もThis is a pen.と同様、主語に一番強いアクセントをおいて読んでいたものであった。

John hit Mary. という文を発音する時は、特別な強調などが入らない限り、Maryに第1アクセントが来るものである。このことは英文を読む時の基本となる知識である。thisとかthatという単語は特別な**焦点**(focus)を当てるものであるから、これらの単語を含む文は、基本的なアクセント、抑揚パターンを代表する文ではないのである。

今では中学や高校にALTと呼ばれる母語話者が教壇に立って、学生たちが生きた英語にふれられるような機会が与えられている。そのALTの人たちから「なぜ日本人はThere is a girl in the room. の場合のthereの発音がおかしいのか」と言われることがある。一般に日本の英語教育では**there構文**(*there-construction*, あるいは**存在文**(*existential sentence*))と呼ばれる構文に出てくるthereと、John went there. に現れるthereが違うことが教えられない。

there 構文に出てくる there は品詞は**名詞**（noun）で、意味は持たず、発音は[ðər]でありアクセントは置かれない。一方 John went there. の場合の there は品詞が**副詞**（adverb）で、意味は「そこに（で）」であり、発音は[ðéɚ]である。この事実は一般の辞書にも書いてあることなのだが、ほとんど気づかれていない。したがって、there 構文の there も副詞の there も同じように発音するため、ALTの人たちに発音がおかしいと言われるのである。

英語の発音を詳しく研究する英語学の分野を**音声学**（phonetics）といい、音声に関するいろいろな現象を科学的に説明する分野を**音韻論**（phonology）と呼ぶ。これらの専門分野を若干理解するだけでも数多くの素朴な疑問に解答が得られるものである。第2章で議論される。

1.3 単語に関する素朴な疑問 ―第3章への序奏―

文を構成する最小の単位は単語である。しかしこれは何も意味の最小単位が単語であるということは意味しない。単語より小さい意味単位というものが存在するのである。英語の単語で最も長いものとして pneumonoultramicroscopic-silicovolcanoconiosis（塵肺症）という単語があげられることがよくある。45文字もある単語である。しかし実際にはこれが最長の単語ではなく、「トリプトファン・シンセターゼＡタンパク質[*1)]」という化学物質の名詞はなんと1913もの文字数を要する。このような長い単語を覚えることは基本的に不可能であるように思える。しかし、不可能であるならなぜ存在するのであろうか。

英語の単語は26の文字からなっているが、よく見てみると長い単語でも、いくつかの部分に分かれていることがわかる。上で見た塵肺症にしても以下のような部分から構成されている。

 （4） pneumono- = lung
   ultra- = beyond
   micro- = small
   scopic- = to see
   silico- = flint, quartz（珪素）
   volcano- = fiery, as from a volcano
   coni- = dust
   -osis = a diseased condition

[*1)] Lederer, R. 1989. *Crazy English: The Ultimate Joy Ride Through Our Language*. Pocket Books: New York. pp.41-42を参照。

これほど長い単語でなくても、例えばfilmgoer（映画ファン）ならば、film+go+erのようにして単語が構成されていることは明白である。したがって、単語が最小の単位ではなく、単語より小さい意味単位が存在するのである。このような単位を**形態素**(morpheme)という。

　形態素のレベルでのある程度の理解は、単語を覚える時にとても有益である。簡単な例でtele-という形態素は「遠い」という意味を持っている。この形態素を含む単語にはtelephone, telegram, telescope, telepathy, televisionなどのようなものがある。いずれも「遠い」という意味が生かされていることがわかるであろう。少し難しい例になれば、よく日本語の会話の中で「〜恐怖症」というのが用いられる。例えば、「高所恐怖症」や「閉所恐怖症」などである。これらの語も-phobiaという形態素を用いればacrophobia, claustrophobia[*2)]のように簡単に覚えられる。

　「経験」という意味のexperienceと「実験」という意味のexperimentはよく似ているが何かしら共通点があるのだろうか。形態素に分けてみるとexperi+enceとexperi+mentに分けられることがわかる。experi-はラテン語でtryの意味を持っている。-ence/-anceは「結果」を表し、-mentは「動作」を表している。したがってexperienceは「tryした結果」なので「経験」を意味し、experimentは「tryする動作」なので「実験」を意味するのである。おもしろいことに日本語も同じ「験」という語が両方に入っているが、偶然ではない。

　re-という形態素が語頭についている単語がいくつかある。return, recover, resetなどである。この形態素が「再び」を意味することは誰もが周知の事実である。しかし、おもしろいことにある動詞にre-をつけると、本来の用法とは異なる用法になることがあることに気づいているだろうか。例えば、thinkという動詞は自動詞なので、*Jane thought the jewelry.が示すように目的語はとらない。（英文の前に*(asterisk)が付いていたらその文は**非文法的**(ungrammatical)な文、**非文**(ungrammatical sentence)であるということを意味し、この形式は以後も頻繁に用いられる。）ところがre-が付くと次のような用法が可能である。

(5)　Tess　　　　：Hm. Uh, how do I look?
　　　Katharine　：You look terrific. You might want to <u>rethink</u> the jewelry.
　　　　　　　　　(*Working Girl*)

[*2)] Lederer, R. 1989. *Crazy English: The Ultimate Joy Ride Through Our Language.* Pocket Books: New York. pp.51-55を参照。125個の-phobiaで終わる単語が紹介されている。

これはre-を動詞につけると、単に「再び」という意味が付くだけではなく、別の作用が働いていることを示している。

英語では、動詞に-ableをつけて形容詞を作ることがある。readable, learnableなど例は簡単に見つけられる。しかし動詞であればどのようなものにでも-ableという形容詞がつけられるのかと言えば、そうではない。例えばgiveやgoなどに-ableをつけて*givableとか*goableのような語は存在しない。英語の母語話者はこのような事実をなぜ知っているのだろうか？

このように形態素の働き、意味を研究し、**語形成**（word formation）を研究する分野を**形態論**（morphology）と呼び、第3章で扱われる。

1.4 文に関する素朴な疑問 —第4章への序奏—

英語の文法は中学の1年生から勉強し始める。「これはペンです」をThis is a pen.といい、thisは「これ」、isはbe動詞と言うと習う。勉強が進むにつれIが主語の場合はam、youが主語の場合はare、過去形になるとwas、were、完了形ではbeen。いつまでたってもbeという形が出てこないのになぜかbe動詞という名前だけは教えられ、覚えさせられる。

名詞の前についている小さな単語である**冠詞**（article）というものを習う。冠詞をつける名詞が母音で始まっているとaではなくanにせよと習う。冠詞にはもう一つあってtheというのを習う。これまた名詞が母音で始まっている場合には[ðə]ではなく[ði]と発音すると習う。a (an)の意味としては、「一つの」という意味だと習うが、文を訳す場合には必ずしもそのようには訳さない。日本語にはないこの冠詞という語の用法がわかったようでわからないので、簡単な英文を作る時にもa (an)にすべきか、theにすべきか、それともつけないでいいのか、判断に大いに迷う。

中学校の英文法で現在完了形というのを習う。I have finished my homework.のような文である。意味は「私は宿題を終えたところです」と訳が与えられるだけで、過去形のI finished my homework.とどう意味が違うのかよくわからない。過去を明確に示す副詞とも共起しないので*I have finished my homework yesterday.とはならないとも習う。

英語の否定文では、それまでどこにもなかったのに突然どこからともなくdoが出てきてI don't think so.のようになる。いったいこのdoは何なのか、そしてどこから出てきて、なぜないと*I not think so.のように非文法的になるのか、疑問に思われた方は数知れずいると思う。それにbe動詞の否定文にはなぜかdoは出てこないし、**助動詞**（auxiliary verb）を含む文も同様で、例えば、I can do it.とは言うが、*I don't can do it.とは言わない。これまた奇妙である。

　この訳の分からないdoは疑問文を作る時にも出てくる。Do you play the guitar?のような場合である。この場合にはさらに奇妙なことが起こっている。疑問文の時にはなぜdoを文頭に移動させるのかがわからない。また、doやcanのような助動詞は文頭に移動できるのに、*Went you there yesterday?のように本動詞は文頭に移動することができないのはなぜなんだろうか？

　さらに、whoとかwhatのような疑問詞が入っている疑問文の場合は、What did you see?のように、疑問詞を移動させた助動詞のさらに前に移動させなければならない。もとの位置にとどめておくと*Did you see what?のように非文法的になる。

　主語がwhoのような疑問詞の場合はもっと疑問は深くなる。例えばWho saw the ghost?のような例を考えてみよう。この文は疑問文なのに、なぜかdo（did）が出てきていない。疑問文ではdoやdidが出てきて主語と倒置するのではなかったのか？　whoが主語でない場合はDid you see the ghost?となるわけだから、この文の主語をwhoに変え、疑問詞はdidの前に移動するのだから、疑問文を作る際の文法規則に厳密にしたがえば*Who did see the ghost?になるはずだが、この文は非文法的である。本当に訳が分からなくなる。

　命令文で主語が現れないのは日本語と同じなのでこの点に関しては何も疑問は感じないであろう。ところが、be動詞がからむ命令文の場合は、それを否定文にすると、なぜかDon't be silly.のようにまたしてもdoが出てくる。This is a pen.の否定文は*This does not be a pen.ではなく、This is not a pen.なのに、*Not be silly.とか*Be not silly.は非文である。

　「自分」にあたる英語にhimselfやherselfなど、**再帰代名詞（reflexive pronoun）**と呼ばれる語がある。John hates himself.のような文においては、himselfは必ず主語であるJohnを指す。したがって*John hates herself.や*Mary loves myself.は非文である。少し複雑なBill thought that John hated himself.のような文を考えてみよう。この文ではhimselfはJohnと解釈されなければならず、決してBillとは解釈されない。この事実は日本語の場合と様子が違うことに気が付いているだろうか？　この文を日本語で言うと「ビルはジョンが自分を嫌っていると思っていた」となるが、この日本語では「自分」はビルを指す解釈の方がジョンを指す解釈より自然である。このような英語と日本語の相違はどのような理由から生じるのだろうか？　謎は謎を呼ぶばかりである。

　whoやwhatなどの疑問詞が現れる疑問文を作る時にも、英語と日本語では大きな相違がある。英語ではwh疑問詞を必ず文頭に移動しなければならないが、

日本語ではそのようなことはしない。「君は何を買いましたか」を作文する場合を考えてみよう。以下のような過程が母語話者の脳の中で進行すると考えられる。

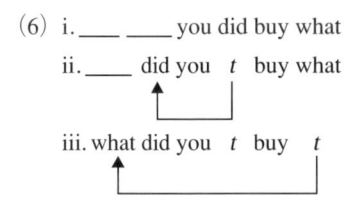

(6) i. ___ ___ you did buy what
    ii. ___ did you t buy what
    iii. what did you t buy t

(6i) では、what は元々 buy の目的語であるから buy の右隣にあったことが示されている。疑問文の形成には助動詞 did を主語 you の前の位置に移動する。この操作は**主語・助動詞倒置**(Subject Auxiliary Inversion: SAI) と呼ばれ、(6ii) に示されている。did が移動した後には痕跡が残されている。そして、(6iii) に示されるとおり、wh 疑問詞が移動された did の更に前に移動される。これを **wh 移動**(*wh*-movement) と呼ぶ。

このような単純な例の場合は問題ないが、少し複雑な wh 疑問文になると問題が生じてくる。例えば、「君は誰が書いた本を買ったのですか」という日本語を英語で表現する場合を考えてみよう。(6) と同じ考え方で疑問文を作ってみよう。(7) のようになる。

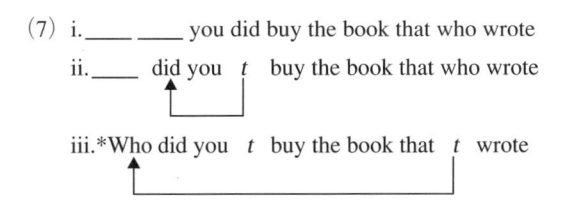

(7) i. ___ ___ you did buy the book that who wrote
    ii. ___ did you t buy the book that who wrote
    iii. *Who did you t buy the book that t wrote

「誰が」は「書いた」の主語なので wrote の前の位置、つまり主語位置に生成される。(7iii) では、この who が wh 移動により文頭に移動している。しかし、(6) と同じような操作を用いて作ったこの (7iii) は非文になってしまう。日本語では何の問題もない文が、英文に訳そうとすると問題が生じるのである。

英語の wh 疑問文では一般的に wh 疑問詞を文頭に移動すると言ったが、少し特殊な場合はどうであろうか。例えば、日本語では「誰が何を買ったんですか」という疑問文は何の違和感もなく受け入れられる。このような、一つの文中に

複数のwh疑問詞が出てくるwh疑問文を**多重wh疑問文**(multiple *wh*-question)と呼ぶ。この文は英語では、Who bought what? となる。ここで注目したいのは、wh疑問詞であるwhatが文頭に移動していないという事実である。これはいったいどうしたことであろうか。

このように文や句の構造を規定する分野が**統語論**(syntax)であり、第4章で議論される。

1.5 意味に関する素朴な疑問 —第5章への序奏—

我々は日常生活で常に**意味**(meaning)というものを考えている。相手の言ったことの意味、書かれた文の意味、人の行動の意味など、あらゆる場合意味を考える。人とのコミュニケーションで障害が生じた場合よく耳にするやりとりが、「そんな意味で言ったんじゃないよ」とか「言ってる意味がよくわからない」などである。

日常生活で簡単に使われるこの「意味」という概念は、明確に少なくとも二つの異なるものを指して使われている。例えば、中学校で習う**能動態**(active voice)と**受動態**(passive voice)の例で考えてみよう。

(8) a. John hit Mary.
　　b. Mary was hit by John.

これら二つの文は形式は異なるが、同じ意味を表していると習ったことを覚えているであろう。確かに、(8a,b)いずれの文においても、hitという行為をした人、**動作主**(agent)はJohnであり、hitという行為を受けた人、**被動者**(patient)はMaryであり、この**イベント**(event)が生じたのは過去の一点である、ということに変わりはない。このような場合の意味を**論理的意味**(logical meaning)と呼ぶ。

しかし、もし(8)の二つの文が同じ意味で、何の差もないのなら、なぜこのように二つの形式が必要なのか疑問が生じてくる。本当に(8)の二つの文は「全く同じ意味」なのだろうか。もちろん違うのである。確かに論理的意味は同じである。しかし、論理的意味以外の意味が異なるのである。(8a)はJohnという人を**話題**(topic)にした文であり、つまりJohnについて述べた文であり、(8b)はMaryを話題にした文である。このような意味を**情緒的意味**(emotional meaning)と呼び、論理的意味と区別して考えなければならない。

第5章で扱われる意味は、この二つの異なる種類の意味のうち、前者、つま

り論理的意味である。後者の情緒的意味は第6章で扱われる。

動詞(verb)はそれが表すイベントに関係する複数の要素と結合して文を作る。例えば、(8)のようである。hitの場合は、動作主と被動者の二つの要素があれば、文の意味は成立する。しかし、どちらか一方が欠けると文として成立しなくなる。(e.g., *John hit. *Hit Mary.(命令文ではない))このように動詞と結合する**意味役割**(semantic role)をθ役割(θ-role)という。

θ役割を意識していることは動詞の意味の理解に非常に役に立つ。例えば、hearとlistenの相違はどのようなものであるのか、明確に説明できるであろうか。次の例文を見てみよう。

(9) a. Cheryl heard the voice.
b. Cheryl listened to Bill.

hearは聞こうと意図していないのに勝手に耳に入って来るという意味である。それに対してlistenは意図的に聞こうとして聞いている行為である。これらの相違を主語のθ役割の相違としてとらえると、hearの主語は外界の音を経験するだけであるので、**経験者**(experiencer)というθ役割を持ち、listenの主語は意図的な行為であるので、動作主というθ役割を持っているというように区別すると、hearとlistenの違いが明確になる。

このようなθ役割の相違を意識すると、統語的な構文関係が明確になってくることに気づくであろう。hearは一般的に進行形にならないし(e.g., *John is hearing the voice.)、命令文にもならない(e.g., *Hear the music.)のに対して、listenは進行形になるし(e.g., John was listening to Bill.)、命令文にもなる(e.g., Listen to me carefully.)。このような事実は、経験者というθ役割が**状態**(state)を表し、動作主が**動作**(action)を表すことから説明できる。

John killed Mary.という(物騒な)文は、3通りの意味があることに気づいているだろうか。まず、Johnが意図的にMaryを殺害した場合、Johnは**意図**(volition)を持っていたわけなので、例えば、誤ってMaryを殺害したような場合とは意味が異なる。動作主に**意図的**(+volitional)な場合と**非意図的**(−volitional)な場合の二通りの意味解釈が可能である。さらに、killの主語にはThe knife killed Mary.のように**道具**(instrument)が現れることもあるので、Johnのθ役割を道具と考える解釈も可能である。(例えば、交通事故で、はねとばされたJohnがMaryにぶつかって、そのためMaryが死に至った場合、Johnは一種の道具である。)

日常生活で何気なく言葉を用いているとふと意味が不明瞭になっている場合があることに気がつくことがある。例えば、コンパなどを企画し、幹事として働いていると、参加を申し出た人全員が予定通り参加してくれることを願うものである。コンパが終わって、誰かから、「どうだった？みんな来た？」と問われて、「みんなは来なかった」と言った心のどこかで、

(10) 「みんな<u>が</u>来なかった」って言うと、誰も来なかったことになるなあ。「みんな**は**」の場合は**部分否定**(partial negation)、「みんな**が**」の場合は**全否定**(total negation)なんだなあ。それに、「が」も「は」も言わない「みんな来なかった」も全否定だなあ。

とその奇妙さにふと我を忘れる場合がある。

このようなことは他にもある。次の英文を見てみよう。

(11) Every boy loves a girl.

この文は二通りの解釈があることに気づいているだろうか。男の子が5人いた場合、5人それぞれに一人ずつ好きな女の子がいるという解釈と、5人全員が一人の女の子を愛している場合の二通りである。

4章の文の構造とも密接に関係することであるが、一つの文が二通り、あるいはそれ以上に解釈される場合がある。次の英文はそれぞれの後に数字で示した数だけの解釈が可能であるが、どれぐらい理解できるであろうか。

(12) a. Flying planes can be dangerous. (2)
　　 b. The lamb is too hot to eat. (3)
　　 c. Mary's mother's heart (2)
　　 d. A review of the book written by Chomsky appeared yesterday. (2)
　　 e. I like Indians without reservations. (3)
　　 f. John gave Bill a kick at the goal. (3)
　　 g. the shooting of the hunters (2)

我々は言葉を使って思考し意志疎通をする。その時常に意味というものを扱っている。意味には奥深いものが数多く存在し、「意味」という言葉すら、単純な意味でとらえるべきではないのである。このような意味の本質を考察する

のが第5章である。

1.6 談話の解釈 —第6章への序奏—

　言語は抽象概念を表現し、思考を発展させるために欠かせないものである。それと同時に**意志疎通**(communication)の手段でもある。文法的な文を用いて自分の意志を相手に伝え、相手の意図するところを理解し相互理解を確立し、さらなる意志疎通を図る。これが一般的に考えられている言語の存在価値であろう。

　統語論では、文法的な文を形成し、意味論でその文の論理的意味を考えた。これらの文を用いて人間は意志疎通を図る。このとき、文本来の論理的意味ばかりではなく、その文の論理的意味から派生した意味、つまり情緒的意味を用いることにより、皮肉を言ったり、冗談を言ったり、間接的に他の人に命令をしたり、いろいろな行動を誘発し意志疎通を図っている。

　例えば、食事をしているときに塩などが手の届かないところにある場合、隣の人に取ってもらうことがある。この場合、英語ではCould you pass me the salt? などというが、考えてみれば、この文は単なる疑問文なので、問われた人はその答えとしてYes.（あるいは、Of course. Sure.など）でもいいはずである。でも、もしYes.と言うだけで、何の行動も起こさなかったら、その場の雰囲気はとてもおかしなものになるだろう。

　何人かの友人と話しているとき、ある人が「そうそう、昨日河原町を、女の子と歩いてたよねえ」といったとすると、いわれた人が単に「うん、歩いてたよ」としか言わず、その後何も言わないと会話が滞り、ぎくしゃくしたものになる。発された文そのものは、単に昨日河原町を女の子と歩いていたという事実を指摘しただけなのだが、この文を発した人の気持ちの中には、その女の子は誰なんだというような意味が含まれているはずである。そして、この疑問に答えてくれることを期待して上のような発話をしたはずである。

　次のせりふは映画 *Working Girl* からのもので、Katharine Parkerという女性がスキーに行って骨折したため病院に入院し、そのベッドの上から自分の秘書であるTess McGillに電話して、彼女が入院している間にやるべきことを指示している場面である。その電話中に男性の看護士が彼女を盗み見しているのを次のように指摘する場面がある。

　（13）Katharine: Hey, easy with the leg, will you? Quit staring at my gown.

彼女は「私のガウンをじろじろ見ないで」と言っているのだが、実際には「私の体を変な目で見ないで」という警告を発しているのである。my bodyと言うべきところをmy gownのように間接的に表現しているのである。

このように、文を文字通りの意味 (literal meaning) だけの解釈にとどめず、皮肉や命令などの言外の意味 (implication) を含めて用い、会話を進める際など、談話の背景にある言語使用の原則を研究していくのが語用論である。

1.7 社会との関係 ―第7章への序奏―

言葉が社会と深い関係にあることは誰もが気づいていることであろう。最も容易に思いつくのが**方言** (dialect) であろう。人にはそれぞれ生まれた環境で自然に身についた方言というものがある。津軽弁だとか鹿児島弁、大阪弁など有名でテレビでよく耳にするものもあれば、全く聞いたことのない方言も数知れずある。筆者の方言には「あれられら、わいら、わっきゃあんごやがや[*3]」とか、「ほら、砂糖入れすぎたから<u>とごってる</u>やん[*4]」というのがある。さすがに前者の言い方は方言だとは思っていたが、後者の「とごる」というのは方言とは思わず使っていたものだった。

英語にももちろん方言がある。方言というよりも、まず国により**イギリス英語** (British English)、**アメリカ英語** (American English)、**オーストラリア英語** (Australian English) など、もちろん意志疎通にはほとんど問題ないが、それぞれの特徴をもっているものである。アメリカ英語の特徴的な**母音後の/r/** (postvocalic r) は標準的なイギリス英語では見られない。例えば、doorは、アメリカ英語では[dɔ́:r]、イギリス英語では[dɔ́:]のように発音される。オーストラリア英語では[ei]が[ai]になることが有名である。映画 *Mission Impossible 2* にその例を見ることができる。

(14) Billy: Ethan Hunt? G'day, mate.
　　　　　 I'm William Baird, but Billy's O.K.

Tom Cruizふんするethan Huntを助けるオーストラリア人のBillyが挨拶する部分である。G'day, mate.は[gʊdai mait]と、O.K.は[oʊkai]と発音されている。

イギリス、ロンドンの下町方言として有名なのが**コックニー** (Cockney) と呼ばれるものであり、映画 *My Fair Lady* の中で、Professor Higginsの発音矯正訓練

[*3] 三重県一志郡香良洲（からす）町の方言で、「なんとまあ、君たち、本当にばかだよねえ」という意味。
[*4] 注3と同じ地方の方言で、液体に溶けきれなかったものが沈殿する様を表す。

を受ける前のAudrey Hepburn演ずるEliza Doolittleや彼女の父Alfred Doolittleが話している言葉である。Professor Higginsの発音矯正に用いられるいくつかの文の中に次の2つがある。

(15) The rain in Spain stays mainly in the plain.
　　　In Hertford, Hereford, and Hampshire, hurricans hardly ever happen.

最初の文では、標準英語ならば[ei]と発音される単語が、コックニーでは全て、[ai]と発音される。後の文では、コックニーでは[h]が発音されないという特徴があるので、In 'ertford, 'ereford, and 'ampshire, 'urricanes 'ardly *h*ever 'appen.と発音される。（逆にeverの前に本来入らないはずの不必要なhが入っている。）

　社会と言葉との関係で方言ばかりが取りざたされることが多いが、男性語と女性語の違いも見逃してはならない。日本語では男女間の言葉の使用の相違は英語に比べると遙かにはっきりしている。文末の「だわ」（「これは妹のだわ。」）とか「だもの」（「だって、そうじゃないんだもの。」）は基本的に女性が使う語尾である。

　英語には日本語ほどはっきりした男女間の相違というものはないが、それでも差があることはあるのである。例えば、男性なら普通Bill is short.というところを、女性はBill is *kind of* short.のようにkind ofとかsort ofのような発話の婉曲性や丁寧さを表す語、垣根言葉（hedge）を多用する傾向がある。また、当然であるが、語彙の選択にも男女差がある。cuteやmauve（藤紫色）などという単語は基本的に女性が使う単語だとされている。

　このように、言語の社会との関連を研究する分野が社会言語学であり、第7章で議論される。

1.8 心理との関係 —第8章への序奏—

　中学から英語の勉強を始めて高校、大学と合計10年近くも勉強しているにもかかわらず、英語を聞き取ることもできず、簡単な会話をし意志疎通をすることもできない有様を考えるとき、多くの人がよく口にするのが「子供の頃から英語をやっていたらなあ」という言葉である。子供の頃から英語をやっていたら、もっとスムーズに英語が使えるようになると漠然と多くの人が思っている。理由は簡単で、子供連れの夫婦が仕事の関係などでイギリスやアメリカに何年か滞在すると、親より子供の方が英語の発音がよく、聞き取りも優れ、話す英語も、親のように「作文英語」ではなく「英語らしい英語」で話せるようにな

るのを見聞きしているからである。

　子供が母語を獲得することを**第一言語獲得**(first language acquisition)という。第一言語獲得には**臨界期**(critical period)というものがあって、それまでに人間言語に接触しないと、それ以降どれだけ言語を教えようとしてもきわめて限られた範囲しか獲得できないという事実が報告されている。もちろんこの臨界期には個人差があり、一般的には8歳前後と言われている。この臨界期が終わってからの言語獲得は不可能で、勉強と練習によりかなりのレベルまでは達成できるが、母語話者の**直感**(intuition)を持つまでには至らない。

　臨界期は脳の発達と深い関係にある。臨界期以前の子供であれば、例えば不幸にして交通事故にあい、言葉を失っても、時がたてばまた言葉は戻ってくる。しかし、臨界期以降にこのような事故に遭遇すると二度と言葉は戻ってこない[*5)]。

　子供が言語を獲得する場合は、我々が中学などで勉強として英語を獲得する場合とはかなり様子が異なる。動詞には過去形を作る際に語尾に-edを付けて作る規則変化動詞(e.g., kiss, kick)と、特別な母音変化を起こす不規則変化動詞(e.g., eat, drink)がある。子供の言語獲得を調べてみると、ある時期come-cameと正しく獲得されていたものが、ある時からcome-comedのように、親は決しておかさないような誤りを犯すようになる時期がある。もちろん、放っておいても時がたつと元通り正しく発話するようになる。このように親から聞いたこともない言葉を子供は発するのである。このことは、子供がまねすること(mimicry and memorization)で言語を獲得しているのではないことを示している。

　子供の言語獲得を観察していると多くの驚きに遭遇する。筆者はかつて黄色い車に乗っていたことがあるが、いろいろな写真を子供に見せていた時、筆者のみが写っている写真を見ると、それを指さしながら「パパ、パパ」と言い、筆者の車が写っている写真を見ると「パパん、パパん」と言うのである。単語が一つしか話せない時期、**一語期**(one-word stage)のことである。一語しか話せないので、「パパのぶーぶーちゃん」とは言えず、所有を表す「の」がついた「パパん」を発していたのである。

　このような第一言語獲得の研究が**心理言語学**(psycholinguistics)の一部である。

　我々の脳が**右半球**(right hemisphere)と**左半球**(left hemisphere)に分かれていることは生物の授業などで知っているところである。言語中枢は左半球にある。左耳の上のあたりに発話を司る**ブローカ野**(Broca's area)があり、その

---

*5) 部分的には回復しても完全な回復はほとんど不可能である。

少し後頭部よりに発話の理解を司る**ウェルニケ野**(Wernicke's area)がある。いずれかの部位を事故や病気で損傷すると、特定の**失語症**(aphasia)を生じる。

　脳内のニューロンの数は1000億個以上ある。成人してからの生涯で平均すると一日当たり少なくとも10万個死んでいる。今こうしてこの本を読んでいる間にも何千個ものニューロンが死んでいるのである。しかし、だからといって、何時間かたつと昔の記憶が消えてなくなるというようなことはない。記憶はニューロン単位で保持されているものではないことを物語っている。

　ところが、脳梗塞や脳卒中などで広範囲にニューロンを失うと記憶が脱落したり、言葉の場合特別な部分が失われる場合がある。例えば、脳卒中を患った患者が回復した後、一般的な言葉は何の苦もなく使えるのに、受動文のみが理解不可能になったというケースもある。また日本語の場合、助詞のみが脱落する失語症というものもあるのである。このような脳と言葉の関係を研究するのも心理言語学の一部である。

　現代言語学の認知革命を行ったアメリカ、マサチューセッツ工科大学(Massachusetts Institute of Technology: MIT)のNoam Chomskyは、人間が獲得し使用する言語はたった一つで、英語、日本語、中国語などと呼ばれるものは、単に政治の問題であり、それらの言語は全て唯一の人間言語の方言であると考えている。これは当然のことであり、日本人の夫婦に生まれた子供でも、生後すぐにアメリカ人夫婦にアメリカで育てられれば、英語の母語話者になる。ある言語圏に連れて行かれたが、その言語圏の言語が獲得できなかったというような例は存在しない。

　Chomskyは、人間に**普遍文法**(Universal Grammar: UG)というものが生まれつき備わっており、どの言語圏で生まれようと、UG内に存在する「言葉のもと」である**原理**(principle)とその**変数**(parameter)の値(value)が決定されるだけで、母語の獲得が行われると提案している。例えば、英語と日本語はその語順を比較するとき、前者はSVO言語であり、後者はSOV言語であるというような区別のされ方が一般的に行われる。主語が文頭に来ることは共通しているのだから、動詞と目的語の位置関係が違うだけである。動詞と目的語は**動詞句**(Verb Phrase: VP)という構成単位を作ると考えられており、**句**(phrase)の中心になる語を**主要部**(head)と呼ぶと、動詞句内の語順は次のような変数で決定されることになる。

(16) ±Head-initial { +Head-initial → English (i.e., [VP V O])
                     -Head-initial → Japanese (i.e., [VP O V]) }

句内の主要部の位置を決定する変数を**主要部変数**(head parameter)と呼ぶ。この主要部変数は動詞句だけで働くのではなく、全ての句の構造に適用される。したがって、例えば**前置詞句**(Prepositional Phrase: PP)の場合も、英語では[PP in the box]と、前置詞が目的語the boxの前に現れ、日本語では「箱の中に」のように目的語「箱」の後ろに「中に」が現れている。

このように、Chomskyによれば、子供の第一言語獲得は人間という種に共通の原理に付随する変数の決定過程であるということになる。心理言語学の中心課題はこの子供の言語獲得であり、第8章で議論される。

1.9 英語の歴史 —第9章への序奏—

日本語に古い形があるのと同じように英語にも古い形がある。英語は長い歴史を持っており、その歴史の間に数多くの近隣の言語と接触を持ち、影響され変化を遂げて今日に至っている。このような**英語の歴史**(History of English)をたどることは、現代英語におけるいろいろな不思議な謎に答えを与えてくれるものである。

英語の挨拶にGood-byeというのがある。幼稚園児でも知っている英語の表現である。しかし、この単語(?)、スペリングが奇妙である。Goodはいいとして、最後のbyeというのはいったい何なのか、疑問に思った方はいると思う。Good-byと書かれている例もみかける。そして、なぜこれで「さようなら」の意味になるのか不思議に思われたのではないだろうか。

「10月」は英語でOctober。この単語と「タコ」のoctopusとの間には何か関係があるのか？「12月」はDecember。この単語と理科で水の量をはかる時デシリットルという単位があったが、このデシという語とDecemberとの間には何か関係があるのか？このような疑問を持たれたことはないだろうか。語の起源、**語源**(etymology)は興味深いもので、歴史や文化を感じさせてくれる分野である。

中学で英語を学び始め**過去時制**(past tense)を学ぶと、すぐさま奇妙な事実に遭遇する。過去形の作り方である。kissの過去形はkissed、talkの過去形はtalked。いずれも動詞の原形にedをつけるだけで過去形になる。ところが、goにedをつけてgoedにしてもそれは間違いである。goの過去形はwentである。いくら不規則変化動詞だといっても、goの過去形がwentになるのは、singの過

去形がsangになるのとは本質的に違っている。

　高校で**仮定法**（subjunctive）なるものを学ぶと必ず出てくるのが、I wish I were a bird.であろう。筆者が英語を学んだ何十年前も今も、相変わらず「鳥になれたら」が仮定法過去の代表例として教室を飛び回っているようである。なぜ仮定法過去に、主語がIであるにもかかわらず、複数形のwereを使うのだろうと、奇妙に思った人は筆者だけでは決してないだろう。

　英語にも当然古い形があった。時代をさかのぼること6世紀、7世紀までさかのぼることができる。**チョーサー**（G. Chaucer）、**シェイクスピア**（W. Shakespeare）の時代の英語も現代英語とは異なるものである。英語は歴史の流れの中で、まわりの国々からいろいろな影響を受け、姿を変えてきた。英語の直系の祖先はドイツ語である。したがって、古い時代の英語はドイツ語の特徴を色濃く残している。また、1066年のノルマンの征服により、フランス語の影響を強く受け、今日に至っている。

　giveという動詞は2つの目的語をとり、S+V+IO+DOと表記されることがあり、**二重目的語構文**（Double Object Construction）と呼ばれる。IOは間接目的語（Indirect Object）、DOは直接目的語（Direct Object）である。この構文はS+V+DO+to+IOという構文に書き換えることができ、**与格構文**（Dative Construction）と呼ばれ、この事実は中学校の英文法で学ぶ。

　しかし、ドイツ語には二重目的語構文しかなく、フランス語には与格構文しかないことをご存じだろうか。上で述べたように、英語は元々ドイツ語からわかれた言語なので、本来は二重目的語構文しかなかった。ところが、1066年のノルマンの征服によりイギリスはそれ以降300年間フランスの統治下におかれた。その間フランス語の影響により、フランス語の特徴である与格構文が英語に導入されたのである。このようなことは英語の歴史をたどることにより理解され、遠い昔の出来事が現代英語に引き継がれている様を見るに、時の流れと歴史との強い関係を感じざるを得ない。

　古い時代の英語が現代英語にもたまに出てくることがある。次の例は*Star Wars: Episode I*の一場面である。

（17）　QUI-GON　：Fifty-fifty!?! If it's going to be fifty-fifty, I suggest you front the cash for the entry. If we win, you keep all the winnings, minus the cost of the parts I need... If we lose, you keep my ship. Either way, you win.
　　　　WATTO　：Deal! Yo bana pee ho-tah, meedee ya.（subtitle：Your friend

is a foolish one, <u>methinks</u>.）

　Jedi knightのQui-GonがAnakin SkywalkerをpodraceというHying艇のレースに出場させて、もしAnakinが勝っても負けてもWattoが得するような賭を提案する。その提案にWattoが飛びついた時に上のような宇宙人語で「おまえの仲間はバカだぜ」と言う時に、画面の下には上のような英語の字幕（subtitle）が出る。この中にmethinksという単語が出てくる。奇妙な単語である。「私を」を意味するmeと「思う」を意味するthinkが結合され、かつ何かわからないsがついている。この単語は10世紀から19世紀にかけて用いられたものである。現代英語でもこのような奇妙な単語が用いられることがあるのである。

　methinksのsはいわゆる三単現のsと呼ばれるものである。上のWattoのせりふに対する字幕の英語では、実は主語はmeではなくYour friend is a foolish oneという文なのである。つまり**文主語**（sentential subject）の構文なのである。文は単数なので三単現のsが必要となるのである。となるとmeはいったい何なのだろうか。実はmeはto meの意味を表す与格（dative）なのである。（与格は間接目的語と考えればよい。）すでに述べたが、英語の直系の祖先はドイツ語である。ドイツ語では与格という格があった。それが用いられているのである。すると、Wattoのsubtitleの英語では、「おまえの友人はばかだ、と私には思える」ということを意味するのである。現代英語だとIt seems to me that your friend is a foolish one.のような感じの英語なのである。

　likeという動詞も、上のthinkと同様、現代英語の用法とはかなり趣の異なった動詞であった。現代英語のI like John.のような文では、Iという主語がJohnという目的語をlikeしているという、どちらかというと**他動的**（transitive）な動詞と感じられる。ところが、**古英語**（Old English）では好きになる対象が主語で、好きになる人は**与格**（dative case）（現代英語でいう間接目的語）で文に現れる。次の例を見てみよう。

　　(18) and ðat hem likede here lodliche sinnes.
　　　　(and that them liked their loathsome sins)
　　　　"and that they like their loathsome sins."

主語はhere lodliche sinnesでこれが**主格**（nominative case）で表されている。つまり、「彼らの忌まわしい罪が彼らにとって気に入るものだった」というような感じの表現だったのである。近代英語のShakespeareの中にもmethinksは数多

く見られる表現である。

　(19) Methoughts you said, you neither lend nor borrow Vpon aduantage
　　　　(*The Merchant of Venice*, I. iii.69-70)

2001年に爆発的に人気を博した映画 *Harry Potter and the Philosopher's Stone*, p.22に次のような英語が出てくる。

　(20) "Young Sirius Black lent <u>it me</u>. I've got him, sir."

奇妙なのは、下線部の語順である。意味は「若きSirius Blackは私にそれを貸してくれた。」であるが、「直接目的語＋間接目的語」という語順になっている。英語で二重目的語構文の場合は「間接目的語＋直接目的語」という語順になるはずである。この文を発しているのはHagridという、魔法学校Hogwartsを中途退学した魔法使いである。この表現は非標準的な英語で、本来ならYoung Sirius Black lent it to me.となるべきところである。

しかし、シェイクスピアの英語の中にもこれに類似した表現が出てくる。

　(21) Peter : I will then <u>give it you</u> soundly.
　　　　(*Romeo and Juliet*)

このように、現代英語においても、標準的な英語の用法とは異なった統語的な特徴を示す文が用いられることもあり、英語の古い用法に親しんでおくことも、英語をより深く理解することに大いに役立つものである。
　このように時間をさかのぼり、古い英語を研究することにより現代英語のいろいろな疑問に答えてくれるのが英語史研究である。

　　　　　　　　　　　＊　　　＊　　　＊

　英語の素朴な疑問の奥には、人間という種だけがもつ言語の基本原理が隠れている。ほんの一部ではあるがそれらの基本原理をかいま見ることにより、英語や母語である日本語に対する理解や興味が深まることであろう。そして、無意識のうちに自然に獲得したと思われている言語というものが、驚くほど複雑で、しかし美しい原理から成立していることを見ていくことにしよう。

第2章　音の構造

2.1 音声学
2.1.1 調音器官

　私たちは、声帯や鼻や口など人間の身体の一部の形を整えながら言葉を発している。このような行為を**調音**（articulation）と呼ぶが、「調音すること」と「声を出す」ことは別である。

　実は私たちは言葉を話す時に常に声を出しているわけではない。例えば「マド（窓）」を調音する時は常に声が出ているが、「マト（的）」を調音する時には声を出さない部分が途中にある。片仮名で書けば「ト」と「ド」の違いなのだが、アルファベットではmadoとmatoのようになり、dとtの子音部分のみ違うことがわかる。このように、アルファベットで書くことができる母音や子音を**分節音**（segment）という。私たちは、普通、母音では声を出すが、子音によっては、dでは声を出し、tでは声を出さないというように、**有声**（voiced）・**無声**（voiceless）を区別しながら調音しているのである。

　以下の調音器官を見てみよう。

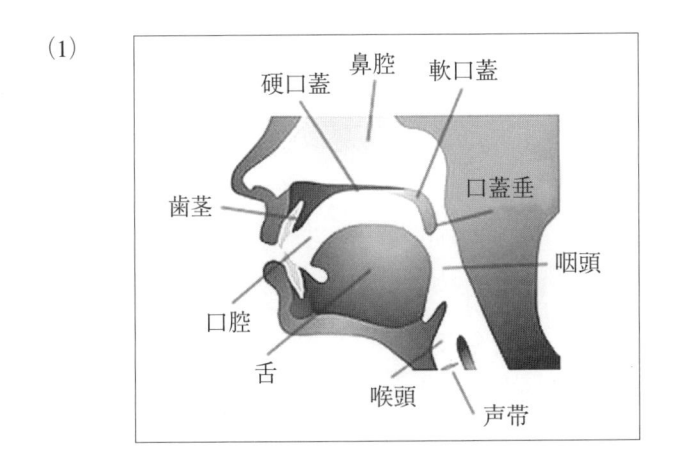

（1）

硬口蓋　鼻腔　軟口蓋
歯茎
口蓋垂
咽頭
口腔
舌
喉頭　声帯

声の区別は、**喉頭**(larynx)という部分で行う。肺から押し上げた呼気が喉頭を通り抜ける時、声帯を震わせば有声、震わさなければ無声となる。その後、呼気は上へ向かい、**口蓋垂**(velum)を上げ呼気が口から出ると**口音**(oral sound)、口蓋垂を下げ呼気が鼻から抜けると**鼻音**(nasal sound)となる。

2.1.2 母音

　母音(vowel)の調音は舌の平面を3分割した**前舌**(front)・**中舌**(central)・**後舌**(back)のいずれかの部分をもり上げて行う。また、舌から上顎までに広がる空間の高さを3分割した**高段**(high)・**中段**(mid)・**低段**(low)のどの位置までもり上げるかによってさまざまな母音を発する。以下は、これらの組み合わせによって、口の中の空間のどのあたりで各母音が調音されるかを示したものである。

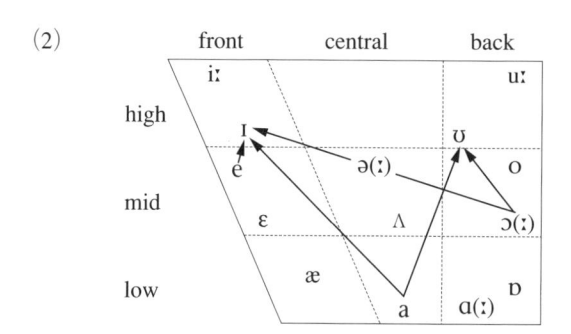

(2)

	front	central	back
high	iː		uː
	ɪ		ʊ
mid	e	ə(ː)	o
	ɛ	ʌ	ɔ(ː)
low	æ		ɒ
		a	ɑ(ː)

　言語のある音を別の音と区別するのに役立つのが**弁別的特徴**(distinctive feature)と呼ばれるもので、基本的には対立をもとに設定されるため、プラスとマイナスの**二項素性**(binary feature)で表される。母音には、①舌の位置と②唇の丸めに関する素性がある。以下が各素性類の下位素性である。

(3)　①**位置素性**（place feature）
　　　a.**高段性[high]**：調音点の高さを基準にして高・中・低に分けた場合、舌が高の位置にあるか(+)否か(−)
　　　b.**低段性[low]**：調音点の高さを基準にして高・中・低に分けた場合、舌が低の位置にあるか(+)否か(−)
　　　c.**後舌性[back]**：調音点の前後位置を基準にして舌のもりあがる部分が後の位置にあるか(+)否か(−)

②**様式素性**(manner feature)
　　円唇性[round]：調音する時唇を丸めるか(+)否か(−)

このような素性を使うと、以下のように母音が素性の対立として示せる利点がある。

(4)

high	low	back		
		−	+	
		round		
		−	−	+
+	−	I	−	ʊ
−	−	ɛ	ʌ	ɔ
−	+	æ	a	

これらの区別は音韻的な振る舞いをもとに分類されている。例えば、言語習得の証拠から支持することができる。Jakobson (1968; 1971)によれば、母音の習得はどんな言語でもa>I>ʊ>ɛの順序で行われるという。まず始めに**開口度**(aperture)の最も大きい[-high, +low] (=/a/)を習得し、次に開口度の最も小さい素性[+high, -low] (=/I/)を習得する。/I/を習得すると、今度は/I/([-back, -round])とは後舌性と円唇性において対立する/ʊ/([+back, +round])を習得するのである。つまり、口の中のスペースを最大に保つような順序で習得するので、/ɛ/などの習得はこれらの3母音/a,I,ʊ/の習得後になる。興味深いことに、早い段階で習得されるこの3母音は、どの言語にも存在する普遍的なものである。このような事実を説明するためにも素性が有効な手段となる。

　母音には、調音の出だしから終わりまで調音位置がほとんど変わらない**単母音**(monophthong)と、調音の途中で調音位置を変える**二重母音**(diphthong)に大別される。単母音は、(4)に見た**短母音**(short vowel)と、/iː, əː, ɑː, uː, ɔː/などの**長母音**(long vowel)が含まれる。二重母音には、**シュワー**(schwa; /ə/)で終わる**中向き二重母音**(centering diphthong)と高段母音で終わる**上向き二重母音**(upgliding diphthong)に分類される。

A Tip for Thinking(2-1)

語末のeは読まないのになぜ書かなくてはいけないのかと誰もが一度は考える。しかし、この語末のeは、それ自体は発音されないものの、その単語の発音決定に重要な役割を持っている。スペリングのa, i, oは、それぞれ少なくとも二通りの発音の仕方がある。catでは/kæt/と発音され、cameでは/keim/と発音されるように、hitとhide、notとnoteを比較するとその発音の相違に気づくであろう。つまり、発音されない語末のeは「その前の母音を二重母音で発音できたら、発音せよ」というシグナルなのである。この規則に対応した語が、スペリングaの場合はface, ace, taste, cage, pace, stage, same, cave, vase, waveなど、スペリングiの場合はfive, file, bite, site, wide, pile, guide, dive, size, timeなど、スペリングoの場合はbone, pole, joke, vote, Coke, mole, noble, robe, role, toneなどである。これらの単語は全てeで終わっており、eの前に出てくるa, i, oは全て二重母音で発音される単語である。逆にfill, pill, till, bill, until, pick, shock, packのように、語末にeがない単語はことごとく母音が短母音で発音されている。もっとも、例外が無いわけではない。cameは規則通りであるが、comeやsolveは単母音で発音され、また語末にeがないのに二重母音で読むfight, nightなどがある。

(5) 二重母音

	Centering		Upgliding				
			front-closing		back-closing		
	front	back	front	back	front	central	back
High	ɪə (BE)	ʊə (BE)					
Mid	eə (BE)	ɔə (BE)	eɪ	ɔɪ		əʊ (BE)	oʊ (AE)
Low	aə (BE)		aɪ				aʊ

母音の英米差は二重母音に最も顕著である。**アメリカ英語**(American English: AE)では5個、**イギリス英語**(British English: 以下BE)では10個の二重母音がある。両者に共通の母音/eɪ, aɪ, ɔɪ, aʊ/((2)の矢印参照)において、始めの母音（主音）と2番めの母音（副音）の調音位置の距離が比較的離れ、聴覚的に明瞭な印象を与えるものであることに留意しておこう。

2.1.3 子音

子音(consonant)は、調音する時の呼気の妨げの度合によって、**閉鎖音**(stop)、**摩擦音**(fricative)、**破擦音**(affricate)、**鼻音**(nasal)、**流音**(liquid)、**渡り音**(glide)に大別される。この他に、①喉頭、②調音位置（または調音点）、③調音様式（または調音法）に関する弁別的特徴により区別される。以下が各素性類の下位素性である。

(6) ①喉頭に関する素性（laryngeal features）
　　　有声性[voice]（以下[voi]）：声帯振動があるか(+)否か(-)
　　②調音位置に関する素性（place features）
　　　a. 唇音[Labial]（以下[Lab]）：下唇か下の前歯が上唇に接触または接近
　　　b. 歯茎音[Coronal]（以下[Cor]）：舌先が上の歯茎の裏に接触または接近
　　　　(i) 前方性[anterior]（以下[ant]）：歯茎よりも前方で調音が行われるか(+)否か(-)
　　　　(ii) 広域性[distributed]（以下[dis]）：口蓋に近づく舌の面積が相対的に広いか(+)否か(-)
　　　c. 口蓋音[Dorsal]（以下[Dor]）：舌の後方が軟口蓋に接触
　　　d. 声門音[Glottal]（以下[Gl]）：声門を狭める
　　③　調音法に関する素性（manner features）
　　　a. 鼻音性[nasal]（以下[nas]）：口蓋垂を下げて、呼気を鼻腔から流出させるか(+)否か(-)
　　　b. 継続性[continuat]（以下[cont]）：口腔内に閉鎖がなく、呼気が口腔から比較的自由に抜けるか(+)否か(-)

②の調音位置に関する素性は、二項素性ではなく、存在すればその素性が指定される**単項素性**（monovalent feature）であることに注意しよう。3つの単項素性のうち、もっとも豊富に子音を含むのは[Cor]である。このうち摩擦音が最も多く6つある。これらは2つの下位素性(i, ii)によって区別される。従って/θ, ð/は[Cor, +ant, +dis]、/s, z/は[Cor, +ant, −dis]、/ʃ, ʒ/は[Cor, −ant, +dis]の値をもつ。

破擦音（affricate）は、他の子音と違って[cont]の値を両方持つ。以下のように、調音の前半で[−cont]、後半で[+cont]というように値が変動する。

(7) 破擦音 (tʃ, ʤ)

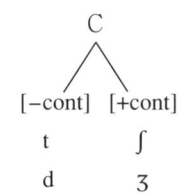

```
      C
     ╱ ╲
[−cont] [+cont]
   t      ʃ
   d      ʒ
```

このような子音を**曲線分節音**(contour segment)という。

以上の分類をまとめると、次のようになる。

(8) **英語子音表**

	LAR	PLACE							
	voice	Labial	Coronal			Dorsal	Glottal	nasal	continuant
			anterior						
			+	−					
			distributed						
			+	−	+				
Stop	−	p			t	k			−
	+	b			d	g			
Fricative	−		f	θ	s	ʃ		h	−	+
	+		v	ð	z	ʒ			
Affricate	−					tʃ				−+
	+					ʤ			
Nasal	+	m			n	ŋ		+	−
Liquid	+				l				
					ɹ (BE)	ɻ (AE)			−	+
Glide	+	w				j			

2.1.4 国際音声表記

私たちが**発話した音**(speech sound)は、今では様々な音声機器を使って録音・再生することが可能だが、文字にして残すことも可能である。アルファベットは**表音文字**(phonogram)なので、仮名文字よりは音そのものが反映されている。ところがアルファベットは26文字しかないので、世界の言語音をすべて書き表すには不十分である。英語でさえ、ship の下線部の音は1つであるのに、これを表す文字がないため、アルファベット2文字を組合せて表している。音と文字が一対一で対応しているなら見ただけで正しい発音をすることも可能だが、bed, these, moment, Englishのように、1つの文字eが何種類もの発音を表すこともあれば、逆にlip, rhythmのように、1つの音が別の文字で表されているこ

ともある。

　どんな言語の音でも書き記すことができ、知らない言語でも見ただけで発音することができる便利な記号はないだろうか。そのような願いを実現するため、19世紀末にヨーロッパの音声学者が集まって**国際音声学会**(International Phonetic Association)が設立され、**国際音声字母**(International Phonetic Alphabet: IPA)が提唱された。

　この音声表記には2種類がある。1つは、**簡略表記**(broad transcription)と言って、用いられる記号をできるだけローマ字に限って、やむをえない場合に最少限度の特殊な記号や補助記号を用いて表す最少の基本的な記号である。**音素表記**(phonemic transcription)とも呼ばれ、本書ではこれを / / (slant bracket)で表す。

　もう1つは、**精密表記**(narrow transcription)といい、[ ] (square bracket)で表す。この表記では、音素の発音の詳細を示すため、しばしばʰや ̚のような**補助記号**(diacritics)がつけられる（http://www2.arts.gla.ac.uk/IPA/diacritics.htmlに詳しい補助記号が掲載されている）。但し言語によっては補助記号のついた音が音素表記であったりもするので、注意を要する場合もある。

A Tip for Thinking(2-2)

　　would have→would'a, might have→might'a, could have→could'aなど砕けた英語では容易に見られる現象である。以下は全て映画 *Back to the Future* からの例である。物語のはじめで、Martyの年老いた母親Lorraineが、自分と夫との出会いについて述べる場面である。

　Lorraine: It was meant to be. Anyway, ... if Grandpa hadn't hit him then none of you would'a been born. （「そういう運命だったのよ。とにかく、もしおじいちゃんがジョージを車ではねなかったらあなた達の誰もこの世には生まれてなかったのよ。」）

　　Martyがタイムマシンに乗って1955年に戻り、その当時のBrown博士との会話である。

　Marty:　I ... yeah, well, I might'a sort bumped into my parents. （「そうだよ。ああ、もし両親にばったり出くわしたりしたかなーって。」

　George McFlyの車を勝手に使っておきながら、車をぶつけて壊したBiffのせりふ。

　Biff:　I can't believe you loaned me ... your car without telling me it had a blind spot. I could'a been killed! （「マクフライ、おまえって信じらんないやつだな。車に死角があることを言わずに俺に車を貸すなんて。死んでたかもしんねえじゃねえか！」）

2.2 音変化の規則性
2.2.1 異音と音韻規則

　音素表記はその言語の基本的な音、あるいはその言語の母語話者の心理的側面を反映している。例えば、pit, kitty, tin に現れるどの/t/も同じ音だと思っている。このように心理的に特定される基本的な音を**音素**（phoneme）と呼ぶ。

　これに対して、物理的側面から/t/を観察すると、実際/t/は、それが現れる環境によって音の特徴が変わる。このようにある1つの音素に対する変異、つまり物理的に異なる音を**異音**（allophone）と呼ぶ。精密表記では、音素に[ʰ]や[˺]のような補助記号をつけたり、[ɾ]のようにアルファベットを変形させたりして、音の特徴の微妙な違いを示すことができる。以下の音素表記と精密表記の例を見てみよう。

(9)

	音素表記	精密表記
pi<u>t</u>	/pit/	[pʰɪt˺]
ki<u>tt</u>y	/kiti/	[kʰɪɾi]
<u>t</u>in	/tin/	[tʰɪn]

音素表記では1つの/t/が、語末では[t˺]、語中では[ɾ]、語頭では[tʰ]と変わっている。例えば、人間が場所によって相応しい身なりに着替えて登場するようなものである。床につく時にはパジャマ、結婚披露宴にはドレス、葬式には黒の喪服を着ていくように、音も場所に合わせて相応しい様相を身にまとうのである。

(10)

基本	異音	特　徴	現れる環境
/t/	[t˺]	破裂（または解放）の無いt	語末
	[ɾ]	弾くようなt	母音間
	[tʰ]	息を出すt	語頭

語末に現れる[t˺]は、破裂のないt、母音間に現れる[ɾ]は舌先を弾くようなt、語頭に現れる[tʰ]は息を出すようなtとなる。英語母語話者なら意識せずにやっていることである。

　では、本質的な問題に戻って、母語話者はこれらをなぜ別の音素とは感じないのだろうか。第一に、異音は意味を区別する力が無い。つまり[kʰɪɾi]と発音

しようと[kʰɪti]と発音しようとkittyを意味することに変わりは無い。1つの音だけを変えた語のペアを**最小対語**（minimal pair）というが、例えばpin-tin, bet-bedの最小対語では、/p/と/t/、/t/と/d/がそれぞれ意味の区別をする働きをしているので、これらは別の音素であると知ることができる。

では例えば[tʰ], [ɾ], [t̚]が/t/の異音であるとはどのようにして知ることができるのだろうか。一般に異音同士は似ているということがある。しかしそれだけでは例えば[ɾ]は、調音上[r]や[d]により似ていて、[t]にはあまり似ていないのではないか、のような反論もなりたつのでこれはあまりあてにはならない。そこで重要なのが、各異音が相補うように現れるか観察することである。[tʰ]は語頭、[ɾ]は語中、[t̚]は語末に現れ、同じ場所に重複して現れることはない。ちょうどスパイダーマンとピーター・パーカーのような関係である。このような分布の仕方を**相補分布**（complementary distribution）といい、相補分布をしている異音は、同一音素のものと推測することができる。

さて、音素と異音の2つのレベルがあることがわかったわけであるが、前者の心理的なレベルと後者の物理的レベルをつなぐものは何であろうか。そしてなぜ、思うものと違うものが出てくるのだろうか。音韻論では、この入力と出力の間に、**音韻規則**（phonological rule）という抽象的な式のようなものを仮定することによって、この問題を説明する。

A Tip for Thinking(2-3)

　くだけた英語ではgot toがgottaと縮約されて発音されることがある。この際tの発音は弾音（flap）と呼ばれ、rに近い音になる。発音記号では[ɾ]。そのため「ガラ」と発音しているように聞こえる。映画*Rocky*で、RockyがAdrianを自分の部屋に誘う場面で、Adrianが何回もgottaを連発する。

Rocky　：Hey, you wanna come inside?
Adrian　：No, I <u>gotta</u> go.
Rocky　：Hey, come on, hey, I got some animals．They are rare, very rare animals inside． Come on．Come on in.
Adrian　：No, I <u>gotta</u> go.
Rocky　：I <u>gotta</u> go, too．I <u>gotta</u> go to bathroom．Come on．Come on.
Adrian　：No, I <u>gotta</u> go.

Shut up!が「シャラップ」と聞こえるのも同じ現象である。

(11) 入力 → 音韻規則 → 出力

音韻規則には、以下のような定式がある。

(12) A→B / X_Y （Aは_の場所でBに変化する）

Aは入力、Bは出力であり、→は変化の方向を示す。/は「以下の環境で」という意味であり、_部分に入力から出力への変化があることを指す。この場合、XとYに挟まれた環境でAがBに変化する。
　この式に、上の観察をあてはめて展開した式が以下である。

(13) a. /t/ → [tʰ] / #_
　　 b. /t/ → [ɾ] / V_V
　　 c. /t/ → [t̚] / _#

#は、慣例で**語と語の境目**（word boundary）を示す記号とされ、Vは母音 Vowel の頭文字から作られた母音全般を記す記号である。そうすると、(13a) は「tは語頭で息を出すtに変化する」、(13b) は「tは母音間で弾くようなtに変化する」、(13c) は「tは語末で破裂のないtに変化する」と読むことができる。

― A Tip for Thinking(2-4) ―

　助動詞haveが弱形発音となり、ofに近い発音になることは砕けた英語でしばしば見られる。次の例でははっきりとofと書かれている。

　"... and she wouldn't <u>of done</u> that unless there was something wrong, would she?"
　(*The Labours of Hercules*, Agatha Christie, p.51.)
　（そして何かまずい事でもなければ、そんなことはしなかっただろう。）

この現象は、多くの英語の母語話者自身が正しい用法だと思っているらしく、アメリカの大学のFreshman Englishのクラスでこの誤用を訂正するのは珍しいことではないという。

2.2.2 自然音類

　ところで(9)の例から、(13a)と同じ環境で/p/→[pʰ], /k/→[kʰ]も**帯気音化**（aspiration）規則としても設定できることに気づくだろう。しかし仮にこのような規則を一つ一つばらばらに設定していくと、母語話者は膨大な数の規則を

一つ一つ覚えているのか、という疑問につきあたる。また、規則間に共通する特徴も明らかでない。

生成音韻論の古典的名著 Chomsky and Halle (1968) の *The Sound Pattern of English*（以下SPE）では、すべての分節音は**弁別特徴の束**（bundle of features）で構成され、音韻知識とは規則の体系であるという提案を行った。但しすべての特徴が、どんな分節音ペアやグループにも**弁別的**（distinctive）だとは限らない。例えば[voice]という特徴は、母音同士（例えば/ɛ/と/ʊ/）の区別には機能を発揮しない。母音ならばすべてが[+voice]と決まっているからである（これを**余剰的特徴**（redundant feature）という）。

話者が音韻規則の入力として採用するのは個々の分節音ではなく、それらの分節音にのみ共通する弁別的特徴である。帯気音化の入力になるのは、/p, t, k/に共通でしかもその他と区別しうる弁別的特徴[–voice, –continuant]である。そして、これが入力となり、音韻規則では以下のように書き表すことができる（Cは任意の子音）。

(14) /C/→[Cʰ] /#
　　　　　｜
　　[–voice, –continuant]

規則に弁別的特徴を用いれば、最小限の数の規則で表すことができ、複数の分節音が自然にまとまって共通の変化を受けるという事実、即ち**自然音類**（natural class）を捉えられるという利点がある。

練習問題 ①

次の音韻変化を、1つの規則にまとめよ。
(i) p, t, k は語末で破裂（または解放）の無い音になる。
　　a. stop /stɑp/ → [stɑp˺]
　　b. wait /weɪt/ → [weɪt˺]
　　c. quick /kwɪk/ → [kwɪk˺]
(ii) l, r, w, j は語頭のp, t, k の後ろで無声化する（̥ は無声化の記号）。
　　a. play /pleɪ/ → [pl̥eɪ]
　　b. cry /kraɪ/ → [kr̥aɪ]
　　c. twist /twɪst/ → [tw̥ɪst]
　　d. cute /kjuːt/ → [kj̥uːt]

2.3 同化

よく「XさんはYさんとよく一緒にいるので同化してしまった」などということがあるが、その場合、XさんはYさんの影響で、Xさんがこれまで持っていなかったある特徴yをYさんからもらい、共有することになる。音の世界でも同様で、ある音の特徴が近くにある音の影響を受けて変化することがある。この現象を**同化**(assimilation)という。

2つの音X, Yがこの順序で並んでいる場合、XがYに影響しYの音が変化する場合を**順行同化**(progressive assimilation)といい、その逆、つまりYがXに影響しXの音が変化する場合を**逆行同化**(regressive assimilation)という。

(15) a. 順行同化： ...X → Y...
　　　b. 逆行同化： ...X ← Y...

具体的な例を順行同化から見てみよう。複数を表す語尾変化-sは、付く単語がどのような音で終わる単語であるかによって次のように3種類の発音になる。

(16) a. [s] : books, caps, bats, cuffs, moths, etc.
　　　b. [z] : pens, dams, kings, pubs, beds, etc.
　　　c. [ɪz] : kisses, roses, dishes, catches, judges, etc.

booksのように、語末が[k]で終わっている場合は、無声音なので複数の語尾変化sは[s]と無声音で発音され、pensの場合は、語末の音がnで有声音なので語尾変化sは[z]と有声音で発音される。このような有声音か無声音か、有声性(voice)にかかわる特徴だけが同化により変化を受ける場合を**声の同化**(voice assimilation)という。

逆行同化の例を見てみよう。in-という接頭辞(prefix)は「否定」を意味するが、どのような音で始まる語に付くかによって、inの[n]の音がいろいろに変化する。

(17) a. [ɪm] : impossible
　　　b. [ɪŋ] : incomplete
　　　c. [ɪl] : illegal

> **A Tip for Thinking(2-5)**
>
> 縮約もここまで来ると驚きである。
>
> 'I know I <u>shouldn't've</u> enjoyed that or anything, but ...'
> 　（*Harry Potter and the Chamber of Secrets*, p.95.)
>
> 'Ruddy Muggles, 'growled Hagrid. 'If <u>I'd've</u> known ...'
> （「いまいましいやつらめ。」ハグリットはうなるような声で毒づいた。「俺が知ってさえいたら...。」
> （*Harry Potter and the Chamber of Secrets*, p.64.)

(17a)のように、in-がつく語の最初の音が[p]の場合、[p]の特徴である唇音(labial)をin-のnに与えて変化させている。(17b)ではcompleteが[k]で始まっているので、その特徴である口蓋音(dorsal)をin-のnに与え変化させている。このように調音点にかかわる特徴だけが同化により変化を受ける場合を**調音点の同化**(place assimilation)という。

　順行同化と逆行同化の両方が生じたためにXとYの両方が音変化を示す場合もある。

　　　　(18) a. meet you : [mi:t ju:]→[mi:tʃu:]
　　　　　　 b. would you : [wʊd ju:]→[wʊdʒu:]

(18a)の場合、meetの[t]の特徴とyouの[j]の特徴の両方が相互に影響しあって、破擦音(affricate)の特徴を持つことになっている。このような同化を**相互同化**(reciprocal assimilation)という。

　このような相互同化は日本語にも観察される。例えば、「飲む」という動詞の過去形は「飲んだ」となるが、この音変化を同化という観点から見てみよう。

　　　　(19) nom + ta → nonda

nom（飲む）という語の[m]が有声音であるため順行同化により、過去形の語尾変化taの[t]音は有声音化されて[d]になり、過去形の語尾変化taの[t]音の影響で、逆行同化によりnomの[m]音は歯茎音化されて[n]音になったのである。

　これらのことからわかるように、同化によってすべての音声特徴が変化するのではなく、一部の特徴のみが変化を受ける。このことは2.2.2で見たように、分節音が特徴の束であることを示していると言える。

練習問題 ②

次のデータを見て、①順行同化か逆行同化か、②声の同化か調音点の同化かを特定しなさい。

(i) have [hæv]
　　have done [hæv dʌn], have to [hæf tuː]
(ii) -n[n]
　　ribbon [rɪbm], happen [hæpm], bacon [beɪkŋ]

練習問題 ③

過去時制を表す接尾辞-ed[d]の発音の現れ方を調べ、声の同化か調音点の同化かを議論しなさい。

2.4 韻律
2.4.1 韻律構造と表示

音節には**音節核**(syllable nucleus, peak)という場所があり、そこに入れるものは母音と決まっている。これに対して、**音節周辺**(syllable margin)はあってもなくてもよいが、ここに来るものは子音と決まっている。音節周辺は**頭子音**(onset)と**尾子音**(coda)に分かれる。音節は、慣例によりσ(**シグマ**)で表し、英語に関しては次のような**階層的構造**(hierarchical structure)が仮定されている。音節核は音節に不可欠な要素であるが、音節周辺は**随意的**（optional）なので括弧に入れてある。

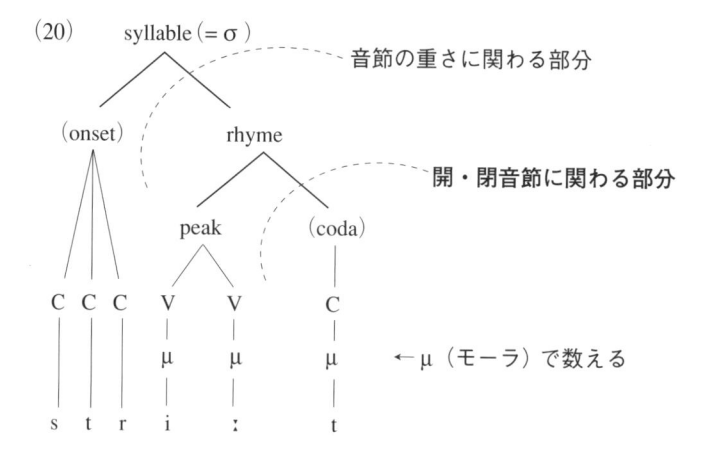

(20)

```
            syllable (= σ)
           /            \         ---- 音節の重さに関わる部分
       (onset)        rhyme
        /|\           /    \      ---- 開・閉音節に関わる部分
       / | \        peak  (coda)
      /  |  \       / \     |
      C  C  C      V  V     C
            |      |  |     |     ← μ (モーラ) で数える
            |      μ  μ     μ
            s  t  r  i  ː   t
```

子音で閉じられている**音節を閉音節**(closed syllable)、母音で終わる音節を**開音節**(open syllable)と呼ぶ。つまり上の階層構造の尾子音の部分をみて、ここに何かがあれば閉音節、無ければ開音節というわけである。

また、音節には**重さ**(syllable weight)があり、**モーラ**(mora; μで表示され「ミュウ」と読む))という要素で測ることができる。モーラとは「**拍**」(beat)のことである。ライム内の要素(音節核と尾子音の母音や子音)すべてがモーラという単位を担い、1モーラ(つまりライム内がVのみ)の**音節を軽音節**(light syllable)、2モーラ(つまりライム内がVVまたはVC)の**音節を重音節**(heavy syllable)、3モーラ以上の**音節を超重音節**(superheavy syllable)という。なぜモーラという単位が必要かというと、一般に、語の成立には最低限の重さ=2モーラが必要で、1モーラからなる語はなく、例をあげるとprofessional > pro[próu]、*[pró]、Elizabeth > Beth[béθ]、*[bé]、refrigerator > fridge [frídʒ]、*[frí]などの観察を説明するためである。

語は、1つの音節からなる**単音節語**(monosyllabic word)と複数の音節からなる**多音節語**(polysyllabic word)がある。多音節語の場合、アクセントのある**強勢音節**(stressed syllable)と、アクセントの無い**無強勢音節**(unstressed syllable)からなる。単音節語も多音節語も、強勢音節を必ず含み、英語の文(例えば、Énglish linguístics is extrémely fún.)では強勢音節と強勢音節の間を等間隔で発話しようとする**強勢拍リズム**(stress-timed rhythm)が生まれる。強勢音節を含む**韻律**(prosody)の単位を**フット**(foot)と呼び、**韻律語**(Prosodic Word: 強勢をもつ語)と音節の中間に位置付けられる。したがって、韻律語はフットを、フットは音節を、音節はモーラを含むといった、以下のような階層構造が仮定できる。

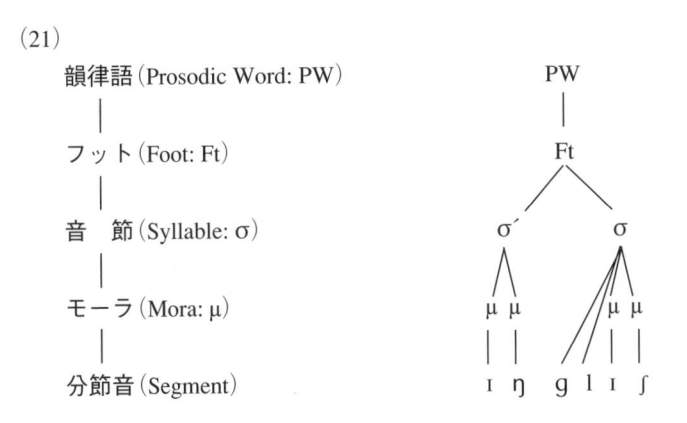

(21)

韻律語(Prosodic Word: PW)	PW
|	|
フット(Foot: Ft)	Ft
|	／＼
音　節(Syllable: σ)	σ́　σ
|	∧　∧
モーラ(Mora: μ)	μ μ　μ μ
|	||　||
分節音(Segment)	ɪ ŋ　g l ɪ ʃ

2.4.2 母音の音声的長さと音韻的長さ

英語においては、ポーズ(息継ぎ)の前後の有声子音は、ポーズに近い側が半分ほど無声化される。例えば、Give me the other tag.ではGiveの[g]の前半部分とtagの[g]の後半部分が無声化される。そうすると、tag の音声は、tackとほとんど同じになってしまうわけだが、母語話者がこれらの聞き取りに苦労することはない。

実際、母語話者がこのような意味を区別する基準は、[g]と[k]の有声性ではなく、その直前の母音の長さである。同じ母音であれば、無声子音前よりも、有声子音前の方が約1.5倍ほど長いのである。

前節でVは1モーラ、VVは2モーラであると述べたが、これらは音韻的な対立を示す長さであって、実際の音声では環境によってかなり変動がある。一般に、母音の音声的長さは、次のような環境に従って短くなる。

(22) 開音節 ＞ 有声子音前 ＞ 無声子音前

例えば[iː]の長さは、bee＞bead＞beetの順に短くなる。その結果、[iː]よりも[ɪ]の方が長くなることさえある(例えばbidの[ɪ]はbeetの[iː]より長い)。日本語で、boil [bɔɪl]を「ボイル」と書くのにboy[bɔɪ]を「ボーイ」と長く延ばすのは、開音節という長音化しやすい音声的環境にあることと無関係ではないであろう。また、母音の長さは以下のような環境にも左右される。

(23) a. 強勢音節＞無強勢音節
　　　b. 単音節語＞多音節語

つまり、無強勢音節より強勢音節にある母音の方が長くなるので、employer [ɪmplɔ́ɪər]の[ɔɪ]の長さは、employee[ɪmplɔɪíː]のそれよりも長い。また、多音節語よりも単音節語にある母音の方が長くなるので、boil[bɔ́ɪl] の[ɔɪ]の長さは、boiler [bɔ́ɪlər]のそれよりも長い。

それにもかかわらず音素としての長さは一定で、長母音・二重母音は2モーラ、短母音は1モーラと数えられる。音声的な長さと音韻的な長さは別なのである。音韻的に長さが変化した現象として興味深いものとして、次の歴史的な音変化を挙げておくべきであろう。tale, hate, ripeなどの語末のeは、現代英語では**黙字**のe (silent 'e') として発音しないが、中英語までは/ə/で発音されていた。し

たがって、/talə, hatə, ripə/ のように発音されていた。しかし、語末の/ə/は段々と発音されなくなり、その代わりに直前の強勢音節が長く[taːl, haːt, riːp]のように発音されるようになった（後に[teɪl, heɪt, raɪp]）。このように、ある分節音が消去されたことが引き金となって別の分節音が長くなることを**代償延長**(compensatory lengthening)という。注意すべきことは、変化前の構造/talə/でも、変化後の構造/taːl/でも、語の中の母音が2モーラに保持されていることである。音節や音素の数が減少したとしても、モーラの数が一定であることが代償延長の特徴だといえよう。音韻論では、「分節音の長さを計る単位」としてモーラが重要な役割を果たすのである。

練習問題 ④

次の語の下線部の音声的長さを長い順に並べよ。

(i) si<u>gh</u>, si<u>gh</u>t, si<u>d</u>e
(ii) prod<u>u</u>ce[prəd(j)úːs]（動詞）, prod<u>u</u>ce [próʊd(j)uːs]（名詞）
(iii) s<u>y</u>nchronize, s<u>y</u>ntax, s<u>i</u>n

練習問題 ⑤

night, knight, right のgh は黙字である。もともとightは[içt]と発音されていたが[iːt]になったと考えられている。この変化をモーラを使ってどのような変化として特徴づけられるか説明せよ。

2.4.3 内容語と機能語の強勢

次の文を読んでみると、下線部は強く、それ以外は弱く発音される。

(24) A <u>bird</u> in the <u>hand</u> is <u>worth</u> <u>two</u> in the <u>bush</u>.
（手中にある1羽はやぶの中の2羽の値打ちがある；「あすの百よりきょうの五十」）

下線部は、情報伝達上重要な意味を持つ語、つまり**内容語**(content word)といわれるもので、名詞・動詞・形容詞・副詞などがある。それに対して、内容語を文法上結びつける機能をする語を**機能語**(function word)という。
機能語には、be 動詞 (be, am, is, are, was, were, been)、助動詞 (do, does, did, have, has, had, can, may must, shall, will, could, should, would, have to, has to, used to,

ought to)、冠詞 (a, an, the)、前置詞 (at, for, of, to, by, from, in, into, on, up, upon)、接続詞 (and, as, but, or, than, nor, if, because)、代名詞 (I, my, me, you, your, he, his, him, she, her, we, our, us, they, their, them, it)、関係詞 (who, whom, that, whose, what)、その他 (some, any, one, there, not) がある。

これらの発音にはアクセントをもつ**強形**(strong form)とアクセントをもたない**弱形**(weak form)があり、普通は弱形で発音される。例えばhimに関しては、[hím]という強形は特殊な場合のみで、普通は弱形の[həm, əm, m]のどれかで発音される。弱形は、以下の3種類に大別できよう。

(25) a. **母音弱化**(短音化・曖昧母音化が含まれる)
    do [duː]>[dʊ], he [heː]>[hɪ], at [æt]>[ət] など
b. **頭子音消去**(語頭の[h, w] が消える)
    her [hər]>[ər], he [hiː]>[iː], him [hɪm]>[ɪm], will [wɪl]>[ɪl], would[wʊd]>[ʊd] など
c. **母音消去**(弱母音[ə]が消えて子音が残る)
    am [əm]>[m], an [ən]>[n], are [ər]>[r], been [bən]>[bn] など

弱化の度合は a よりb, b よりc が強く、発話がよりくだけたスタイルになるほどcまで弱化が進む傾向がある。

─ *A Tip for Thinking(2-6)* ─────────

Harry Potter and the Chamber of Secrets, p.94に次のような縮約形(contraction)が出てくる。

　Why couldn't *you've* called us back, eh?

この文はもともとyou couldn't have called us backという文からcouldn'tを移動して作ったものであるから、Why couldn't you *t* have called us backのようにyouとhaveの間にcouldn'tが残した痕跡(trace)が残っており、縮約は不可能な構造である。このことはRadford (1997:221)に次のように示されている。

　Will {we have/*we've} finished the rehearsal?

上のせりふは標準英語を話さないHagridという人の英語なので、このような一般的な規則も破るのであろう。

────────────────────

ところが発話のスタイルに関わらず強形となる場合がある。移動や削除といった統語操作で痕跡が直後にある場合である。

（26） a. Where does he come from [frɑm, frʌm] t?
　　　b. I can speak better than you can [kæn] t（=than you can speak）
　　　c. It was aimed at [æt] t but not achieved.
　　　d. Tell me how they were [wəː, wɚː] t.

　これに対して、内容語には必ず強勢がある。英語では一般的に、名詞・形容詞には語頭の音節に、動詞の場合は語末の音節に強勢が置かれる傾向がある。

（27）

名詞・形容詞	動詞
cónflict	conflíct
súspect	suspéct
óbject	objéct
fréquent	frequént

　語がより大きなまとまりになると、そのまとまりの中で最も強い音節が**主強勢**(main stress, primary stress)となり、その他は**副次強勢**(secondary stress)に弱まる。英語では、形容詞＋名詞から成っていても、それが**名詞句**(noun phrase)であれば主強勢は右側に置かれ、**複合語**(compound)であれば主強勢は左側に置かれる。

（28）

名詞句	複合語
the whìte hóuse（白い家）	the Whíte Hòuse（ホワイトハウス）
stròng bóx（強い箱）	stróng bòx（金庫）
Ènglish téacher（イギリス人の先生）	Énglish tèacher（英語の先生）
frèe wáy（無料の道路）	frée wày（高速道路）

　この観察から、強勢は形態や統語の情報から予測可能であることがわかるであろう。音韻論は独立しているのではなく、形態や統語と深く結びついている証拠である。

─ *A Tip for Thinking(2-7)* ─

日本でもスーパーマンというアメリカの映画のヒーローはほとんど誰もが知っているであろう。このスーパーマンという名前そのものがつけられたときの模様は、英語のアクセントのおもしろい規則を示してくれている。最初はまだ名前がなく、単にfriendと名乗っていたのだが、Roice Rainと一緒に空を飛び、彼に夢中になった彼女が、飛び去る彼を見て、次のように言うところがある。

    Roice: What a sùper mán. ... Súpermàn!

この瞬間にこのヒーローに「スーパーマン」という固有名詞がついたのである。最初は形容詞＋名詞の単なる名詞句だったものが、Supermanのように複合語になり固有名詞となったのである。

　単語が集まって句を形成し、句が集まって文を形成する。一般的な文の強勢パターンというものがあり、それは句の強勢パターンを決定する規則から予測可能である。例えば、the gírl, to schóol, so góod, John léftは、それぞれ右側にアクセントが置かれる。SPEではこのような句のアクセント (phrasal accent) を支配する規則を、**核強勢規則** (Nuclear Stress Rule: NSR) と名づけている。

　(29)　核強勢規則 (NSR)
　　　　$[_c \alpha \beta]$において、Cが句であればβに強勢が置かれる。

α、βはそれぞれ単語とし、句の構造を一般化して$[_c \alpha \beta]$と表記することにする。Cは句を表し、名詞句 (NP)、動詞句 (VP)、前置詞句 (PP) などがあてはまる。

　では、John hit Bill.という文は、どの部分を一番強く読むのが一般的な英語の強勢パターンなのであろうか？この文は主語の名詞句と動詞句から形成される時制句 (TP) である (詳しくは、第4章を参照)。
　(29)から予測されるこの文の強勢パターンを、**韻律音韻論** (Metrical Phonology) で提案された**グリッド** (grid) と呼ばれるxのマークで表してみよう。下から上に向かって、xを積み上げていき、最終的により多くxを獲得したものがより強いアクセントを示す。

(30)
```
                         x
            x            x
      x     x    x
[TP [NP John] [VP hit Bill]]
```

ここでは複数の**層**(tier)からなる階層構造が最終的な表示となる。まず最下位層で、すべての単語は強勢をもつという前提にたち、各単語に1つずつグリッドが与えられる。次の層では、NPとVPにそれぞれ(29)が適用され、JohnとBillにグリッドが追加される。この段階では、JohnとBillが同等数のグリッドをもつため引き分けとなるが、その勝敗はより上位の層で、TPにかかる(29)の結果で決められる。TPでは、VPが右側にあるので、Billにグリッドが追加される。従って、Billが最も強く、次にJohnが強いという相対的な強さが示される。

ただし、上の発音はゆっくりした発話での結果である。より早い発話では、Johnとhitの強さに差はなく、*Bill*のみが際立って強く発音される。このような発音は以下のように表示できる。

(31)
```
                         x
      x     x    x
[TP [NP John] [VP hit Bill]]
```

(30)の2段目のグリッドの層を削除したものがこの表示である。つまり、NPとVPのそれぞれに(29)を適用する段階を飛ばし、TP全体に(29)を適用したものである。その結果、Billのみが強く発音されることが示される。

発話速度や発話スタイルによってこのようなバリエーションがあるわけだが、重要なことは、許されるバリエーションは限られており、必ず句という構成素に対して(29)が適用されていることである。従って、John hit Billのうち、句ではない [John hit] のような単語の連続に(29)が適用されることもなければ、Johnやhitのみが最も強くなることも普通はないと予測できる。

勿論、この核強勢規則から導かれる結果は、特定の語を強調したりしない中立的な文脈(neutral context)で話される時のものである。文脈や意図により何かの単語を特別に強調して相手に伝えたい場合は、その単語を最も強く発音することができる。例えば、「ジョンはビルをたたいたんだ。蹴ったんじゃなくて。」という意図で動詞の意味を対比させて伝える必要がある場合にはhitが最も強く

なるし、「ジョンがビルをたたいたんだ。ニックはそんなことしなかったけど。」という意図で主語を強調したい場合にはJohnが最も強くなる。

練習問題 ⑥

次の下線部は弱形で読むことはできるか。できなければ理由を説明せよ。

(ⅰ) <u>There</u> is a book on the table.
(ⅱ) A: Are you going to school today?
　　 B: I have <u>to</u>, no matter how I feel.
(ⅲ) A: Don't you think she looks so young?
　　 B: She <u>is</u> young.

A Tip for Thinking(2-9)

should haveがshoulda、could haveがcoulda、would haveがwouldaのようになることは既に見たが、これらの語が全部集まって形容詞や名詞のように用いられることがある。次の例を見てみよう。

last year's shoulda coulda woulda game.
（去年の後悔いっぱいのゲーム）
a shoulda, coulda, woulda person
（後悔ばかりしている人）
all the woulda, shoulda, coulda's of life
（人生のすべての後悔）

すべて仮定法過去完了の用法から「〜すればよかった」「〜すべきだった」「〜できたのに」のように、後悔を表す意味が生じて、形容詞や名詞として用いられる。

2.5 きこえの役割
2.5.1 母音のきこえとオノマトペ

母音のきこえ（sonority）には、以下のような段階差がある。口の開きが大きい程きこえが大きいと考えられている。このセクションではその証拠を挙げる。

(32) **高母音**（1）＜ **中母音**（2）＜ **低母音**（3）

自然界の音や声を直接真似たり、様態・状態を描写して作られた語を**オノマトペ**（onomatopeoia）という。日本語では擬音語とか擬態語と呼ばれる。英語で

は次のようなものがある。

(33) **母音交替オノマトペ**
a. [ɪ]-[æ]
fiddle-faddle（ばかげたこと）, flip-flap（ぱたぱた（サンダルの音））, ticktack（カチカチ（時計の音など））, zigzag（ジグザグ）
b. [ɪ]-[ɔː/ɒ]
dingdong（ゴーンゴーン（鐘の音））, King Kong（キングコング）, pingpong（卓球）

これらのオノマトペが実在するのに対して、なぜか*foddle-fiddleとか*faddle-fiddle のようなものは存在しない。これは単なる偶然なのだろうか。一見偶然に見えるこのようなオノマトペの形成に関しても、音韻論の原理がその根底に働いていて、それが母語話者の直観と直結しているのである。このセクションでは、これらのオノマトペの形成にはきこえに関する原理が働いていることを示し、実在するオノマトペ、実在しないオノマトペの区別が可能になることを見てみよう。

(33) のオノマトペは二つの語幹からなっている。たとえば、fiddle-faddleであれば、fiddleが語幹1、faddleが語幹2という具合である。このそれぞれの語幹の母音をきこえの観点から見てみると次のような図に表すことができる。

(34) **オノマトペにおける母音の分極化原理**

低母音 (3)		
中母音 (2)		
高母音 (1)		
	fiddle 語幹1	faddle 語幹2

つまり、語幹2の母音は語幹1の母音に対してきこえが2つ分大きくなっており、(34) に示すように、きこえの度合いの上昇が見られる。これらからわかることは、「オノマトペの形成では、二つの語幹の母音の間できこえが2つ分上昇しなければならない」という原則があると考えられる。

母音交替オノマトペを作ろうとする時、英語の母音の高さは三種類なので、論理的可能性として①低―高、②低―中、③中―高、④中―低、⑤高―低、⑥高―中の6通りが考えられる。しかし実際には高―低の組み合わせしかない。

この事実は上のきこえに関する原理から導かれるものである。(ただし、[ɪ]-[æ]のような前舌－前舌のような関係ではなく[ɪ]-[ɔː]のような前舌－後舌のような関係においては例外的に一段階上昇でも許される。)

> ***A Tip for Thinking(2-8)***
>
> オノマトペの次のような例が*Harry Potter and the Prisoner of Azkaban*, p.32.にある。
>
> 'Excellent,' said Aunt Marge. 'I won't have this <u>namby-pamby</u>, <u>wishy-washy</u> nonsense about not hitting people who deserve it.
> (「それならいいわ。」マージおばさんは言った。「私なら、たたかれないとわからない子にもお仕置きしないなんて優柔不断なことは考えられないわ。」)

練習問題 ⑦

次のオノマトペの意味を調べ、これらが英語のオノマトペとして適格であることを(34)のような図を示すことにより、きこえに関する原理で説明せよ。

flicflac, flimflam, knick-knack, mishmash, wigwag, pitter-patter, shilly-shally

練習問題 ⑧

*faddle-fiddleや*fiddle-feddleが英語のオノマトペとして不適格であることをきこえに関する原理から説明せよ。

2.5.2 子音のきこえと子音配列

子音のきこえには、以下のような段階差がある。このセクションではその証拠を挙げる。( )内の数字はきこえの度合いを示している。

(35) **無声閉鎖音**（1）＜**有声閉鎖音**（2）＜**無声摩擦音**（3）
＜**有声摩擦音**（4）＜**鼻音**（5）＜**流音**（6）＜**渡り音**（7）

英語は**子音連結**(consonant cluster)を許す言語である。例えば、2つの子音連結がある場合、最初の子音をC1、次の子音をC2と呼ぶと、その配列の仕方には規則性があることがわかる。

(36) a. C2＝鼻音: small, snow
b. C2＝流音: play, class, blue, glue, flat, slack; pry, try, cry, bray, dray,

　　　　　gray, fray, three, shrill
　　c. C2＝渡り音: twang, quick, dwarf, thwack, swell; pure, beauty,
　　　　　due,cure, few, thulia, view, music, new, huge, suit

　まず(a)はC2が鼻音であればC1は必ず/s/であるという観察で、C1C2のきこえは3から5に上昇する。(b)はC2が流音であればC1は必ず摩擦音か閉鎖音であるという観察で、ここではきこえは{1～3}のいずれかから6に上昇する。(c)はC2が渡り音ならばC1は必ず閉鎖音・摩擦音・鼻音のいずれかであることを示し、ここでは聞こえは{1～5}のいずれかから7に上昇する。ここでも、きこえは音節核に向かって上昇することと、C1からC2へのきこえの差は少なくとも2つなくてはならないという制限がある(ただし、C2が摩擦音・閉鎖音の場合はこの傾向の例外である。例えばsphinx, speak, stick, ski)。

　新語を作る際にもこの傾向に合わないものは作られることはない。例えば*lpick, *rbush, *wtig, *znow, *mlueなどは、英語ではないと即座に判断されるだろう。

　さて、母語話者はこれらをすべて覚えているのだろうか。音韻論では、これを次の原則により説明することができる。

　(37) **きこえ配列の原則**(Sonority Sequencing Principle)
　　　音節内できこえの高い分節音はきこえの低い分節音の外側にきてはいけない。

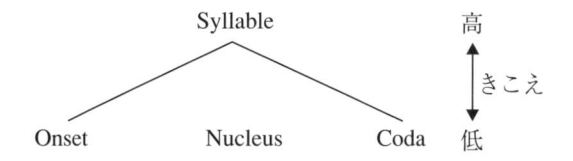

```
              Syllable              高
             /    |    \            ↕ きこえ
         Onset  Nucleus  Coda       低
```

つまり、音節内のきこえは、図のように核が最も高く、核から遠ざかるにつれてきこえが低くなっていなければならない、ということである。

　そこでbreak, florist, twelve, peddleなどできこえの曲線を観察して確かめてみよう。

(38)

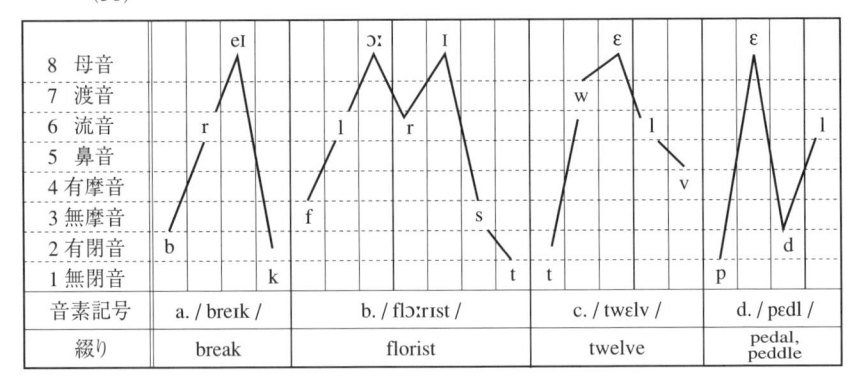

		a. /breɪk/	b. /flɔːrɪst/	c. /twɛlv/	d. /pɛdl/
8	母音	eɪ	ɔː ɪ	ɛ	ɛ
7	渡音			w	
6	流音	r	l r	l	l
5	鼻音				
4	有摩音			v	
3	無摩音		f s		
2	有閉音	b			d
1	無閉音	k		t t	p
音素記号		a. /breɪk/	b. /flɔːrɪst/	c. /twɛlv/	d. /pɛdl/
綴り		break	florist	twelve	pedal, peddle

(38a, c)はきこえ配列の原則に適合して聞こえの山が形成されている。(38b)は山が2つできる2音節語である。音節の切れ目は、**頭子音最大化の原則**(Onset Maximization Principle)により、rが(第1音節の尾子音ではなく)第2音節の頭子音として組み込まれることになる。(38d)は尾子音でdからlへきこえが上昇しているので、一見きこえ配列の原則の違反に見えるが、従来のlはそれだけで音節を作ることができ、そのためdとlは別の音節に分かれることになり、きこえ配列の原則の違反とはならない。

練習問題 ⑨

splash, language の発音を調べ、英語の子音連鎖として適格であることを(38)のような図を示すことにより、きこえ配列の原則で説明せよ。

練習問題 ⑩

*rgeen[rgɪːn], *msall[msɔːl]が英語の子音連鎖として不適格であることをきこえ配列の原則から説明せよ。

A Tip for Thinking(2-10)

　語末が母音で終わる単語が英語母語話者には発音しにくいことは、映画*Harry Potter and the Philosopher's Stone*で、物体浮遊魔法の練習時におけるRon WeasleyとHermione Grangerとの会話でも見られる。

Hermione : No, stop, stop, stop! You're going to take someone's eye out. Besides, you're saying it wrong. It's <u>'Leviosa,' not 'Leviosar.'</u>
Ron　　　 : You do it then, if you're so clever. Go on, go on.
Hermione : Wingardium Leviosa!

Leviosaであり、Leviosarではないと、語末のｒが発音されていることをとがめている。もっとも、これは標準イギリス英語に語末のｒが入らないことを暗にほのめかしているのかもしれないが。

第3章　語の構造

3.1 はじめに

　日常生活で支障なく英語が使えるようになるには、いったいどれくらいの単語を覚えなければならないのだろうか。英語を勉強している人ならおそらく誰でも一度はこんなことを考えたことがあるだろう。一説には、英語のネイティブスピーカーは、高校生（17才）の段階で、およそ6万語知っていると言われている。[*1] 6万語の単語を記憶するためには、単純に計算しても、1才の誕生日から始めて、1年で平均3750語ぐらいを覚えていったということになる。つまり、1日当たりにすると10個あまりの単語を毎日毎日暗記したという計算である。人間がこれほどの記憶力を発揮できるものは他にない。歴史上の年代や、友人のメールアドレスを1日10個以上、毎日暗記することを想像してみれば、これがいかに驚くべき作業であることかが分かるはずである。

　なぜこんなことが可能なのか。

　単語を知っているということは、その単語についての情報が知識として頭の中に蓄えてあるということである。言語学者は、私たちが日常的に使う辞書のようなものが言語使用者の頭の中にあって、そこに単語についての情報がすべて書き込まれていると考えている。それは専門的には**メンタル・レキシコン**（または**心内辞書**）(mental lexicon) と呼ばれる。メンタル・レキシコンには、単語を体系的に関連づける規則と、その規則に基づいて新しい単語を自由に創り出す創造性が備わっていると考えられる。単語がどのようなしくみで出来上がっているのかを明らかにすれば、人間がなぜこのような特殊な能力を持っているのかが分かるはずである。

3.2 語と形態素

　語のしくみを扱う領域を**形態論**(morphology) という。形態論の研究は主に**語**(word) という言語単位を対象にして行なわれる。そこでまず語とはなにかということを考えてみよう。例えば、次の英文にはどのような語が含まれているだろうか。

[*1] ピンカー，スティーブン（1995）『言語を生み出す本能』日本放送出版協会

(1) Blackbird singing in the dead of night
　　Take these broken wings and learn to fly.
　　「夜のしじまに歌う黒ツグミよ
　　傷ついた翼を広げて飛ぶことを覚えるがいい」
　　（Blackbird『ビートルズ全詩集』内田久美子訳、シンコーミュージック）

　上の文には15個の単語が含まれているが、それらは品詞の違いによって大きく二つのグループに分けられる。ひとつは名詞、動詞、形容詞、副詞などの**内容語**（content word）と呼ばれるグループである。内容語は、大まかに言えば、人や事物を指したり、人の行為や物の性質を表したりすることによって、文の意味内容を伝える働きをする。上の文に含まれる語では、名詞 blackbird、dead、night、wings、動詞 singing、take、learn、fly、形容詞 broken が内容語である。

　　名　詞：blackbird, dead, night, wings
　　動　詞：singing, take, learn, fly
　　形容詞：broken[*2]

　一方、同じ文に含まれる the、these、and、to、in、of は**機能語**（function word）と呼ばれる。内容語が文の意味内容を表すのに対して、機能語は、文を組み立てる規則（文法）に必要な情報や論理的な関係を表す。機能語には、前置詞、冠詞、指示詞、代名詞、接続詞などがある。(1)の文に現れるもの以外も含めて次に機能語の例をあげる。

　　前置詞：in, of
　　冠　詞：a, the
　　指示詞：this, that, these, those, etc.
　　代名詞：I, you, she, who, whom, which, etc.
　　接続詞：and, but, if, when, etc.

　また別の観点から見ると、語はその構成上の違いから**単純語**（simple word）と**合成語**（complex word）に区別される。単純語とはそれ以上小さな単位に分けることのできない語である。上の例では、night、take、fly、in、the、and な

[*2] ただし、dead や broken は動詞から派生してそれぞれ名詞や形容詞のはたらきをするようになった語である。

どが単純語である。合成語は、blackbird、singing、broken、wingsなどのように、さらに小さな単位に分解可能な合成語である。

　語を作っている単位を**形態素**(morpheme)と呼ぶ。形態素にはblackやbirdのようにそれ自身が独立した語として用いられる**自由形態素**(free morpheme)と、-sや-ingのように必ず何かにくっつかなければならない**拘束形態素**(bound morpheme)がある。単純語はすべてそれ自身が自由形態素である。合成語のblackbirdは二つの自由形態素（blackとbird）から出来上がっていると言える。また、同じく合成語のsinging、broken、wingsは自由形態素と拘束形態素から構成されている。このような語では、sing、break、wingなどの自由形態素を**語基**(base)と言い、-ing、-en、-sなどの拘束形態素を**接辞**(affix)と言うこともある。

A Tip for Thinking(3-1)

　Harry Potter and the Goblet of Fire, p.106にomnioculars という単語が出てくる。このような単語はどの辞書を引いても出ていないが、omni-（あらゆる）という意味の拘束形態素とbinocularsが「双眼鏡」という意味であることを知っていれば、このomnioculars という単語が大体どのような意味なのか想像がつく。これを売っている魔法使いが次のように説明している。

　'You can replay action ... slow everything down ... and they flash up a play-by-play breakdown if you need it. ...'

　Harry Potterが一番好きなゲーム、QuidditchのWorld Cupを見に行った場面で出てくる。

　単純語を基に合成語を作り出すことを一般に**語形成**(word formation)という。英語の語形成には、主要な方法として、**派生**(derivation)と**複合**(compounding)の二つがある。派生は、語基（自由形態素）に接辞（拘束形態素）をつけることによって元の語と違う品詞や意味を持つ語を作る。例えば、kind（形容詞）に接辞-lyをつけると副詞kindlyができる。teach（動詞）に接辞-erをつけ、teacher（名詞）を作るのも派生である。派生に用いられる接辞（**派生接辞** (derivational affix)）は、語基につく位置によって、**接頭辞**(prefix)と**接尾辞**(suffix)に分けられる。rethinkのre-や、unkindのun-、disorderのdis-は、英語の代表的な接頭辞である。kindlyの-ly、teacherの-erは接尾辞である。

　複合は、blackbirdのように二つ以上の自由形態素を組み合わせて語を作る方法である。複合語の例を次にあげる。

(2) birthday　　　　　　　　easygoing
　　convenience store　　　　laid-back
　　pepperoni pizza　　　　　hand-washable
　　truck driver　　　　　　 open-minded

複合語を書き表すには、形態素と形態素の間にスペースを空けるもの、空けないもの、ハイフンでつなぐものがある。一般によく用いられる語ほどくっつけて書く傾向があるが、一定の規則性はなく慣用の問題である。

A Tip for Thinking(3-2)

接頭辞、接尾辞以外に後中に挿入される挿入辞 (infix) というものもある。次の例は映画 *Pretty Woman* からのものである。

Kit　　　 : You want me to give you a name or something.
Vivian : Yeah.
Kit　　　 : Oh, God, the pressure of a name.（Sighs）Cinder-<u>fuckin</u>'-rella!

次の例は映画 *Mrs. Doubtfire*（「ミセスダウト」）からのものである。

Bartender　　　　: Is everything all right, ma'am?
Mrs. Doubtfire : Fan-<u>bloody</u>-tastic.

挿入辞は、どこに入れてもいいというものではない。アクセントのある音節の前に挿入される。

複合語と句は、blackbird（クロウタドリ、ツグミ）と black bird（黒い鳥）のように、形の上では同じ形態素の組み合わせになる場合がある。しかし、そのような場合、意味と発音が異なることに注意が必要である。意味の違いとしては、前者が特定の鳥の種類を指すのに対して、後者は黒い鳥全般を指す。また、発音の上では、複合語と句はアクセントの位置によって区別される。一般に、名詞複合語は前の要素にアクセントがある (bláckbìrd) のに対し、句は後ろの要素にアクセントがある (blàck bírd) ことが多い。

語形成によって作られる語は、英語話者に広く用いられると、メンタル・レキシコンに登録（記憶）される。これは**慣用 (convention)** による**記号化 (encoding)** と呼ばれる。語形成は一定の規則によって行われるので、言語使用者は次々に新しい語を創造したり、理解したりすることができる。しかし、一般に用いられなくなると、語は**死語 (a word out of use)** となったり、意味が変

化したりする。

　語形成が語の形を変えて新しい語を造るのに対し、文法上必要とされる語形の変化というものもある。英語では、時制や相、人称、数による動詞の語形変化、名詞の単複の区別、形容詞の比較形などがそれである。このような語形の変化を**屈折**(inflection)と呼ぶ。屈折も、ほとんどの場合、派生と同様、接辞によって語基の形態が変わる。次にあげるのは、英語の代表的な屈折変化である。

(3)　book　books　（名詞複数）
　　　walk　walked　（動詞過去）
　　　take　takes　（動詞3人称単数現在）
　　　strong　stronger　（形容詞比較級）

しかし、屈折は語形成ではない。屈折は名詞や動詞が文の中で文法上の規則によって語形が変化したものである。したがって、屈折変化した語は元の語と同じ品詞であり、基本的な意味も変わらない。一般には(3)のような規則的な屈折による語形変化はメンタル・レキシコンに登録されないと考えられる。ただし、不規則なものは登録されると考える場合もある。

　以上、語の構成についてまとめると次のように表される。

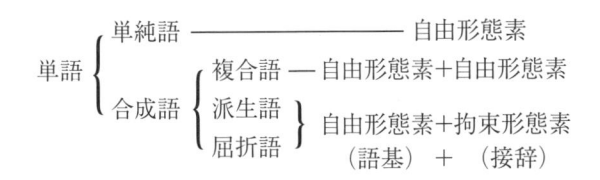

$$単語\begin{cases}単純語 \longrightarrow 自由形態素\\ 合成語 \begin{cases}複合語 — 自由形態素+自由形態素\\ 派生語\\ 屈折語\end{cases} 自由形態素+拘束形態素\\ \qquad\qquad\qquad （語基）＋（接辞）\end{cases}$$

練習問題 ①

　次の文から内容語に属する語と機能語に属する語を選り分けてみよう。そしてそれぞれの品詞を書きなさい。

　　　Desmond has a barrow in the market place.
　　　Molly is a singer in the band.
　　　「デズモンドは市場に屋台を出している。モリーはバンドシンガーだ。」
　　　(*Ob-la-di Ob-la-da*『ビートルズ全詩集』内田久美子訳、シンコーミュージック)

練習問題 ②

次の語を形態素に分解し、それが自由形態素か拘束形態素かを考えてみよう。

  unhealthy international passers-by
  industrialization grown-ups evildoers

3.2.1 形態素と造語力

英単語の中には、例えば、receive、perceive、conceive や、remit、permit、commit のように、re、per、con という形態素と ceive、mit という形態素に分解できそうなものがある。このような語の多くはラテン語を祖先に持ち、分解した形態素はラテン語の形態素に由来する。分かりやすくするためにまとめると次のようになる。

(4)

	re-	per-	con-/com-
-ceive	receive	perceive	conceive
-mit	remit	permit	commit

しかし、現代英語では、-ceive や -mit が表す意味をはっきりと言い表すことができない。したがって、このような形態素に基づいて新しい語が形成されることはないので、現代英語ではこれらの形態素は造語力を失っている。(ただし、re- のように現代英語でも接頭辞として造語力を持つものもある。)メンタル・レキシコンには、-ceive や -mit などの形態素が登録されるのではなく、receive や permit という単語全体が登録されていると考えられる。

同じように造語力のない形態素の問題が、植物の実の名前を形態素に分解する場合にも起こることが知られている。次のような一般によく使われる果実の名前を見ると、berry という自由形態素を共有する複合語であると考えられる。

(5) blueberry blackberry strawberry
  raspberry cranberry dewberry

確かに、blueberry や blackberry では、blue、black という形態素の意味が果実を表すために使われていることが分かるが、strawberry や raspberry では、straw や rasp がどのような意味で使われているのか判然としない。cranberry に至っては、cran という語そのものが英語の語彙に存在しない。したがって、このような例

では、形態素がberryを区別する記号以上の意味をもたないので、この場合も語（複合語）全体がメンタル・レキシコンに登録されると考えられる。

A Tip for Thinking(3-3)

　Meg RyanとTom Hunks主演の映画*Sleepless in Seattle*の一場面で、Meg Ryanふんするannieが次のように問いかける場面がある。

　If someone is a widower, why do they say that he was widowed? Why don't they say he was widowered? I was just wondering.

　widow「未亡人」という語は動詞でも用いられ、「夫、または妻を亡くす」という意味である。でも誰かが配偶者を亡くしたという場合、なぜ女性形であるwidowから派生したwidowedが用いられて、男性形であるwidower「男やもめ」が用いられずwidoweredという語がないのか？と不思議がっている場面である。

3.2.2 異形態（allomorph）

　impossible（不可能な）、intolerable（我慢できない）、incomplete（不完全な）という3つの語を比べると、接頭辞が同じ意味（「～でない」）を持つことが分かる。ところが実際はこの3つの形態素はそれぞれim-possible、in-tolerable、in-complete（発音は[ɪŋ]）というように少しずつ違う形をしている。また、同じ形態素がillegal（不法な）やirregular（不規則的な）のような語ではさらに別の形になっている。しかし、これらを別々の独立した形態素と考えるのは合理的でない。そこで、語基の最初の音によってひとつの形態素に変化が生じたものと見なす。このような形態素のバリエーションを**異形態**（allomorph）と呼ぶ。次のA群からD群までの接頭辞はすべて同一の異形態である。

(6)　(A)　　　　(B)　　　　(C)　　　　(D)
　　　impossible　intolerable　incomplete　illegal
　　　impatient　indecent　　incompatible　illiterate
　　　immovable　inactive　　ingratitude　irresponsible

　異形態は、動詞の過去形をつくる屈折接辞-edにも観察される。-edは、語基となる動詞の最後の音によって、次の3つのバリエーションがある。

(7)　/əd/　　want-ed, mend-ed
　　　/d/　　 clean-ed, weigh-ed

　　　　/t/　park-ed, miss-ed

動詞の中には、(8)の例のように過去形が変化しないものがある。このような動詞の過去形は、語基の形態素にかたちのない形態素（**ゼロ形態素（zero morpheme）**）がついてできると考えられる（ゼロを∅で表す）。

　　(8)　/∅/　set-∅, put-∅

/əd/、/d/、/t/（いずれも -ed と書きしるされる）と /∅/ はすべて動詞の「過去」という意味を表しているので、同じ形態素の変種、つまり異形態と見なされる。

3.3 語の構造

　語基と接辞の組み合わせ方を表したものを**語構造（word structure）**と呼ぶことがある。例えば、派生語の quickly（副詞）と teacher（名詞）は、それぞれ次のように表すことができる。

　　(9)　[[quick]$_A$ -ly]$_{Adv}$　　　　[[teach]$_V$ -er]$_N$

(9) では、それぞれの語基の品詞（[quick]$_A$ は形容詞、[teach]$_V$ は動詞）と、接辞がついた合成語の品詞（[quickly]$_{Adv}$ は副詞、[teacher]$_N$ は名詞）が表されている。このように表された語構造は、別の角度から見ると次のようにも書き表すことができる。

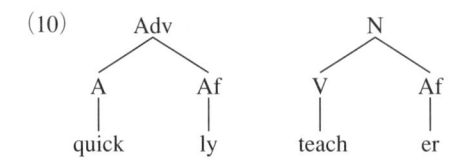

　　(10)
```
      Adv              N
     /   \           /   \
    A    Af         V    Af
    |    |          |    |
  quick  ly       teach  er
```

(9) の**かぎカッコ（square bracket）**を使った表示に比べ、(10) の語構造は、接辞（Af）と語基の組み立て方がより視覚的に捉えられる利点がある。

　同じように、接頭辞は次のように表される。

　　(11)　[re- [think]$_V$]$_V$　　[un- [kind]$_A$]$_A$　　[dis- [order]$_N$]$_N$

これらの派生語では、合成語全体の品詞と語基の品詞が同じなので、語構造は次のように表される。

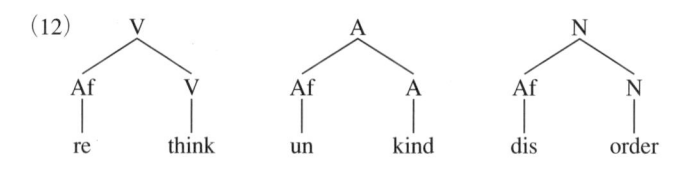

(12)
```
      V              A              N
     / \            / \            / \
    Af  V          Af  A          Af  N
    |   |          |   |          |   |
    re  think      un  kind       dis order
```

─ *A Tip for Thinking(3-4)* ──────────────

Harry Potter and the Chamber of Secrets, p.251にwhisker「(猫や犬などの)ひげ」が動詞として用いられている例がある。Harry, Ron, HermioneはPolyjuice Potionという魔法の薬を調合しそれぞれGoyle, Crabbe, BulstrodeというSlytherinの学生に変身するのだが、Hermioneは誤って猫の毛を薬に入れて飲んだため、人間ではなく猫に変身してしまった。以下はその変身からようやく解けて普通に戻った場面である。

Hermione left the hospital wing, de-whiskered, tail-less and fur-free, at the beginning of February.
(ハーマイオニーは、猫のひげもしっぽもとれ、毛もすっかり無くなって、病院棟から出てきた。二月始めのことだった。)

────────────────────────────

一般的に、接頭辞によって作られる合成語の品詞は、語基の品詞と同一であることが多い。つまり、接頭辞は語基の品詞を変えないのである。
　次に、屈折接辞もまた語基の品詞を変えないので、語構造は(13)のように表される。

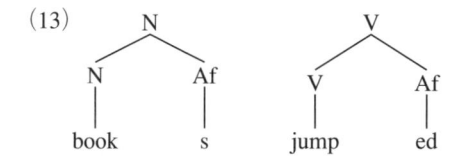

(13)
```
       N                   V
      / \                 / \
     N   Af              V   Af
     |   |               |   |
    book  s             jump  ed
```

屈折語は語基の品詞[book]$_N$と合成語の品詞[[book]$_N$-s]$_N$が同じである。
　複合語についても語構造が考えられる。複合語の場合は、構成する形態素が自由形態素なので、(14)に示すように、それぞれに品詞の標識が与えられる。

(14)

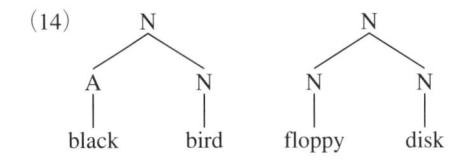

```
      N                    N
     / \                  / \
    A   N                N   N
    |   |                |   |
  black bird          floppy disk
```

　語基が合成語である複合語はさらに複雑なかたちをしている。truck driver は、truck と driver という自由形態素から出来ているが、driver はさらに語基 drive と接辞 -er に分解できるので語の構造は (15a) のようなかたちをしていると考えられる。同様に、[hand-washable]$_A$ は、(15b) のような構造であると考えられる。

(15) a.
```
         N
        / \
       N   N
       |  / \
       | V   Af
       | |   |
     truck drive -er
```
b.
```
         A
        / \
       N   A
       |  / \
       | V   Af
       | |   |
     hand wash -able
```

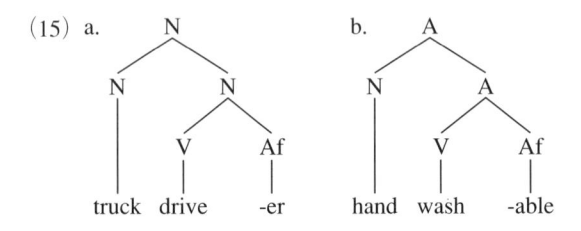

　以上のように、語構造とは、形態素が線状に一列に並んでいるわけではなくて、**階層的構造** (hierarchical structure) であることを示しているのである。
　もう少し複雑な語構造を考えてみよう。例えば inexcusable (in-excus(e)-able) のように、ひとつの語基に2つ以上の接辞がつく場合も、形態素が一列に並んでいるわけではなくて、階層的な構造を考えなければならない。この語は、次の二通りに分析できるはずである。

(16) a.
```
         A
        / \
      Af   A
       |  / \
       | V   Af
       | |   |
       in excuse -able
```
b.
```
         A
        / \
       *V   Af
       / \   |
      Af  V  |
       |  |  |
       in excuse -able
```

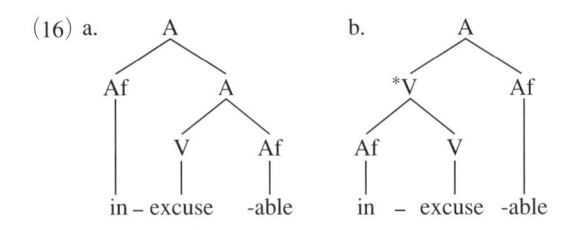

　どちらの分析が正しいだろうか。(16a) の方は、excuse という語基と -able という接辞が excusable という形容詞を形成し、それに否定を表す接頭辞 in- がつくことを表している。一方、(16b) の方は、in という接頭辞と動詞語基が inexcuse

という動詞（(16b)では*Vで示している）を形成することを表している。しかし、実際には接頭辞in-が動詞につくことはないので、inexcuseという語は英語の語彙には存在しない動詞である（だから図では*印をつけた）。実際に存在しない語基から語形成が行われるとは考えられないので、(16b)は間違った分析をしていることになる。したがって、inexcusableの語構造分析は(16a)が正しい。このように、正しい語構造は、英語で可能な合成語のかたちを表すものでなければならない。

練習問題 ③

次の語を形態素に分解してそれぞれ語構造を書きなさい。

unhappiness　　disapproval　　inaccessible
carelessness　　reestablishment　　reinforcement

3.4 語形成の方法

次に、英語の主要な語形成の方法である複合と派生についてもう少し詳しく見ていくことにする。語構造を元に考えると、複合と派生の規則はひとつの原則に従っていることが分かる。その後で、もうひとつの語形成の方法である転換について述べる。

3.4.1 複合

前に述べたように、**複合**(compounding)は自由形態素同士を組み合わせることによって新しい語を作り出す語形成である。複合は多くの言語で新しい語を作り出す重要な方法であるが、英語でも非常に造語力の高い語形成の方法である。複合語を考える場合には、まず、複合語を構成する形態素の意味のつながりを考えることが重要である。次の二つのグループの複合を見てみよう。

(17) (A)
　　　amusement park　　　（遊園地）
　　　convenience store　　（コンビニ）
　　　coffee table　　　　　（背の低いテーブル）
　　　action movie　　　　　（アクション映画）
　　　blackbird　　　　　　（クロウタドリ）

dark-room	(暗室)

(B)

butterfingers	(物をよく落とすへまな人)
turncoat	(裏切り者)
killjoy	(座をしらけさせる人)
shortstop	(野球のショート)
redneck	(農場労働者)
yellowjacket	(スズメバチ)

(A)群の複合語の意味がそれを構成する要素から容易に想像できるのに対し、(B)群の複合語の意味はそれを構成する要素からは直接分からない。これは、(A)群の複合語が構成要素の意味をそのまま受け継いでいるのに、(B)群の複合語は意味が比喩的に変化しているためである。このため、(A)群の複合語では、一般に次のような言い換えが成り立つのに対し、(B)群では成り立たない。(％は意味的に不自然な言い方であることを表す。)

(18) A convenience store is a kind of store.
A coffee table is a kind of table.
A blackbird is a kind of bird.

(19) %A butterfingers is a kind of finger.
%A killjoy is a kind of joy.
%A yellowjacket is a kind of jacket.

このことは、(A)群の複合語が、store、table、birdなどを意味の中心要素としており、それに修飾要素としてconvenience、coffee、blackなどを組み合わせる規則的な方法で作られていることを示している。このような複合語を**内心構造**(endocentric structure)を持つ複合語と言い、意味の中心になる形態素を**主要部**(head)という。一方、(B)群の複合語は主要部がそのように特定できないので、**外心構造**(exocentric structure)を持つという。

内心構造の複合語はきわめて造語力が高い。例えば、store、table、birdを主要部にする複合語はすぐに見つけることができる。つまり、内心複合語は**生産的**(productive)である。いくつか例を見てみよう。

(20) discount store   dining table   bluebird
      department store   gaming-table   catbird
      bookstore   night table   hummingbird
      drugstore   round table   mockingbird
      megastore   work table   thunderbird

これは、内心複合語が主要部の意味を受け継いで規則的に作られるためである。一方、外心複合語は、例えば、butterfingersに関連して、*oilfingers、*cheesefingers、*margarinefingersのような語が作られることはない。つまり、生産的でないのである。

A Tip for Thinking(3-5)

映画 *Terminator* 2でのJohnとTerminator(T)の会話である。

John : You're really real. I mean ... You're like a machine underneath, right, but sort of alive outside?
T   : I'm a cybernetic organism, living tissue over metal <u>endoskeleton</u>.

この中で下線部のendoskeletonもendo-(内(部)の)という拘束形態素と、skelton(骨格)という自由形態素を結合してできた単語である。

練習問題 ④

内心構造と外心構造の複合語を区別してみよう

    homebody   mouse pad   mail-delivery
    warehouse   air bag   lazy-bones
    airport   breakthrough

3.4.2 右側主要部の規則

内心構造の複合語は、名詞以外にも次のようなものがある。

(21) 形容詞

    easygoing   hard-working   eye-catching
    old-fashioned   self-employed   open-minded
    color-blind   icy-cold   diehard

(22) 動詞
    hand-wash   spoon-feed   double-coat
    sweet-talk   freeze-dry   underestimate

内心構造の複合語で意味の中心になるものを主要部と呼んだが、主要部は意味の中心であるだけでなく、複合語全体の品詞を決定する働きもする。(20)〜(22)の例から分かるように、主要部の品詞と複合語全体の品詞は一致している。このことを語構造によって示すと次のようになる。

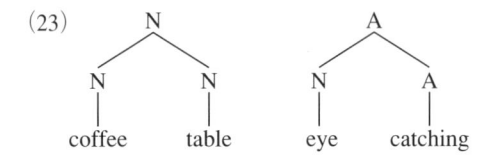

(23)
```
        N                    A
       / \                  / \
      N   N                N   A
      |   |                |   |
    coffee table          eye  catching
```

このように見てくると、内心構造を持つ複合語では、右側の要素がいつも主要部であることが分かる。この一般原則を**右側主要部の規則**(Right-hand Head Rule) と呼ぶ。

(24) **右側主要部の規則**
    複合語においては右側の要素が主要部である。

(24)は英語の語構造にとって非常に一般性の高い原則であり、複合語以外においても成立している。以下ではこの点を派生について見てみることにする。

A Tip for Thinking(3-6)

名詞に接頭辞を付けて動詞化することがある。*Harry Potter and the Chamber of Secrets*, p.42.の例である。

'You will not,' snapped Mrs Weasley. 'It's your own fault you've been up all night. You're going to de-gnome the garden for me, they're getting completely out of hand again.'

gnomeとは地中に住む地の精で、「分離・分解」の意味を持つ接頭辞de-を付けて動詞に転換されている。「庭が地の精でいっぱいなので、取り除いて」とWeasley婦人が息子のGeorgeに言いつけている場面である。

3.4.3 派生

派生(derivation)は、英語におけるもう一つの主要な語形成の方法である。次にあげる語はすべて広い意味で「何かをする人やもの」を表す語である。どのような意味を持つか調べてみよう。

(25) (A)   (B)   (C)
     writer   communist   communicant
     teacher   racist   defendant
     singer   geologist   accountant
     discoverer   pianist   reactant

(A)、(B)、(C)それぞれのグループは、語基に-er、-ist、-antという接尾辞がついて、人やものを表す語に派生したものである。注意しなければならないのは、語基と接辞の組み合わせには一定の決まりがあることである。例えば、writerの代わりに*writantということはできないし、pianistの代わりに*pianoerということはできない。しかし、一方では、informerとinformantというように二つのかたちが共存する場合もある。このような語基と接辞の組み合わせがどのように行われるのかを明らかにすることが派生語研究の目的である。また、-er、-ist、-antは広い意味で人やものを表すとは言っても、それぞれには意味の違いがある。形態素がどのような意味を表すかを明らかにすることも重要である。英語の主要な派生語規則を接尾辞(26)と接頭辞(27)に分けて下に示しておく。なお、接頭辞については語基と派生語の品詞、接尾辞については語基の品詞のみを記した。[*3]

[*3] (26) (27) の形態素と実例は、O'Grady, William and Michael Dobrovolsky (1992) *Contemporary Linguistic Analysis: An Introduction*, Newbury Houseから引用したものに修正を加えた。

(26) **接尾辞**

接尾辞	語基	派生語	用例
-able	V	A	doable, washable, unbelievable
-ation	V	A	realization, assertion, protection
-er	V	N	singer, teacher, worker
-ing	V	N	the sleeping giant, a blazing fire
-ing	V	N	the shooting, the dancing
-ive	V	A	assertive, decisive, impressive,
-ful	N	A	faithful, hopeful, beautiful
-(i)al	N	A	presidential, educational, national
-less	N	V	hopeless, penniless, rainless,
-en	A	V	blacken, harden, widen
-ity	A	N	absurdity, humidity, stupidity
-ize	A	V	industrialize, militarize, modernize
-ly	A	Adv	carefully, slowly, quietly
-ness	A	N	happiness, kindness, sadness

(27) **接頭辞**

接尾辞	語基	用例
anti-	N	antiabortion, antipollution, antifascism
ex-	N	ex-president, ex-minister
in-	A	incomplete, insensible, intolerable
un-	A	unhappy, unkind, unsatisfactory
un-	V	unbutton, unlock, unzip
pre-	N	pre-war, pretest,
re-	V	redo, rethink, reopen
de-	V	de-activate, debug, decaffeinate
dis-	V	disarm, disobey, displace
mis-	V	mis-kick, misunderstand,

3.4.3.1 派生語の主要部

　すでに主要部という概念については、複合語のところで述べたが、これを派生語についても考えてみよう。主要部とは、複合語を構成する自由形態素のう

ち、意味の中心となり、複合語全体の品詞を決める働きをするものであった。複合語では右側の要素が主要部になるのが原則であったが、この原則は複合語だけでなく派生語にも当てはまる。ただし、派生語の場合は主要部が接尾辞である点が異なる。

　接尾辞を主要部と考える理由はおおよそ次のようなものである。前節(26)の表からも分かるように、接尾辞のつく派生語は一般に語基と派生語の品詞が異なる。この一般的傾向は、接尾辞自体が、語と同様に品詞の区別を持つと仮定することによって、語構造上、次のように表すことができる。

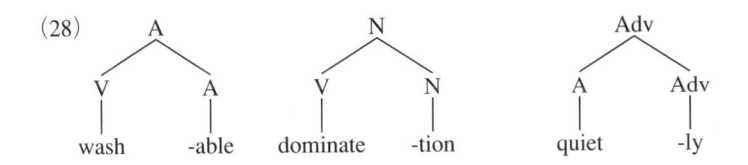

(28)

```
      A              N              Adv
     / \            / \            /   \
    V   A          V   N          A    Adv
    |   |          |   |          |     |
   wash -able   dominate -tion   quiet  -ly
```

つまり、派生語の品詞は接尾辞の品詞によって決定されると見なすことができるのである。派生語では、意味の中心は語基の方にあると考えられるが、派生語全体の品詞を決めるという重要な働きは接尾辞の方が行なっている。このことから接尾辞が主要部であると考える。そう考えれば、複合語に加え、派生語についても右側主要部の規則が成り立つので、(24)を一部修正して次のように表すことができる。

(29) **右側主要部の規則**
　　　複合語と派生語においては、右側の要素が語の主要部である。

さらにこの規則は、接尾辞だけではなく、接頭辞の場合も成り立つことを見てみよう。(27)に示したように、接頭辞はほとんどの場合、語基の品詞を変えないという性質をもっている。例えば、disorder, discharge, dishonest は同じ dis- という接頭辞がつくにもかかわらず、派生語の品詞は語基の品詞と同じである。これは語構造を用いて次のように表される。

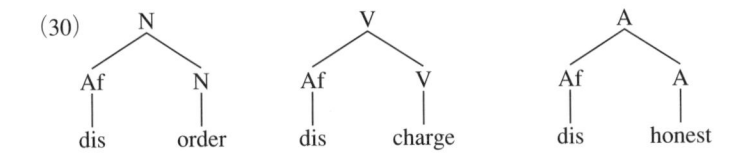

(30)

```
      N              V              A
     / \            / \            / \
    Af  N          Af  V          Af  A
    |   |          |   |          |   |
   dis order      dis charge     dis honest
```

このように見ると、接頭辞は品詞の決定に関与していないことが分かる。したがって、接頭辞のついた派生語においては語基（つまり、右側の要素）が主要部であると考えられるので、接頭辞派生語の場合も右側主要部の規則が成り立つと見なすことができる。

> **A Tip for Thinking (3-7)**
>
> Harry Potter and the Philosopher's Stone, p.8の中でおもしろい形容詞が使われている。
>
> Mrs. Potter was Mrs Dursley's sister, but they hadn't met for several years; in fact, Mrs Dursley pretended she didn't have a sister, because her sister and her good-for-nothing husband were as <u>unDursleyish</u> as it was possible to be.
>
> 下線部のunDursleyishという単語は、Dursleyという固有名詞に接尾辞-ishを付けて形容詞にし、更にun-をつけてその反対の意味にしている。DurselyはHarryの育ての親で、意地悪で不思議というものを心底嫌っている人なので、Harryの母親と父親はDursely家の人たちとは全くかけ離れた人たちであることを表現しようとした部分である。

3.4.3.2 接辞の意味について：接頭辞un-

(31)にあげた語にはすべてun-という接頭辞がついている。un-は基本的に否定の意味を持つが、よく見てみると(A)群と(B)群では少し違う意味を表している。まず、(A)と(B)が、語基の品詞、派生語の品詞においてどのように違うか考えてみよう。その上で、un-の否定の意味を考えてみよう。

(31) (A)   (B)
     unbelievable unbutton
     unhappy   unfreeze
     unkind   unload
     unnatural   untie
     unsteady   unsaddle
     untamed   unzip

(A)群の語基の品詞は形容詞である。また、派生語の品詞も同じく形容詞である。一方、(B)群の派生語はすべて動詞である。また、その語基も、形態上は名詞と区別できないが、先に述べた右側主要部の規則によって動詞であると考えられる。辞書で調べてみると、これらの語基には、button（ボタンを留める）、freeze（凍らせる）、load（荷物を積む）、tie（ひもやネクタイを結ぶ）、saddle（馬

に鞍をつける)、zip(チャックを閉める)などの動詞用法があることが分かる[*4]。
(A)群と(B)群の代表的な語の語構造は次のように表される。

A Tip for Thinking(3-8)

接頭辞un-が形容詞ではなく動詞に付いて、一度行った行為の結果を取り消すという意味になる場合の例が以下のものである。

Biff　　: Look, McFly, your shoe's untied.（*Back to the Future*）

Cruzo : Kato, your fly is undone!（*Pink Panther*）

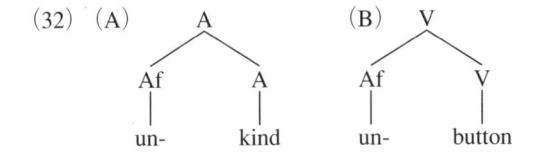

---

(32)　(A)　　　A　　　　　(B)　　　V
　　　　　　／＼　　　　　　　　／＼
　　　　　Af　　A　　　　　　Af　　V
　　　　　｜　　｜　　　　　　｜　　｜
　　　　　un-　kind　　　　　un-　button

次にun-の意味を考えてみよう。(A)の、形容詞につくun-は、形容詞の表す状態や性質を否定する。つまり、「～でない」という意味であると考えてよい。しかし、(B)の動詞につくun-は単純な動詞の否定ではない。なぜなら、unbuttonは、「ボタンを留めない」という意味ではなく、「ボタンをはずす」という意味だからである。次に示すように、動詞語基につくun-は、一度おこなった行為の結果を取り消すという意味であり、行為そのものの否定ではない。

(33)　unfreeze　　　一度凍らせたものを解凍する
　　　unload　　　　積んだ荷物を降ろす
　　　untie　　　　　結んだひもを解く
　　　unsaddle　　　馬の背から鞍をはずす
　　　unzip　　　　　閉めたジッパーを開ける

つまり、これらの派生動詞は、行為ではなく、その結果を反対の状態にするという意味を表している。したがって、語基となる動詞は何かしらの結果を含意するものということになる。動詞の意味を直観的に分解してみると、buttonという動詞の意味は次のような構成をしていると考えられる。

[*4] 名詞と同形の動詞については、「3.4.4. その他の語形成　転換」の項で詳しく述べる。

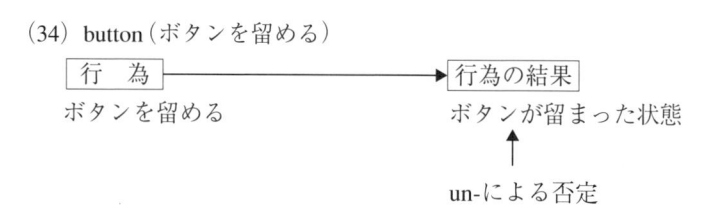

(34) button（ボタンを留める）

```
 ┌─────────┐                    ┌──────────────┐
 │ 行 為    │─────────────────→│ 行為の結果   │
 └─────────┘                    └──────────────┘
  ボタンを留める                  ボタンが留まった状態
                                        ↑
                                   un-による否定
```

(34)で示したように、un-が否定するのは後ろの結果部分であると考えられる。このように考えれば、形容詞につくun-との共通性が捉えられる。つまり、形容詞につくun-と動詞につくun-は、派生語において意味が多少異なるけれども、実は状態の否定をおこなう点では同じものであると見なすことができるのである。このように動詞意味を詳細に分析することを**語彙分解**(lexical decomposition)という。語彙分解によって、un-という接辞の一般的な意味の性質を捉えることができるのである。

3.4.3.3 接頭辞と下位範疇化素性

すでに見たように、接頭辞は語基の品詞を変えないので、動詞が語基の場合、派生語も動詞になる。派生した動詞は、元の動詞の意味が変わるだけではなく、**下位範疇化素性**(subcategorization feature)という動詞の特性が変わることが知られている。下位範疇化素性とは、動詞がどのような種類の目的語や補部をとるかという情報である。例えば、walk、hit、giveはそれぞれ次のような下位範疇化素性を持つ。

(35) a.　walk:　　[_]
　　　b.　hit:　　 [_NP]
　　　c.　give:　　[_NP PP][*5]

ところで、動詞の中には、目的語や補語をとるパターンが複数あるものがある。(36a)の動詞tellは、名詞句を単独で目的語にする場合と名詞句に加え不定詞節を補語にとる場合とがある。ところが、(36b)に示すように、re-が接辞した派生動詞は名詞句を単独で目的語にとるパターンしか許さない。[*6]

[*5] PPは前置詞句を表す。詳しくは第4章を参照。
[*6] (36)の例は、Carlson, Gregg and Tom Roeper (1980) "Morphology and Subcategorization," Hoekstra, T., H. van der Hulst and M. Moortgat (eds.) *Lexical Grammar*, Foris, Dordrecht.から引用した。(37) (38) は、Spencer, Andrew (1991) *Morphological Theory*, Basil Blackwell, Oxford.から引用した。

(36) a. Bob told { a story.   [_NP]
                  Eddie to leave.   [_NP CP]*7)
     b. Bob retold { a story.   [_NP]
                    *Eddie to leave. *[_NP CP]

同様の事実は、下位範疇化素性が異なる別の動詞にも観察される。(37)〜(39)は、(a)が語基動詞の下位範疇化素性、(b)が派生動詞の下位範疇化素性を表している。

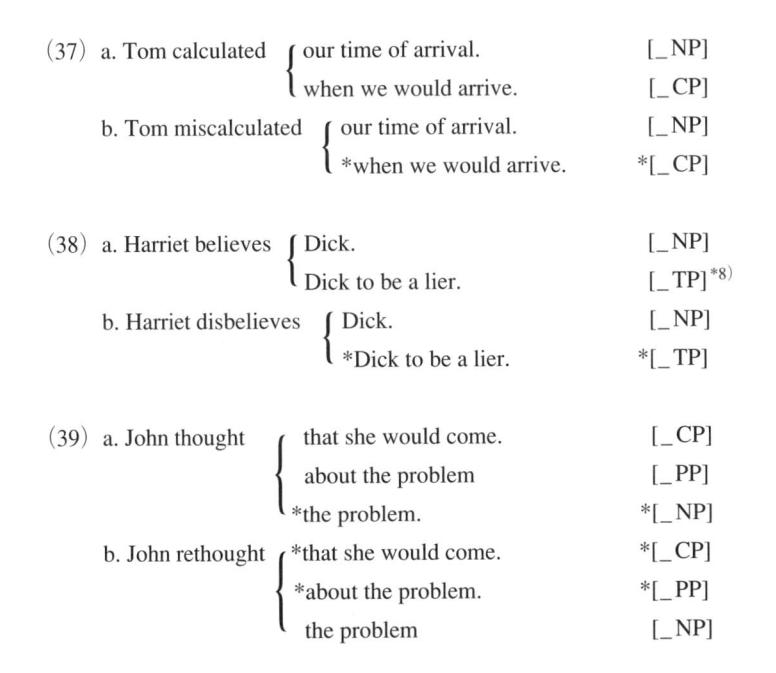

(37) a. Tom calculated   { our time of arrival.   [_NP]
                            when we would arrive.   [_CP]
     b. Tom miscalculated { our time of arrival.   [_NP]
                            *when we would arrive.   *[_CP]

(38) a. Harriet believes   { Dick.   [_NP]
                              Dick to be a lier.   [_TP]*8)
     b. Harriet disbelieves { Dick.   [_NP]
                              *Dick to be a lier.   *[_TP]

(39) a. John thought   { that she would come.   [_CP]
                          about the problem.   [_PP]
                          *the problem.   *[_NP]
     b. John rethought { *that she would come.   *[_CP]
                         *about the problem.   *[_PP]
                         the problem   [_NP]

このような事実を観察すると分かるのは、接頭辞がつく派生動詞の下位範疇化素性は、単独の名詞句をとるパターンになるということである。この理由はよく分かっていない。しかし、ひとつ推測できるのは、複数の下位範疇化素性は動詞それぞれの個別情報としてメンタル・レキシコンに登録されなければならないが、語形成によって新しく造られる動詞の下位範疇化素性はもっとも単純なパターン(つまり、名詞句がひとつ現れるパターン)が与えられるということ

---

*7) CPは不定詞を表す。詳しくは第4章を参照。
*8) TPはbelieveのような動詞の後に来る不定詞を表す。詳しくは第4章を参照。

である。

練習問題 ⑤

接頭辞の中には、例外的に語基の品詞を変えるものがある。次にあげるen-とde-はそのような接頭辞の例である。

(i) 次にあげる(A)群と(B)群の語を比較して、接頭辞en-のはたらきについて考えてみよう。

(A) enrich, enlarge, enable
(B) encase, encage, entrap

(a) それぞれの語基の違いは何か。
(b) 語基の違いが派生語の意味の違いとどのように関係しているか。
(c) 同じ形態素は接尾辞としても用いられるが、接頭辞と共通点と相違点は何か。

blacken, harden, hearten, deafen

(ii) 接頭辞de-によって派生する語には次のようなものがある。

defrost, debone, declutch, decode, decamp, defog, delouse

(a) de-はどのような語基につくか考えてみよう。
(b) de-は語基の意味からどのように派生語の意味を生み出すのか考えてみよう。

3.4.4 その他の語形成
3.4.4.1 転換 (conversion)

語基のかたちはそのままに、品詞だけを変えて新しい語を作る方法を**転換** (conversion)という(または**ゼロ派生** (zero derivation)と呼ぶこともある)。英語には転換によって作られる語は数多いが、特によく見られるのは次のようなパターンである。

(40) 名詞→動詞
  button（the shirt） シャツのボタンを留める
  butter（the bread） パンにバターを塗る
  shovel（snow） シャベルで雪を取り除く
  ship（the package） 荷物を発送する
 形容詞→動詞
  dirty（a shirt） シャツを汚す
  clear（a table） テーブルを片付ける
  empty（the box） 箱を空にする
  open（a door） ドアを開ける
 動詞→名詞
  a cut 一切れ
  a walk 散歩
  a ring ベルの音
  survey 調査
  torment 苦痛
  breakdown 故障

動詞が名詞に転換すると、強勢の位置が変わる場合がある。

(41) 動詞（語基） → 名詞（転換語）
 tormént tórment
 condúct cónduct
 survéy súrvey

2音節以上の語がすべて強勢の移動を伴うわけではないが、動詞から転換した名詞を見分けるひとつの目安になる。これとは反対に、名詞から動詞が作られた場合は強勢の移動は起きない。

(42) 名詞（語基） → 動詞（転換語）
 ádvocate ádvocate
 bútton bútton
 páttern páttern

A Tip for Thinking(3-9)

　一般的に、ある単語を別の品詞に転換する場合には、何らかの接辞を付けるのが普通である。runに-erを付けて「走者」を作るようにである。ところが、普通なら名詞として用いられる単語が表面上何の接辞も付けられずに、動詞として用いられている場合がある。一つの例が *Working Girl* の中に出てくる。次のシーンは、TessがBobという成功した実業家と彼のリムジンに乗っているところで、ボブがシャンペンを抜いて、勢いよく泡が飛び散ったところでの会話である。

```
Bob  : Wooo! We're gonna party!
Tess : Hey!
Bob  : Oh, I'm sorry!
```

ここで用いられているpartyは動詞である。

　名詞から動詞への転換は、英語の語形成の中でも特に造語力が強く重要である。(40)であげた以外にも次のような例がある。

　　(43) to butter the toast （トーストにバターを塗る）
　　　　 to bone the fish （魚の骨を取り除く）
　　　　 to shelve the books （本の書棚に並べる）
　　　　 to bike to school （自転車で学校に行く）
　　　　 to nail up a window （窓を釘で打ちつける）
　　　　 to broom the floor （床をほうきで掃く）
　　　　 to hammer the nail （釘をかなづちで打つ）

このような転換動詞がどのような意味で用いられるかは、語基の名詞が日常生活の中でどのように(何のために)用いられるかという英語話者の文化的背景知識に拠るところが大きい。

A Tip for Thinking(3-10)

　普通なら形容詞として用いられる単語が名詞として用いられている場合が *Working Girl* の中に出てくる。次のシーンは、Tessの友人のCynがTessが着たドレスについてコメントする場面である。

```
Cyn  : It needs some bows or somethin'.
Tess : No. It's simple, elegant, yet makes a statement. Says
       to people, confident, a risk taker, not afraid to be noticed. Then, you hit'em with your smarts.
```

3.4.4.2 頭字語 (acronym)

頭字語とは、語句の頭文字だけを組み合わせてひとつの語のように書き表し、発音する方法である。最近の科学技術 (特にコンピュータ関連) や組織の名称などの新造語に特に顕著に見られる。

(44) CD-ROM　　Compact Disc Read Only Memory
　　　AIDS　　　Acquired Immune Deficiency Syndrome
　　　MODEM　　modulator-demodulator
　　　NASA　　　National Aeronautics and Space Administration
　　　UNICEF　　United Nations International Children's Emergency Fund

また、最近の語彙でe-mailのe-や、i-businessのi-もそれぞれ、electronic、internetを表す頭文字と考えられる。

3.5 まとめ

この章では、メンタル・レキシコンという英語使用者の言語能力の一部からスタートして、英語語彙に含まれる語がどのように構成されるかという問題を中心に考えてきた。英語使用者が無意識的に知っている語形成の規則によって、言語共同体の中に新しい語が生まれ、使用されるのである。そのような規則による生成力が、言語使用者が膨大な語彙を身につける能力を保証していると考えられる。

第4章　文の構造

4.1 統語論とは何か？

　人間が何かを伝え合う時には、言葉が必要である。言葉とは一連の意味の集合に文字や音を組み合わせたものである。そして、その最小の単位が単語である。例えば、英語では、もともとネズミを捕まえるために飼われていたけれど、現在では広くペットとして飼われている動物を指し示すためにa、c、tという3つの文字を組み合わせてcatと表記し、/kæt/と発音する。日本語では、もちろん、これは猫 /neko/という文字と音で表現される。

　ところが、これだけではその猫に関して、猫であるということ以外の情報が全く伝わらない。猫は猫でもどんな猫なのか。また、その猫がどうしたのかなど、伝えるべき内容が複雑になればなるほど、1つの単語では間に合わなくなる。そこで、単語と単語をつなぎ合わせてより大きな単位の**句**（phrase）や**文**（sentence）を作るという作業が必要となる。そうすることで、より複雑な内容や概念を表現することができるのである。その単語と単語をつなぎあわせる法則が統語と呼ばれるもので、一般に文法（grammar）と考えられているものであり、その研究を**統語論**（syntax）と呼ぶ。

4.2 統語論の目標

　複雑な概念を言葉で表すために単語と単語をつなぎ合わせる法則を統語と呼んだ。そして、そのつなぎ合わせる規則の差が、我々の母語である日本語と、外国語である英語の大きな差の一つなのである。例えば、英語では文は主語（S）＋動詞（V）＋目的語（O）［補語（C）］(Mary kisses John./Tom is a policeman.) という順番で組み合わさるが、日本語では、主語（S）＋目的語（O）［補語（C）］＋動詞（V）という語順で、「メアリがジョンにキスをする。」や「トムは警官です。」のようになる。これは一体どうしてなのだろう。

　高校まではこのような事実はごく当たり前の事として考えられてきたであろうし、それ以上のことを考えたことも、また、考える必要もなかったであろう。しかしながら、統語論では、このようなごく当たり前に思われて、注意を払ってこなかった事実に対して、「なぜ？」という視点で、科学的な説明を行うことを目標としているのである。言い換えれば、人間が言葉を話したり理解したりするメカニズムの解明にもつながる研究といってもよいのである。

4.3 英文法はどのくらい完全か？

中学校や高校で学んだ英文法は、おおよそ事実を表記した規則の集合のようなもので、その学習の方法は主に暗記だったはずである。おそらくは、英文法というからには、確立された、間違いのない、完全なものであると思い込んでいる人も多いことと思う。では、次の2つの英文を考えてみよう。

(1) a. John bought the book (at the shop)
    b. John put the book *(on the desk)

これら2つの文は**学校文法**(school grammar)で習った、いわゆる第3文型と呼ばれるものである。表面上全く同じ形をしている2つの文であるが、(1a)の文では at the shop を省略しても文は成り立つが、(1b)の文では on the desk を省略すると文は成り立たない。

また、次の文も考えてみよう。

(2) a. I ask Mary <u>to stay</u> with me this weekend.
    b. I promise Mary <u>to stay</u> with her this weekend.
(3) a. He told Jane to clean her room.
    b. He wanted Jane to clean her room.
(4) a. Jane was told to clean her room.
    b. *Jane was wanted to clean her room.

まず、(2a)と(2b)の文であるが、一見全く同じ形をした構文にもかかわらず、下線部の動詞の意味上の主語が(2a)では Mary になり、(2b)では I になる。また、(3a,b)も見かけ上は同じ形をした構文であるが、(3a)は(4a)のように受け身の文にすることができるが、(3b)を受け身にすると、(4b)のように**非文**(ungrammatical sentence)になってしまう。これらはいったい何故なのだろう。これらの事実に対して学校文法はほとんど何も説明することができない。

それでは、これから我々が学ぼうとする科学的な文法である統語論は、これらの興味深い事実にどのような説明を与えてくれるのだろうか。

4.4 統語論の分析法

従来の中学校や高等学校で学んできた英文法では説明が困難な事実に対し

て、その答えを見つけだそうとするのが統語論であるが、学校文法のように単一的なものではなく、その分析方法には様々な考え方に基づく様々な手段（approach）が存在する。ここでは、その主な3つの分析方法、**機能文法**（Functional Grammar）、**認知文法**（Cognitive Grammar）、**生成文法**（Generative Grammar）を紹介することにする。

4.4.1 機能文法

　言語とは人間の心理の具現化と考えることができる。その役割は主に思考の表現である。と同時に、言語は、私たち人間が社会生活を営むための、大切な道具としても機能しているのである。言葉の意味や機能、さらには人間の認知や知覚能力が、実際の言語使用における様々な言語（文法）現象に、どのような影響を及ぼしているかということを、主に情報の伝達や構造という視点に立って解析することを目的にしているのが、**機能文法**（Functional Grammar）と呼ばれる理論である。**機能主義**（functionalism）を唱える学者としては、Michael Hallidayらがいるが、ここでは、特に、久野暲や高見健一らの提唱する分析をもとに、英語に見られるいくつかの興味深い統語現象を紹介し、機能文法がそれらの問題にどのような解決法を与えてくれるのかを概観する。

4.4.1.1 新情報と旧情報

　英語は日本語とは異なり、典型的には、S+V+Oという語順をとる。しかしながら、この基本語順さえ守れば、英語として適切な文を作り上げることが可能なのだろうか。次の例文を考えてみよう。

(5) What happened to Mary yesterday?
(6) a. A track ran over her.
　　b. She was run over by a track.

(5)に対する返答としては、(6a)も(6b)もどちらも学校文法では正しいように考えられる。しかしながら、英語の母国語話者は、(5)に対しては(6b)がより適切な返答であると判断する。これは何故だろう。

　ここで一つの規則を適用することにする。それは、英語は単に形式的な語順を守るだけではなく、**新情報**（new information）、**旧情報**（old information）という概念がそこに介在し、それが英語の語順に反映されることがあるというものである。すなわち、一般的に情報は聞き手が既に知っている古い情報から、

聞き手がまだ知らない新しい情報、**焦点**(focus)へと発話され、文末に新情報の焦点が当てられるというものである。このことを次のように呼ぶ。

(7) **文末焦点の原理**(principle of end focus)
通例、英語の文は文末が焦点（新情報）の位置として保証される。

(6)の例文を情報伝達という視点から捉え直すと、Maryは既に先の発話(5)で登場しており、この会話の返答者は、Maryに何かが起こったという情報を既に知ったことになる。したがって、(6)においては、Maryは旧情報になり、「トラックにひかれた」という内容が新情報になるのである。故に、新情報から旧情報に流れる語順の(6a)より、旧情報から新情報に流れる語順の(6b)の方が、(5)に対してはより適切な返答ということになる。

A Tip for Thinking(4-1)

映画 *Harry Potter and the Chamber of Secrets* に下のような英文が出てくる。友人Ronの家を訪ねて、朝食をみんなで食べている時に魔法学校Hogwartsからフクロウ便がやってくる場面である。

Percy : Oh, look, it's our Hogwarts letters. They've sent us Harry's as well.
Arthur : Dumbledore must know you're here. <u>Doesn't miss a trick, that man</u>.
Molly : Oh. No.

主語は文末のthat manである。doesn'tの前の主語の位置にはheが省略されていて、このheはthat manを受けている。このような構文を右方転移（Right Dislocation）と言う。

4.4.1.2 情報構造がもたらす移動と省略

情報構造（新情報、旧情報）という概念は次の例文における対比にも説明を与えることができる。以下の文は**重名詞句移動**(heavy NP-shift)と呼ばれる、比較的長い目的語（名詞句）が文末に移動するという現象である。(8)、(9)ともに目的語は当初、動詞の直後に存在していたものとして考えられる。

(8) A: What did Bill buy for Linda?
　　B: He bought <u>for her</u> <u>a new beautiful party dress</u>.
　　　　　　　　旧情報　　　　新情報

(9) A: Who did Bill buy a new dress for?
　　B: *He bought for Linda a new beautiful party dress.
　　　　　　　　新情報　　　　旧情報

　(8)B、(9)Bは、共に一見すると、目的語が文末に移動した同じタイプの英文に思えるが、実際には、その適格性には差が見受けられる。そこで、文末焦点の原則を当てはめて考えてみると、(8)Bの場合、(8)Aの疑問の焦点は「何を買ったか」ということであり、その質問に対する答え、すなわち、新情報a new beautiful party dressが後置されることによって、文末焦点の原則を守っているが、(9)Bの場合、質問の焦点は、「誰に買ったか」ということであり、「買った物」ではない。
　つまり、目的語(買った物)の後置が起こることによって、新情報と旧情報の場所が入れ代わり、誰に買ったかという質問に対する答えが、適切な位置に現れておらず、文末焦点の原則に違反し、不適切な返答となるのである。すなわち、英語の場合、情報構造に基づいた適切な会話の流れは、一般的に以下のような傾向として表すことができる。

(10) 情報構造に基づく会話の流れ
　　　文1　旧情報 → 新情報
　　　　　　　　　　　↓
　　　文2　　　旧情報 → 新情報
　　　　　　　　　　　　　↓
　　　文3　　　　　旧情報 → 新情報

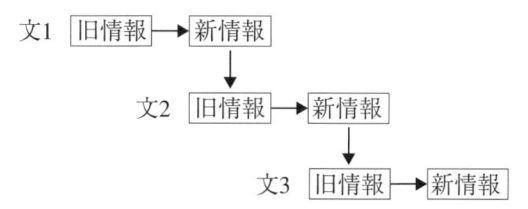

　機能文法では、文中の単語が持つ情報という機能に着目することによって、古い情報から新しい情報へと単語が算出されるという情報構造を考えるのである。その結果、会話におけるより自然な英語を導き出すことができる。つまり、情報という目に見えない要素が機能し、英語の語順や統語現象にも影響を及ぼすことができるのである。

> **A Tip for Thinking(4-2)**
>
> 　話題化（Topicalization）と右方転移（Right Dislocation）が一つの文中に同時に出てくる例が*Harry Potter and the Pirsoner of Azkaban*, p.175にある。
>
> 'Hasty temper he's got, that Sirius Black.'
>
> 文頭のHasty temperはgotの目的語であり、話題化で文頭に移動しており、主語の代名詞heは文末にあるthat Sirius Blackを受けている。

4.4.2 認知文法（Cognitive Grammar）

　まず、以下の例文を考えてみることにしよう。これらは、何の変哲もない一見して単純な英文に見えるが、これらの中には、日頃は我々の意識に昇ることのない重大な謎が隠されている。

　　　（11）a. The glass is half full.
　　　　　 b. The glass is half empty.

　（11a,b）はいずれも同じ事実を言い表している。では、同じ事実を表すのに何故2通りの表現が存在するのだろう。また、そこに差はあるのだろうか。あるとすれば、その差は一体何なのだろう。そして、その差を英語の母語話者はどのように使い分けているのだろうか。
　先に見た情報構造を含めて、人間が言語を話す時には、視覚を中心とした知覚、認知能力が対象物やその周囲に働いていることは明白である。では、その人間の持つ認知能力は、言語表現にどのような影響を与えているのだろうか。この認知能力と言語の関わりを対象にした文法研究法を**認知文法**（Cognitive Grammar）と呼ぶ。代表的な研究者として Ronald W. Langaker や George Lakoff らがいる。

4.4.2.1 トラジェクターとランドマーク

　我々は物を見る時は、必ずと言ってよいほど、対象物を何か（背景）に対比させて、認識している。例えば、(12)は、有名な「ルビンの盃」の絵であるが、黒い部分と余白の部分を反転させることによって、盃に見えたり、向かい合った人の顔に見えたりする。

(12)

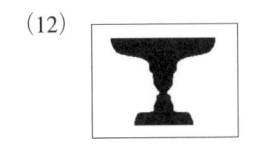

これは、我々が物を認識する時に、常に**トラジェクター**（trajector/figure）、つまり、際立たせた部分を、**ランドマーク**（landmark/ground）、つまり、背景と照らし合わせて認知していることを証明する好例である。このトラジェクターとランドマークの関係を捉える認知能力は、言語表現においても保持される。例えば、例文（11a）と（11b）は、どちらも同じ事実を言い表しているが、トラジェクターとランドマークを入れ替えること（すなわち、内容物（水）を際立たせるか、空白部（水の入っていない部分）を際立たせるか）によって、同じ事実を2通りの言語表現で示すことができるのである。認知文法は、このような人間の視覚を含めた認知能力が、同一の事象に関して2通り以上の表現法（能動態vs.受動態など）を可能にする言語能力と深く関わりがあるという考えに立って言葉の分析を行うのである。

4.4.2.2 アクション・チェイン（Action Chain）

我々は、誰かが何かをしたという出来事をどのように捉え、概念化し、言語として表現しているのであろうか。例えば、テレビドラマで、男が浮気を恋人に告白し、激怒した恋人が男をナイフで刺すというシーンを見たとしよう。その時、私たちはこのシーンを、男が恋人に浮気を告白する、恋人が激怒する、恋人が男を刺す、という連続した一連の**事態**（event）であると捉える。これを図式化したものが図（13）である。このようなエネルギーの連鎖、つまり行為の影響の伝達を図式化したものを**アクション・チェイン**（Action Chain）と呼ぶ。

(13)　男　　恋人　ナイフ　男
　　　○ ⇒ ○ ⇒ ○ ⇒ ●
　　（○：参与者　⇒：エネルギーの伝達　●：参与者の状態変化）

認知的には一連の動きに見えるこの状態を、1つの文で表現することは不可能である。すなわち、「男が恋人に浮気を告白する（して）」、「恋人が激怒する（して）」、「恋人が男を刺す」というように、事態を個々に分化して言語に表さなくてはならないのである。この時に、まず我々は、この一連の事態を表したア

クション・チェインの中で、どの部分を切り取るかを選択する。言い換えれば、**スコープ**（scope）、すなわち、一連の事態においてどの部分を言語として表現するのかを決定し、その範囲を設定して、言語に表現しているのである。そして、次にそのスコープの中に入った事態の参与者の中で、どの参与者を際立たせるかを選択するのである。この**際立たせ**（profile）によって、トラジェクターとランドマークの設定が行われるわけである。つまり、トラジェクターとランドマークの設定の差により、同一の出来事に、「恋人が男を刺す」、または、「男が恋人に刺される」といったような、違う言語表現を与えることができるのである。

4.4.2.3 英語の移動現象に関わる認知作用

では、上で見てきたトラジェクターや、ランドマーク、そしてアクション・チェインという概念が、実際の英語の現象をどのように説明することができるのか考えてみよう。

(14) a. Tom hit John.
　　　b. John was hit by Tom.

(14a,b) が表す事象を各々アクション・チェインで示すと次のようになる。

(15) a. ○ ⇒ ○ ⇒ ○
　　　　　主語
　　　b. ○ ⇒ ○ ⇒ ○
　　　　　　　　　　　主語

(15b) は (15a) を**受動化**（passivization）したものであるが、(15a) も (15b) も事象としては、ほぼ同一の内容を示している。注意しなくてはならないのは、各々の文法的主語であるトラジェクターである。(15a) のように、動作主（何かをする人、通例、主語）と被動作主（何かをされる人、通例、目的語）の両者にエネルギー伝達において行為の非対照性が見られる場合、つまり、何かをする者とされる者、影響を与える者と与えられる者などの、行為の伝達や結果を示す関係が明白である場合、通例、アクション・チェインの中で最も際立つものは、エネルギー源（行為の発祥元）である動作主であり、トラジェクターの役割を担って、主語位置を占めることが、認知的際立ちに関する一般原理とされて

いる。しかしながら、受動文の場合、それとは逆に、非動作主を際立たせており、この一般原理に沿っていない。すなわち、受動文というのは、(15a)のような他動的な事態において、あえて動作主の認知的際立ちという一般原理に逆らうことで、非動作主に際立ちを持たせる特殊な手段であると考えることができるのである。故に、(16)のような、主語と目的語にエネルギー伝達の非対称性が存在しない、つまり、行為者と非行為者の特定が困難な文には、受動態が適用できないということができるのであり、この予測は正しい。

(16) a. Mary resembles her mother.
　　 b. *Her mother is resembled by Mary.（エネルギー伝達に非対称性がない）

次に、**繰り上げ構文**(raising)と呼ばれる(17a)〜(17c)について考えてみよう。

(17) a. We expect Tom to leave.
　　 b. Tom is likely to leave.
　　 c. Tom is easy to tease.

これらは、いずれも適格な英語の文であり、(17a)では、目的語の位置にあるTomがexpectのランドマークの一部として、また、(17b,c)では、主文の主語位置においてTomがlikelyやeasyのトラジェクターとして機能している例である。このことは、これらの例文が、各々、次のような形式に置き換え可能であることからも明らかになる。

(18) a. We expect that [Tom will leave].
　　 b. It is likely that [Tom will leave].
　　 c. It is easy [to tease Tom].

ここで興味深いことに、(18a)の動詞の目的語であるthat節や、(18b,c)の形式主語の指し示す真主語は、例文(17a)〜(17c)とは異なり、人物ではなく事態である。すなわち、単に名詞Tomのみではなく、「Tomが去る」、「Tomをからかう」という事態を目的語や主語として選択しているのである。つまり、動詞expectや形容詞likely、easyは本来、次のような認知的特質を持った語彙と言え

る。

 (19) a. 動詞expectは人物ではなく、事態を目的語として選択し、ランドマークとして機能させる。
    b. 形容詞likelyは、人物ではなく、事態を主語として選択し、トラジェクターとして機能させる。
    c. 形容詞easyは、人物ではなく、事態を主語として選択し、トラジェクターとして機能させる。

　しかしながら、ではどうして、(19)のような特質を持った動詞expectや形容詞likely、easyが、(17a-c)に見られるような本来の特質とは異なった機能、すなわち事態ではなく人物を主語や目的語として担うことができるのだろう。(17b,c)では、選択された主語(トラジェクター)である人物と、実際の活性領域、つまり、(18)に見るようなTom will leaveやto tease Tomという事態との間にズレを生じさせてしまっている。にもかかわらず、(17b,c)では、事態の**参与者**、すなわち、事態の中に登場する人物を際立たせて、焦点を当て、主語(トラジェクター)として選択することが可能になっている。注意すべき点は、例文(17b,c)と(18b,c)は、基本的意味や事実は同じであるが、後者の持っていた事態に与えられていた際立ちが、前者の参与者に移されているということである。このような入れ代わりが可能な理由としては、事態という概念よりも、個々の参与者というレベルの物体の方が、際立ったものとして認知されやすいからだということがあげられる。つまり、その結果として、(17a-c)と(18a-c)の対比に見られるような主語や目的語の入れ代わりが統語現象として観察できるのである。
　これまで見てきたように、本節では、主に受動化と繰り上げという英語の移動現象が、認知文法においてどのように取り扱われるかを紹介した。認知文法においては、英語の統語的移動現象を、次に見る生成文法で用いられる**変形規則**(transformational rule)や**原理**(principle)を使って説明するのではなく、事態の中の何かを参照点として際立たせるという、人間の基本的認知能力の影響を受けたものとして捉えるのである。故に、「文法形式の差」は「認知の差」であるということになると考えるのである。
　以上、ここまでは、機能文法と認知文法の概略を代表的な概念といくつかの英語の統語現象を交えて紹介してきた。次節では、これら認知と言語に強い関連性があるとする立場の理論とは異なる立場の理論を考えていくことにする。

4.4.3 生成文法

　英語を話したり、書いたりする場合、そこには単に言葉の問題だけではなく、人間の認知活動が関与する。それを視野に入れた研究が、既に見てきた機能文法や認知文法である。もちろん、認知能力と言語能力を合わせて考えていくことは有意義であるが、肝心の我々が持つ言語能力そのものとは、一体どのようなものなのだろう。しかも、その言語能力、すなわち、母語に対する**直感**(instinct)は母語話者だけが持ち得るものである。我々、非母語話者である日本人が英語を学ぶ上での最大の障壁となっているのがこの直感である。それゆえ、英語や言語そのものの姿を解き明かそうとする時、言語能力を他の認知能力と独立したものと捉え、目に見えない脳内の言語活動を厳密な仮説と定理によって分析する必要性が出てくる。この点において、すでに紹介した機能文法や認知文法とは言語分析においての考え方に大きな差が生じる。このような分析法を採用する統語論を、**生成文法**(Generative Grammar)と呼び、提唱者はNoam Chomskyである。

A Tip for Thinking(4-3)

　英語は省略をよくする言語である。以下の例は最後のshe themの部分が奇妙に思えるかもしれない。

Moaning Myrtle was crying noisily in her cubicle, but they were ignoring her, and she them.
（*Harry Potter and the Chamber of Secrets*, p.179）

しかし、英語の省略は日本語の省略に比べて驚くほど論理的である。この場合も、she themのすぐ前の文、they were ignoring herがあるため、were ignoringが省略されているとわかる。つまり、she themの部分は、she was ignoring themにおけるwas ignoringの省略である。このような構文はgapping（空所化）と呼ばれている。

4.4.3.1 線形語順と範疇形成

　既に見てきたように、一般的に英語は、学校文法に代表されるように、前から後ろへ、すなわち、左から右へ語を配列して組み立てる言語であると考えられがちである。そして、その一定の語の配列を形成する文が、単語では表しきれない複雑な意味を生み出すと考えられる。また、文というものが、意味を伝達するものであるならば、そこから生まれる意味は、その文を構成する単語の組み合わせ方で生み出されることに疑いはない。では、英語の母語話者たちは、どのようにして、単語と単語をつなげて意味を読み取ったり、意味を伝えたり

しているのだろう。
　まず、以下の例を考えてみよう。

　　(20) Tom hit Mary.

これは、TomがMaryを殴った、という意味を表している英文である。英語の母語話者はこの英文の語順から意味をどのようにして処理し、理解しているのだろう。仮に、我々が英語の語順を表面的に観察するように、左から右へ、つまり、文頭から文末への語順で単語をつなぎ合わせて、文の意味を形成、拡大していると考える場合、以下に示したような単語どうしのつながりを持つ、階層的な構造が考えられる。

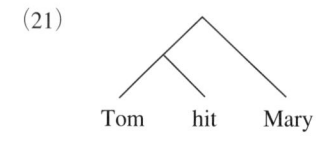

　　(21)

```
       /\
      /  \
     /    \
   Tom    hit   Mary
```

すなわち、まずTomとhitが一つの単位を形成し、そこにMaryが加わることによって、より大きな単位を形成するという分析である。このように、一般的に英語の文は、全て文頭から順に単語をつなぎ合わせて拡大し、文の語順を形成すると想定した場合、極めて簡潔であり、直感としても自然な考え方に見えるかもしれない。
　しかしながら、このような考えでは不具合が生じることになる。(22)の例を見てみよう。

　　(22) a. You kiss Jane.
　　　　 b. Kiss Jane.
　　　　 c. *You kiss. （目的語の欠如により不適格）

　(22b)と(22c)の対比に見られるように、(22b)では、他動詞と目的語がつながって一つの単位を形成し、**命令文**（imperative sentence）を形成することが可能である。このまとまりを**構成素**（constitnent）と呼ぶ。しかし、(22c)のような主語と他動詞が一つの単位をなして、まとまった意味を形成することは出来ない（誰にkissをしたのかが不明であり、意味が完結しない）。

さらに、他動詞と目的語が一つの構成素をなすという分析は、次のような事実からも保証される。

(23) a.　Did you play tennis?
　　 b.　Yes, I did [play tennis].
　　 c.　*Yes, I did play.
(24) John wanted to play tennis, and [play tennis] he did ___.

(23a)の質問に対して、(23b)のように、他動詞と目的語という構成素単位で省略することは可能だが、(23c)のように、一つの構成素をなす他動詞と目的語を切り離して、目的語のみを省略することは許されない。また、(24)は**動詞句前置(VP-preposing)**と呼ばれる英語の現象であるが、ここでも他動詞と目的語が一つの構成素を成し、元の位置から文頭へ移動している。

つまり、英語の語順は表面的には、主語＋動詞＋目的語という線形的な語順でつながっているように見えるが、実はその構造は階層的であり、また、そのつながりは(21)ではなく、(25)が示すように、主語と動詞とのつながりよりも、動詞と目的語のつながりの方がより強力であることがわかる。

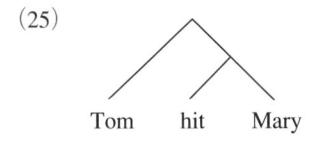

(25)
　　　Tom　hit　Mary

次に(26)の例を見てみよう。

(26) a.　She reads (a book) to her son.
　　 b.　He wrote (a letter) to his girlfriend.
　　 c.　The sun melted the ice.
　　 d.　The ice melted.
　　 e.　They sank the ship in the sea.
　　 f.　The ship sank in the sea.
　　 g.　Anybody can handle this car smoothly.
　　 h.　This car handles smoothly.

(26a,b)で用いられるreadやwriteは、**他動詞**(transitive verb)としても**自動詞**(intransitive verb)としても機能する。更に、動詞は、中学や高校で学んだような、単に他動詞／自動詞の区別だけではなく、その特性からいくつかのタイプに分けることができる。(26d,f)は**能格動詞**(ergative verb)と呼ばれる動詞であり、本来の他動詞の目的語が、動詞の主語となり自動詞的に働くことができる動詞である。(26g,h)で用いられる動詞handleは、自動詞かつ、能動的な形をとりながら、smoothlyなどの副詞を伴うことによって受動的な意味を持つ、**中間動詞**(middle verb)と呼ばれるものである。

英語にはこのような様々なタイプの動詞が存在するが、これらの動詞はいずれも、構造が全く異なるものとは考えられない。なぜなら、これらの動詞の共通特性をとらえるためにも、自動詞と他動詞などで構造を区別するより、共通の構造を与える方が、統一性を生み、人間の言語獲得を考える上でも自然かつ経済的であることから、望ましいと言えるからである。つまり、動詞は目的語を伴って、あるいは伴わずとも（例えば、副詞などを伴って）、**動詞句**(Verb Phrase: VP)という更に大きな構成単位[句]を形成する性質があると考えられるのである。

　　　(27) 動詞＋(目的語／副詞)＝動詞句

さらに、このことは動詞のみならず、他の品詞にも当てはまる。すなわち、名詞は**名詞句**(Noun Phrase: NP)を、形容詞は**形容詞句**(Adjective Phrase: AP)を、前置詞は**前置詞句**(Prepositional Phrase: PP)を形成していく。つまり、ある品詞は他の品詞と組み合わさってより大きな単位を構成する性質があると考えられるのである。そしてどちらかの品詞の特性が、できあがったより大きな構成単位にも反映されているのである。つまり、動詞と名詞(句)が組み合わさって句を形成する場合には、動詞の特性がその句に反映され、VPというより大きな階層的な構成単位を形成するのであり、単に単語や句が線形的に並列に並んでいるわけではないことがわかる。

4.4.3.2 句構造規則

前節で英語の母語話者は単なる線形順序の語順通りではなく、**句構造**(phrase structure)というまとまりごとに文を理解したり、作り上げていることを述べた。では、どの単語とどの単語[句]が結びつくのかを決定する要因は一体何だろう。不規則的に、場当たり的に、単語と単語を結び付けるとするな

らば、たとえ同じ言語話者の間でも均整がとれず、意思疎通すら出来ないであろう。それゆえ、単語と単語の結び付けには、ある一定の規則が存在すると考えるのは当然のことである。この規則こそが英語の構造を決定する要素と言える。この規則のことを**句構造規則**(Phrase Structure Rules: PS-rules)と呼び、以下のような規則体系をなすものと考える。

(28) a.　S → NP ⌢ T ⌢ VP
　　　b.　VP → V ⌢ (NP)
　　　c.　PP → P ⌢ NP
　　　d.　NP → (D) ⌢ N ⌢ (PP)

　ここで用いられる記号は、**範疇**(category)と呼ばれ、**品詞**(parts of speed)のことである。S(entence)が文を、T(ense)が時制要素を、V(erb)が動詞を、P(reposition)が前置詞を、そしてD(eterminer)が冠詞を示している。VP、PP、NPのPは各々Phrase(句)を表している。矢印は各々の構成単位が矢印以下の下位の構成素から成り立ち、「⌢」で結ばれた構成素が互いに結びついていることを示している。( )で囲まれた要素は、それがあってもなくてもよいこと、つまり任意性を示している。

　このような規則は、英語を含めた言語の無限の文生成を説明する。なぜならば、例えば(28c)と(28d)の規則を循環的に適用することによって、無限に単語を連結し、(29)のように限り無く長い文を生成していくことができるからである。

(29)　The cat chased the rat in the park near the shop on the street in the city.
　　　（そのネコはその街のその通りにあるその店の近くの公園にいるネズミを追い掛けた。）

　つまり、このような規則が、英語の母語話者には(生得的に)備わっていると考えることができるのである。

4.4.3.3 深層構造と表層構造

　では、英語の母語話者が英語を話す時には、句構造規則によって単純に単語や句をつなげていく作業のみをしているのだろうか。決してそうではない。例文(30a,b)を考えてみよう。

(30) a. Tom kissed Mary.
　　 b. Mary was kissed by Tom.

　英語の母語話者たちは、(30a,b) の英文が同じ内容の事実を示すことを知っているが、よく考えるとこれは大変不思議なことである。と言うのは、英文(30a)のTomは主語であり、「kissする人」であるにもかかわらず、同じ主語位置に現れている例文(30b)のMaryは「kissする人」ではなく「kissされる人」であることを彼らは知っている。すなわち、彼らは、例文(30b)のMaryが(30a)のように、元々kissの目的語であったということを認識していると言えるのだ。では、主語にある名詞をどのようにして、目的語として解釈することが可能なのだろう。ここで、**深層構造(D(eep)-Structure)** という概念と**表層構造(S(urface)-Structure)** という概念が出て来る。

　英語の母語話者は、まず頭の中に存在する単語の貯蓄庫である**辞書部門(Lexion)** と呼ばれる語彙部門に、数多くの単語と単語に関するさまざまな関連情報を貯え、そこから単語を句構造規則によって連結させていくと考えられている。しかしながら、このままでは1つの英文を完成させるために、その英文のためだけのルールが必要になり、「1文につき1つの句構造規則が必要」ということになってくる。しかし、これは人間の発話の数から考えても不経済である。また、各々の文が独立した互いに関連のない独自の句構造規則によって作られたものであるならば、既に見た例文(30a,b) に見られる2つの文の同一関連性も説明できない。

　そこで、英語[言語]生成のメカニズムとして、次のようなものが考えられている。

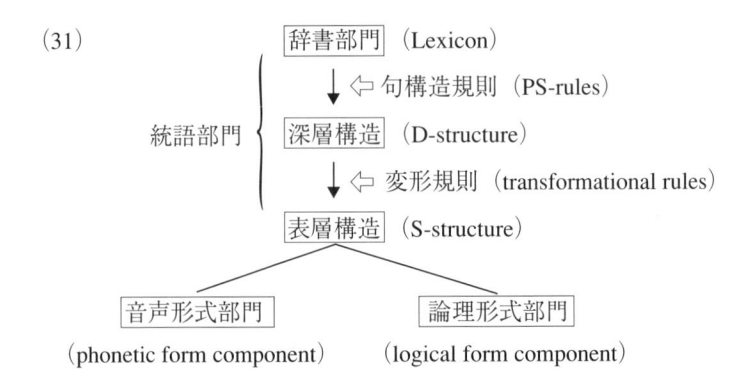

(31)　　　　　　　辞書部門　(Lexicon)
　　　　　　　　　　↓ ⇐ 句構造規則　(PS-rules)
　　　統語部門 {　深層構造　(D-structure)
　　　　　　　　　　↓ ⇐ 変形規則　(transformational rules)
　　　　　　　　　表層構造　(S-structure)

　　　　　音声形式部門　　　　　論理形式部門
　　　(phonetic form component)　(logical form component)

すなわち、上記のように辞書部門からの単語情報と句構造規則を用いて、一旦、文を深層構造として組み立て、その後、疑問詞やその他の移動を必要とする要素を、**変形規則**(transformational rule)と呼ばれる規則に従って移動したり、要素の追加、削除をすることによって、表層構造を作り上げると考えるのである。つまり、(30b)は(30a)の文が生成された後に以下のような変形規則が適用されて生み出されたものだと考えるのである。

(32) 受動態に対する変形規則
1,   2,   3,   ⇒   3,   be+2+ed,   by   1
名詞 動詞 名詞

この規則の意味することは、動詞と名詞が、1、2、3という順(名詞＋動詞＋名詞)で並んでいる場合、これを受動態にするには、語順を3、2、1にして、動詞に屈折辞-edを付け、be動詞を加え、1にbyを加えよ、ということである。英語の母語話者の頭の中には、このような変形規則が備わっており、さまざまな変形規則の適用で、疑問文や否定文など文の多様性を広げていると考えることができる。

ただし、注意しなくてはいけないことは、これらの作業はあくまでも「脳の中で瞬時に行われる作業」であると考えられ、実際に観察できる活動ではないことに注意しなければならない。実際の文として運用されるためには、脳内の統語部門で作り出された統語構造物が、その後どのような音の規則の適応を受け、実際に発話されるか、また、その統語構造物がどのような意味解釈を受けるかを解析しなくてはならない。それを終えて初めて、実際の文となるのである。そのためには、統語部門とは別に、音には音に関係する部門が存在すると考え、それを**音声形式部門**(phonetic form component: PF-component)と呼び、意味に関係する部門は**論理形式部門**(logical form component: LF-component)と呼んでいる。

注目すべきは、生成文法では、これらは学習によって構築されるメカニズムではなく、人間が種として生得的に持ち合わせている言語獲得や言語処理のための人間独自のメカニズムであると考えられている点である。すなわち、これらの体系のメカニズムを通して、英語の母語話者は英語を、一般的に言うと、人間は言語を生み出していると考えられるのである。つまり、英語の母語話者は、このような言語に対する生得的なメカニズムを脳内(遺伝子内)に備え、その上で英語を話しているのであり、我々、英語の非母語話者が英語を学習する

ような方法で英語を話しているのではないということになる。そして、この英語を生み出す体系こそが英文法そのものである。

このように考えると、英語の母語話者が持つ文法知識は、我々が学校で習う英文法とは、本質的に全く質の異なるものであり、そのような英語の生得的文法体系を持たない我々が英語を学習する際に、多大な困難が生じることもうなずける話なのである。

A Tip for Thinking(4-4)

映画 *Titanic* に Rose が次のように言うところがある。

Rose : I would like to see <u>my drawing</u>.

これはJackが書いたRoseの絵を、Titanic沈没の84年後にRoseが見る場面である。この場合のmy drawingでは、myは動詞drawの主語ではなく目的語として作用している。意味上の目的語が表層上の主語になっているのである。NPの内部で受動態がかかっているような措置である。

4.5 生成文法による英語の分析

生成文法による英語の分析を、もう少し詳しく見ていこう。

4.5.1 Xバー理論

次の例を参考にして、名詞句の内部構造について考えてみる。

(33) a.　students of physics with long hair
　　　b.　*students with long hair of physics

(33a)のように、studentsという名詞はof physicsやwith long hairという2つの前置詞句による修飾を受けることができる。ところが、これら2つの前置詞句の順序を入れ替えた(33b)は不適格である。

最初に、(33a)の内部構造について考えてみる。studentsという名詞とof physicsという修飾要素との意味的関係を考えた場合、これらの間には、study physicsという動詞句におけるstudyとその目的語physicsのような、述語とその目的語といった関係が成立している。一方、studentsとwith long hairとの間にはそのような関係は成立していない。したがって、動詞とその目的語が密接に結びつくのと同様に、studentsとof physicsは密接に結びつかなければならないと考

えられる。そうすると、studentsがof physicsと結びついて一つの構成素を作り、with long hairはこの構成素と結びつくことによって、間接的にstudentsを修飾すると考えることができる。これを図式化したものが次の**樹形図**(tree diagram)である。

(34)
```
              NP
           /      \
          N'       PP₂
         /  \       △
        N   PP₁   with long hair
        |    △
    students of physics
```

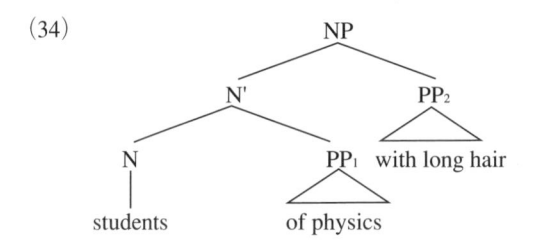

上の図のN'という記号はNを中心とした構成素ではあるが、NよりきくNPよりは小さい構成素に対して与えられるラベルである。N'はNシングルプライム(N single prime)、または単にNプライム(N prime)と読む。

(33b)は、次のような樹形図の枝が交差する構造を持つ。

(35)
```
                  NP
              /       \
             N'        \
           / | \        \
          N  PP₂        PP₁
          |   △          △
      students with long hair  of physics
```

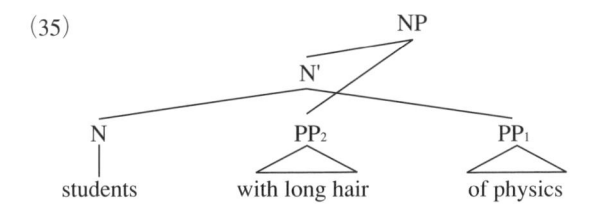

ここで、(34)の適格な樹形図のPP₁の位置にwith long hairを入れ、PP₂の位置にof physicを入れてはならないという点に注意する必要がある。この名詞句内の各要素の意味的関係を正しく表し、さらに(33b)の語順を得ようとすると、必然的に(35)のような枝が交差した樹形図になる。このような枝の交差は一般に許されないと考えられており、その結果、(33b)は不適格になると説明される。

練習問題 ①

(33b)の構造を考える際に、(34)のPP₁の位置にwith long hairを入れ、PP₂の位置にof physicを入れてはならない理由を答えなさい。

次に、動詞句の内部構造について考えてみる。次の文の動詞句は表面上同じ形をしているが、その文法性は大きく異なっている。

(36) a. John bought the book (at the shop).
b. John put the book *(on the desk).

この文法性の違いも、それぞれの内部構造の違いにより説明される。buy という動詞は「代価を支払って何かを自分の所有物にする」という意味を持つ。したがって、buy とその目的語との間には密接な関係がある。ところが、buy という動詞とその行為が行われる場所との間には、そのような密接な関係は存在しない。一方、put という動詞は「何かがある場所に存在するという状況を生じさせる」という意味を含むため、目的語とその存在場所を表す前置詞句の両方が、put と密接な関係を持つことになる。したがって、(36a) では bought と the book が V' を構成し、V' と at the shop が結びついて VP を構成すると考えられるが、(36b) では put、the book、on the desk の3つが V' を形成すると考えられる。

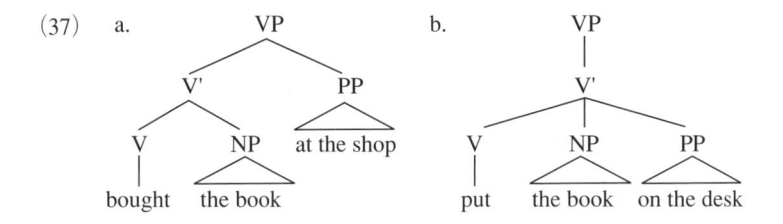

(37) a.
```
        VP
       /  \
      V'   PP
     /  \   |
    V    NP at the shop
    |    |
  bought the book
```

b.
```
      VP
      |
      V'
    / | \
   V  NP PP
   |  |   |
  put the book on the desk
```

ここで、動詞と強い結びつきを持つ要素は、それが名詞句であれ、前置詞句であれ、必ず表層に現れなければならないと考えると、(36a,b) における前置詞句の省略可能性に関する違いが説明される。

このように、同じ他動詞であっても目的語だけを要求する他動詞もあれば、目的語と同時に前置詞句をも要求する他動詞があるという事実は、**θ役割**(θ-role) という概念と、**θ基準**(θ-criterion) という原理によって説明される。θ役割とは文中の名詞句や節が担う意味役割に対する総称であり、具体的には動作主 (agent：動作を行う主体)、被動者 (patient：動作の受け手)、主題 (theme：移動の主体)、起点 (source：移動元)、着点 (goal：移動先)、場所 (location：主題が占める空間的な場所) などが含まれる。

θ基準はθ役割の与え方を規定した原理で、ここでの説明に関して大切な部分

だけを述べると、すべてのθ役割が文中の適切な要素に与えられることを要求する。put the book という動詞句は、put が持っている場所というθ役割がどの要素に対しても与えられていないため、θ基準に違反して不適格になると説明される。

ここで、名詞句と動詞句の内部構造を、次のような式形を用いて一般的に表現することが可能であることに注目して欲しい。

(38) a.　　XP → ... X' ...
　　　b.　　X' → ... X ...

(38)のXは変数で、...はその場所に何らかの範疇が入ることを意味する。上のXにNを当てはめれば、それはNPの内部構造を表すことになり、XがVになれば、VPの内部構造を表すことになる。

また、この内部構造は名詞句や動詞句だけでなく、形容詞句や前置詞句に関しても当てはまる。

(39) a.　　[$_{AP}$ (very) [$_{A'}$ eager [to win the race]]]
　　　b.　　[$_{PP}$ (right) [$_{P'}$ behind [the wall]]]

(39a)の to win the race や(39b)の the wall は省略不可能な要素であるため、eager や behind とともに A' や P' を構成する要素だと考えられる。それに対し、(39a)の very や(39b)の right は省略可能な要素であるので、A' や P' とともに AP や PP を構成する要素であると考えられる。そうすると、名詞句や動詞句だけでなく、形容詞句や前置詞句もまた(38)に従った内部構造を持っているということになる。

このような事実を捉えるため、**Xバー理論**(X-bar theory)が提案された。Xバー理論の基本的な考え方は、句の内部構造はそれぞれ独立した句構造規則によって規定されるのではなく、すべての句の内部構造はXバー理論が規定する(38)の式形に従うというものである

(38)において、Xを**主要部**(head)、X'を**中間投射**(intermediate projection)、XPを**最大投射**(maximal projection)、と呼ぶ。また、XとともにX'を構成するものを**補部**(complement)と呼び、XP内の左端に現れてX'とともにXPを構成するものを**指定部**(specifier)と呼ぶ。補部の位置には、他動詞の目的語や(36b)の on the desk など、その主要部と密接な関係を持つ要素が現れる。また、指定

部の位置には、名詞句内の冠詞や指示詞、動詞句の左端に現れる副詞など、その主要部の表す意味を何らかのかたちで限定する要素が現れる。また、the tall man の tall や、(36a) の at the shop などのように、指定部でも補部でもない修飾要素を**付加詞**(adjunct) と呼ぶ。

練習問題 ②

次の各動詞句内の前置詞句が、補部か付加詞かを答えなさい。

  (a) stay at the hotel   (b) dance in the room
  (c) give the book to John (d) reach the house before noon

練習問題 ③

次の例において、各名詞句が担っているθ役割を答えなさい。

  (a) John hit Tom.   (b) Bill put the book on the desk.
  (c) Mary sent a picture to Nancy. (d) My brother is in New York.

A Tip for Thinking(4-5)

Harry Potter and the Philosopher's Stone, pp.31-32にlaughという自動詞がまるで他動詞のように使われている例がある。

Dudley had laughed himself silly at Harry, who spent a sleepless night imagining school the next day, where he was already laughed at for his baggy clothes and Sellotaped glasses.

本来laughはlaugh atで「〜を笑う」のように用いられるが、この例ではlaughの後に再帰代名詞himselfが来て、その後に結果を表す形容詞(resultative)が現れている。このような特殊な構文の場合、本来ならlaugh at〜と続くはずのものが、himselfやsillyのために、後に回されている。これはこの語順でなければならず、特にHarryにかかる非制限用法の関係節who以下も続くのでこの語順であることが強く要請される。

次に、文の内部構造について考えてみる。文の内部構造がXバー理論に従うとすると、それはすなわち、文がXPであり、その内部に必ず主要部Xが存在することを意味する。文が成立するために必須の要素(文の主要部)は、**時制**(tense)である。その根拠として、次のような対比がある。

  (40) John is/*be ill in bed.

(40)は時制が存在するか否かという違いだけで、その文法性が変化する。時制

の有無に応じて(40)の文法性が異なるという事実は、時制が文の主要部であるということを示している。したがって、文は時制要素(T)を主要部とする**TP**(tense phrase)であると考えられる。

最後に節の内部構造を考えてみよう。

(41) a. John wonders whether/*that Bill hit Tom.
b. John believes *whether/that Bill hit Tom.

上の例から明らかなように、動詞wonderは必ずその後ろに疑問節を要求する。また、動詞believeは疑問節が後続することを許さない。ここで、(41)の従属節が疑問節か否かを決定しているのは、whetherやthatである。この事実は、thatやwhetherが従属節全体の性質を決定しているということ、つまり、thatやwhetherが従属節の主要部であるということを示している。このようなthatやwhetherは**補文標識**(complementizer)と呼ばれ、Cというラベルで表記される。以上の議論をまとめると、節は一般に次のような構造を持つことになる。

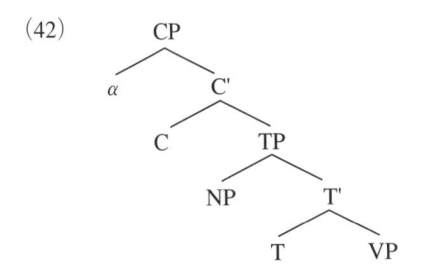

(42)
```
        CP
       /  \
      α    C'
          /  \
         C    TP
             /  \
            NP   T'
                /  \
               T    VP
```

CPの指定部位置((42)のα)は、wh疑問文や関係節のwh句が現れる位置である。

練習問題 ④

(41a)の構造を、樹形図を用いて示しなさい。

4.5.2 移動現象

英語に次のような構文が存在しているということは既に見てきた。

(43) a. Mary was kissed (by Bill).（受け身）
    b. John seems to be guilty.（繰り上げ）

　これらの構文に共通している特徴は、その主語が表層とは異なる位置（動詞の目的語位置や従属節の主語位置）に存在しているかのような解釈を受けるという点である。
　このような特徴を捉えるため、(43a,b) の主語はそれぞれ動詞の目的語位置や従属節の主語位置から、表層の位置に移動したと分析される。つまり、(43a,b) の表層構造の背後に、それぞれ次のような**基底構造**（underlying structure）（あるいは深層構造）が存在していると考え、(44a) のMaryや (44b) のJohnが主節の主語位置に移動すると考えるわけである。

(44) a. ___ was kissed Mary (by Bill).
    b. ___ seems John to be guilty.

　移動元の位置には、移動の**痕跡**（trace）が残されると考え、この痕跡を t と表記する。
　ここで、(44a,b) において移動が適用される理由として、**格フィルター**（Case filter）という原理が提案されている。格フィルターの要点は、音形を持つ名詞句は必ず**格**（Case）を持たなければならないということである。時制節の主語は時制要素から**主格**（nominative Case）を、他動詞の目的語は他動詞から**目的格**（objective Case）が与えられる。同様に、前置詞の目的語は前置詞から格を与えられる。一方、不定詞の主語や受動態の過去分詞の目的語には格が与えられない。そうすると、(44a) のMaryや (44b) のJohnは、このままの位置では格が与えられないため、格フィルターの違反を回避するために、格が与えられる位置（主節の主語位置）に移動しなければならないと説明される。

練習問題 ⑤

　次の例はいずれも格フィルターに違反している。どの名詞句が格フィルターに違反しているかを答えなさい。

(a) *They were arrested the police.
(b) *It is likely John to win the race.

英語には、受け身や繰り上げ以外の移動も存在している。

(45) What does [_TP Mary believe [_CP (*t* ') [_TP John bought *t*]]]?

(45)のwhatは従属節の目的語位置から文頭に移動しているが、この移動先は受け身や繰り上げとは異なり主語位置ではない。生成文法では、主語や目的語といった文法的役割が与えられる位置を**A位置**(A-position)と呼び、それ以外の位置を**A'位置**(A'-position)と呼ぶ。さらに、A位置への移動を**A移動**(A-movement)、A'位置への移動を**A'移動**(A'-movement)と呼んで区別する。

A Tip for Thinking(4-6)

中学、高校ではI think that Mary bought something.という文において、thatは省略してもしなくてもいいと習うことが多い。そのためか、「Maryが何を買ったと思いますか」という文を英語にする際、What do you think that Mary bought?が正しい文であると思われているようである。しかし、実際にはPeople all around them stared and a guard nearby yelled, 'What in blazes d'you think you're doing?' (*Harry Potter and the Chamber of Secrets*, p.77) や'What d'you think it's doing?' said Harry. (*Harry Potter and the Chamber of Secrets*, p.295) にみられるように、thatは省略されなければならない。一般の雑誌や新聞から英文を収集して作られたコーパス (corpus) で調べてみても、thatが入っている例文は一例も出てこない。that節の中からwh語を疑問文形成や関係節形成で抜き出す際にはthatを省略しなければならない。これに対して、映画*The Secret of My Success*の中に、Well, how did you know that I wrote that memo?というせりふが出てくる。ここにはthatが入っているので、howはknowと関係づけられているのであって、wroteと関係づけられるのではないことが明白である。

A移動とA'移動の見かけ上の大きな違いの一つとして、(45)と(46a,b)の対比が挙げられる。

(46) a. John seems [_TP *t*' to be likely [_TP *t* to win]].
　　　b. *John seems [_TP it is likely [_TP *t* to win]].

A移動の場合、上の対比から明らかなように、1回の移動につきTPを1つしか超えられない。(46a)では、まずJohnが *t* から *t*' へ移動し、次に *t*' から主節の主語位置に移動しているため、1回につき1つのTPしか超えていない。ところが、(46b)では中間の主語位置がitで占められているため、Johnはその位置を経由することができず、1回の移動で主節の主語位置まで移動しなければならない。

この場合、1回の移動で2つのTPを超えることになるため、先の条件に違反して不適格になる。

それでは、(45)のようなA'移動はどうだろう。(45)では、whatがboughtの目的語位置から1回の移動で文頭に移動したとも分析できるが、従属節のCPの指定辞位置((45)の *t'* の位置)を経由することによって、1回の移動につきTPを1つずつ超えて、合計2回の移動で文頭まで移動したと分析することも可能である。つまり、(45)だけを見ていたのでは、A'移動がTPを2つ以上超えられるか否かについて、結論づけることはできないということになる。

この問題に答えるために、次の例について考えよう。

(47) a. *What does [$_{TP}$ Mary wonder [$_{CP}$ where [$_{TP}$ John bought]]]?
b. Mary wonders [$_{CP}$ where [$_{TP}$ John bought a car]].

(47a)は適格な(47b)のような文に対応するwh疑問文である。(47a)と(47b)では、従属節の目的語が文頭に移動しているか、それともそのまま従属節内に現れているかという点だけが異なっている。したがって、(47a)が不適格で(47b)が適格であるという事実は、両者において異なっている点、つまり、(47a)のwhatの移動がその不適格性の原因であるということを示している。

(47a)では従属節のCP指定部位置にwhereが存在しているため、whatはそのCP指定部位置を経由できず、直接、従属節の目的語位置から文頭まで移動したと考えられる。したがって、(47a)が不適格であるという事実は、wh移動のようなA'移動もまた、1回の移動につきTPを1つしか超えられないということを示している。これは、一見して2つ以上のTPを超えているように見える(45)でも、中間のCP指定部位置を経由しながら、複数回の移動によってwh句が文頭まで移動しているという分析を支持する根拠となる。

A Tip for Thinking (4-7)

Harry Potter and the Chamber of Secrets, p.173に次のような文が出てくる。

'Who do we know who thinks Muggle-borns are scum?'
(人間に生まれたものがみんなカスだと思っている人って言ったら、誰のこと?)

ちょっと見るととても奇妙な文である。who thinks以下は文頭の疑問詞whoを修飾する関係節になっている。つまり元々はwho who thinks Muggle-borns are scumと言う形でknowの目的語の位置にあったものが、wh移動で疑問詞で先行詞である部分のwhoだけが文頭に移動したものである。

A移動もA'移動も、TPを同時に1つしか超えられないということを見てきたが、この条件だけでは説明できない例も存在する。

(48) a. *I wondered [$_{CP}$ who [$_{TP}$[$_{NP}$ a picture of t] would be on sale]]?
b. *Which class did [$_{TP}$ you fall asleep [$_{PP}$ during t]]?

(48a)ではwhoが従属節の主語の中から、(48b)ではwhich classが前置詞句の中から移動している。いずれの場合もwh句の移動は1つの節の中で完了していて、TPを1つ超えているだけであるが、これらの例はどちらとも不適格である。

先に見た「TPを2つ超えてはならない」という現象に加えて、(48)のような現象を説明するために、**下接の条件**(Subjacency Condition)が提案されている。下接の条件は移動の**局所性**(locality)を規定した条件で、移動が1回につき2つ以上の**有界節点**(bounding node)を超えないことを要求する。有界節点とはTPと補部以外の最大投射のことだと考えてよい（典型的には、主語や補部でないPPがこれにあたる）。そうすると(48a)では主語NPとTPが、(48b)ではTPとPPが有界節点になる。これらの例はいずれもwh句の移動が1回で2つの有界節点を超えているため、下接の条件に違反して不適格になる。

練習問題 ⑥

次の例はいずれも文頭のwh句の移動が、下接の条件に違反している。文頭のwh句の痕跡を示すとともに、どの部分が有界節点となっているかを、角括弧を用いて示しなさい。

a. *Which book do you know the man who wrote?
b. *What did you believe the claim that the boy was hitting?

A Tip for Thinking(4-8)

相手の言ったことが聞こえはしたのだけれど信じられないとか、もう一度言わせたいような場合、移動しないwh語を用いて作るecho questionという構文がある。以下の例はHarry Potter and the Philosopher's Stone のものである。

Hagrid	: You're a wizard, Harry.
Harry	: I'm a <u>what</u>?
Hagrid	: A wizard.

Hermione	: I had you looking in the wrong section. How could I be so stupid? I checked this out weeks ago for a bit of light reading.
Ron	: This is light?
Hermione	: Of course! Here it is! Nicholas Flamel is the only known maker of the Philosopher's Stone.
Harry & Ron	: The <u>what</u>?
Hermione	: Honestly, don't you two read?

これらの例ではいずれも冠詞の後にwhatが現れているので、X-bar理論で言うところのN'の代用形(pro-form)であるということになる。

以下の例は映画 Working Girl からのものである。休暇でスキーに行っている上司であるKatharine Parkerからスキーで骨折したという電話がかかってくる場面である。

Tess	: Miss Parker's office ...
	Hi, Katharine.... You <u>what</u>?
Katharine	: <u>Broke it</u>, skiing.

TessのせりふでYouの後のwhatはV'であり、それに対してKatharineがBroke itと答えているが、その部分もV'である。

4.5.3 束縛現象

名詞句には現実世界の事物や抽象概念を指し示す機能がある。例えば、Johnという固有名詞は現実世界のJohnという人物を指すと考えることができる。名詞句をその指示機能という観点から分類すると、その名詞句を見ただけで指示対象が特定できるもの(典型的には固有名詞)と、その名詞句を見ただけではその指示対象が特定できないものに分類することができる。さらに、後者のタイプの名詞句は、同一文中にその指示対象を決定する**先行詞**(antecedent)が必要なもの(**再帰代名詞**(reflexive pronoun)や**相互代名詞**(reciprocal pronoun))など)と、同一文中に先行詞がなくてもよいもの(典型的には**代名詞**(pronoun))に分類することができる。固有名詞のようなタイプの名詞句を**R表現**(R-expression)、再帰代名詞や相互代名詞のようなタイプの名詞句を**照応形**

(anaphor)、代名詞のようなタイプの名詞句を**代名詞類**(pronominal)と呼ぶことにする。

最初に、照応形と代名詞類が文中でどのような位置に現れることができるのかを観察してみよう。

(49) a. [$_{TP}$ John$_1$ hurt himself$_1$/*him$_1$].
b. [$_{NP}$ John's$_1$ mother] hurt *himself$_1$/him$_1$.
(50) a. Mary thinks [$_{TP}$ John$_1$ hurt himself$_1$/*him$_1$].
b. John$_1$ thinks [$_{TP}$ Mary hurt *himself$_1$/him$_1$].

上の例でJohnとhimselfに付与されている数字は、同じ数字を付与されている名詞句が同じ指示対象を持つという意味で用いられている。このような数字を**指標**(index)と呼ぶ。

照応形について考えると、(49a,b)の対比は、照応形が先行詞を含む最小の構成素の中に現れなければならないことを示している。(49a)では、先行詞Johnを含む最小の構成素はTPであり、その中にhimselfが現れているため適格となる。(49b)では、主語NPが先行詞を含む最小の構成素になっており、himselfがその外に存在しているため不適格となる。ある要素Aを含む最小の構成素の中に他の要素Bが存在する場合、AはBを**c統御**(c-command)とすると言う。また、ある名詞句Aが他の名詞句Bをc統御し、さらにAとBが同一の指示対象を持つ場合、AはBを**束縛**(bind)すると言う。束縛という観点から述べると、照応形は常に束縛されなければならない(先行詞によってc統御されなければならない)と言うことができる。

照応形はさらに、先行詞との間に一定の近さを保っていなければならない。(50a,b)の対比はこのことを示している。(50a,b)の両方において、himselfは先行詞Johnによって束縛されているが、Johnとhimselfが同一節内にある(50a)だけが適格である。以上のことから、次のような条件を仮定することができる。

(51) 照応形は一定の領域内((50)の場合は従属節内)で束縛されなければならない。

代名詞類の分布を観察すると、照応形が現れ得るほとんどの場所に代名詞類が現れることができず、逆に照応形が生じることのできない場所には代名詞類が現れ得るということが観察される。(49a)や(50a)のように、代名詞はその代

名詞を含む節の中で束縛されてはならない。また、(49b)のように、先行詞と代名詞が同一節内にあっても、先行詞が代名詞をc統御していなければ、その代名詞は先行詞によって束縛されず、その文は適格になる。(50b)のように先行詞と代名詞が別々の節に現れている場合には、代名詞はその先行詞によって束縛されることが可能である。以上の観察結果をまとめると、代名詞類の分布に関して次のような条件が得られる。

(52) 代名詞類は一定の領域内で**自由**(free)でなければならない。

(52)の「自由」という概念は、束縛されていない(先行詞によってc統御されていない、もしくは先行詞を持たない)ということを表す。

A Tip for Thinking(4-9)

代名詞は先行する名詞句を受けるため、元々は完全な名詞句であると考えられるのが一般的である。例えば、John hates his brother.の場合、hisはJohnであるので、この文はJohn hates John's brother.であったと考えられる。しかし、このようなことが不可能な文がある。次の例文を考えてみよう。

The man who deserves it will get the prize he wants.

この文で、itはthe prize he wantsを指しており、heはthe man who deserves itを指している。しかし、それぞれにはheとitのような代名詞が入っており、それを代名詞を用いずに表そうとすると、二つの代名詞が何回も出てきて、結局代名詞を用いずに表すことは出来なくなってしまうことに気づくであろう。このような現象をBach-Peters paradoxと呼ぶ。

最後に、R表現の分布を見てみよう。

(53) a. *He$_1$ hurt John$_1$.
　　　b. 　His$_1$ mother hurt John$_1$.
(54) a. *Mary thinks he$_1$ hurt John$_1$.
　　　b. *He$_1$ thinks Mary hurt John$_1$.

(53a)(54a,b)はR表現が先行詞によって束縛されてはならないことを示している。(54b)から明らかなように、代名詞類とは異なって、R表現は別の節に現れている先行詞による束縛も許さない。また、(53b)からわかるように、先行詞によって束縛(c統御)されていなければ、R表現は先行詞の存在を許す。以上の

観察をまとめると次のような条件が導かれる。

(55) R表現は自由でなければならない。

生成文法では、(51)(52)(55)の条件をまとめて**束縛理論**(binding theory)と呼び、(51)を**条件A**(Condition A)、(52)を**条件B**(Condition B)、(55)を**条件C**(Condition C)と呼んでいる。

(51)の条件Aと(52)の条件Bで言及されている「一定の領域」とはどのようにして決定されるのだろう。これまでの観察から、節という領域がその決定に深く関与していることは間違いない。ところが、照応形や代名詞類を含む最小の節が、常に条件Aと条件Bで述べられている「一定の領域」に該当するわけではない。

(56) John$_1$ believes [$_{TP}$ himself$_1$/*him$_1$ to be honest].

(56)のような構文は**例外的格標示**(Exceptional Case-Marking: ECM)構文と呼ばれる構文である。通常、不定詞の主語が目に見えるかたちで現れる場合にはforを伴って現れるが、believeやexpectなどの動詞は、その不定詞補文の主語がforを伴わずに現れる。前節で見たように、音形を持つ名詞句は常に格を与えられなければならないが、(56)の場合には主節の動詞が不定詞の主語に格を与えていると分析される。このような、不定詞補文の主語に格を与える動詞は限られているため、この構文を例外的格標示構文と呼ぶ。

(56)では、束縛理論の条件Aと条件Bに関与する領域が従属節ではなく文全体になっている。つまり、(56)でhimselfの存在が許されるという事実と、himの存在が許されないという事実は、ともに(56)において、文全体が束縛理論の条件Aと条件Bに関わる領域になっているということを示している。

それでは、従属節が領域になる例(例えば(50a,b))と(56)の違いはどこにあるのだろうか。(50a,b)では、照応形や代名詞類が従属節内で格を与えられていた。一方、(56)では照応形や代名詞類に格を与える要素が、従属節ではなく主節に存在している。そうすると、束縛理論の条件Aや条件Bの領域を決定する際に、格を与える要素がどこにあるかということが関係していると考えてよさそうである。つまり、照応形や代名詞類と、それらに格を与える要素を含む最小の節が、問題となる領域であると考えると(50a,b)と(56)の違いが説明される。(50a,b)では照応形と代名詞類が従属節内で格を与えられているため、従

属節が問題の領域になる。また、(56)では格を与える要素が主節の動詞であるため、問題となる領域は主節ということになり、(50a,b)と(56)の文法性の違いが正しく説明される。

ここで、次のような例を考えてみよう。

(57) a. John$_1$ promised [$_{NP}$ Mary$_2$] [$_{TP}$ to behave himself$_1$].
b. John$_1$ told [$_{NP}$ Mary$_2$] [$_{TP}$ to behave herself$_2$].

動詞 promise や tell は、believe や expect とは異なり、目的語と同時に節を補部の要素として持つ動詞であるため、(57a,b)の Mary が不定詞の主語であるとは考えられない。つまり、(57)は(56)と見かけ上、同じかたちをしているが、動詞に後続する名詞句の位置に関して構造上の違いがある。

(57a)の himself や(57b)の herself はどのようにして束縛理論の条件Aを満たしているのだろう。(57a,b)の照応形は従属節の目的語であるため、従属節内で束縛されなければならない。ところが、(57a,b)の従属節には目に見える先行詞は存在していない。

ここで、中学校や高校で習った「不定詞の意味上の主語」という概念を思い出して欲しい。promise という動詞は、その意味的な特性から、promise の主語が同時に不定詞の意味上の主語として解釈される。tell という動詞の場合には、その目的語が不定詞の意味上の主語として解釈される。ここで、不定詞は目に見えない(音形を持たない)けれど、統語的には実在する主語を持つと考えると、(57a,b)はそれぞれ次のような構造を持つことになる。ここでは、音形を持たない主語をPROと表記する。

(58) a. John$_1$ promised Mary2 [$_{TP}$ PRO$_1$ to behave himself$_1$]
b. John$_1$ told Mary$_2$ [$_{TP}$ PRO$_2$ to behave herself$_2$]

ここで、PROは主節の動詞の語彙的特性に基づいて、promise の場合には主節の主語と、tell の場合には主節の目的語と同一指示を持つものとする。このようなPROの存在を仮定すると、(58a)の himself や(58b)の herself は従属節内でPROによって束縛され、条件Aを満たすことになる。このように音形を持たない主語の存在を仮定することで、(57a,b)のような現象が束縛理論によって正しく説明されることになる。

練習問題 ⑦

次の例文の文法性を、束縛理論の観点から説明しなさい。
 a. *John expects that himself will win the race.
 b. John expects himself to win the race.

4.6 統語論と言語能力―英語学と言語学―

　4.4節で見たように、一口に統語論と言っても、その視点の置き方によって、分析方法がそれぞれかなり異なっている。これらの分析法はいずれも、分析法やその対象となる現象は異なっていても、学校文法がカバーしきれない英語の統語現象や文法規則に関して、多くのことを私たちに教えてくれる。すなわち、学校文法では知ることのできなかった、英語の母語話者が持っている母語（この場合は英語）に関する知識・直感までをも説明しようとしているのである。

　生成文法では、我々が実際に見たり、聞いたり、話したりしている言語を**E言語**(E-language)と呼ぶ。一方、その実際の言語使用の背後にあって、我々が無意識のうちに知っている母語に関する知識を**I言語**(I-language)と呼び、E言語とは区別して考える。I言語を直接観察することはできないが、これまで見てきたように、E言語の分析を通して、I言語に関する理論を構築することが可能である。

　これらの分析を通してわかることは、我々は自分達が思っている以上に、言葉に関する知識(knowledge of language)を持っていそうだということである。そして何より、その言葉に関する知識こそが、人間が言葉を使うことのできる謎を解き明かすヒントにもなりそうである。そのためには、実際の**言語運用**(language performance)の研究も大切だが、それを可能にさせている、人間のみが持つであろう**言語能力**(language competence)、言い換えれば人間に内在的な言語(I-language)の研究が大切なのである。そうした目標を据えることによって統語論は英語という個別言語の研究（英語学）から、言語全般の研究（言語学）へとその視野を広げていくことになる。

> **― A Tip for Thinking 4-10)** ―
>
> There was a computer on the desk.のthereの品詞は何かと問われてどのように答えるであろうか？答えは「名詞」である。副詞ではない。thereには一般的に考えられている「そこに」という意味の副詞のthereと、上のような存在文（existential sentence）に現れる名詞のthereの二種類があることに注意すべきである。存在文のthereが名詞であることは、疑問文を作る際に、Was there a computer on the desk?のように主語助動詞倒置が生じることから証明される。この名詞のthereには「そこ」という意味はない。このことは、"There's a Boggart in there."（*Harry Potter and the Prisoner of Azkaban*, p.145）に見られるようにthereが二回出てくることが可能である事実や、"And, there's a thing here."（*Harry Potter and the Prisoner of Azkaban*, p.117）に見られるように、hereと共起出来ることから証明される。そしてこのthereはアクセントを持たない発音[ðə]であることにも注意が必要である。

4.7 普遍文法―英語から全世界の言語へ―

これまで英語の統語現象を見てきたが、ここで観察した現象のいくつかは、英語にだけあてはまる現象ではない。例えば日本語の「自分」という表現を考えてみよう。

(59) a. 太郎$_1$は自分$_1$の髪型を気に入っている。
b. 太郎$_1$の姉$_2$は自分$_{*1/2}$の髪型を気に入っている。

(59a)では「自分＝太郎」という解釈が許されるが、(59b)ではその解釈は許されない。(59a,b)は「太郎」が「自分」をc統御しているか否かという点で異なっている。つまり、先に英語で観察したのと全く同じ対比が、日本語においても観察されるわけである。

我々も、英語の母語話者も、「照応形は束縛理論の条件(A)に従う」などとは教わらない。それにも関わらず、日本語の母語話者も、英語の母語話者も、照応形の使い方に関して(c統御という点では)同じような規則に従っているのである。これは、照応形が束縛理論の条件(A)に従うという知識を、我々が明示的に教わることなしに獲得しているということを意味している。

ここで興味深いのは、この知識を経験から学習することが不可能に思えるという点である。この知識を経験的学習によって獲得するためには、「自分」が先行詞によってc統御されている(59a)が文法的で、そうでない(59b)が不適格であるという事実観察が不可欠である。ところが、言語獲得中の子供がこのような事実(特に不適格な文)を観察することは、ほとんどないと言ってよい。

このような知識を誰からも教わらず、その知識獲得のために必要な事実観察

が事実上不可能であるにもかかわらず、その知識が母語話者の間で共有されているのはなぜだろう。この問いに対して生成文法は**普遍文法**(Universal Grammar: UG)という概念を用いて答える。生成文法では、ヒトという種は生得的に言語に関する一定の知識を持っていると仮定しており、この知識のことを普遍文法と呼んでいる。普遍文法とは、大雑把に言うと、日本語や英語のような個別言語を獲得するために必要となる知識のうち、後天的な経験からは学習できない知識のことである。このような知識の存在を仮定してはじめて、「我々が後天的な経験から学習できない知識を持っているのはなぜか」という問いに答えることができるようになるわけである。

　生成文法では1980年代以降、普遍文法の具体的な中身として、**原理**(principle)と**変数**(parameter)という概念を用いてきた。具体的に言うと、普遍文法はすべての言語に共通する少数の原理と、その原理に付随した変数から成り立っているという仮定のもとで研究が進められてきた。例えば照応形に関して言うと、照応形が先行詞によってc統御されなければならないという点では、多くの言語が束縛理論の条件Aに従う。ところが、実際にどのような領域の中で条件Aが満たされなければならないのかという点については、言語によって違いがある。このような事実を説明するためには、束縛理論の条件Aを普遍的な原理として認めると同時に、その領域の決定については言語ごとに領域を決定する変数が異なっていて、その結果、条件Aに関する領域がそれぞれ異なったものになると考える必要がある。普遍的な原理を仮定することで各言語間に見られる共通性を説明すると同時に、言語ごとに異なった変数を認めることによって、各言語間の違いを説明しようとしているわけである。このような研究方法は**原理と変数のアプローチ**(principles and parameters approach)として知られている。

4.8　英語学・言語学の新展望―ミニマリストプログラム―

　1990年代以降、生成文法では**ミニマリストプログラム**(minimalist program)と呼ばれる研究プログラムが提唱されている。ミニマリストプログラムの出発点となったのは、**経済性**(economy)という概念を言語理論に導入したことであった。ミニマリストプログラム以前の枠組みでは、多くの適格な文を作ると同時に、不適格な文を作ることも認め、作り出された文の中から不適格な文のみを排除するような原理(例えば下接の条件など)が提案されていた。

　経済性という概念を文法理論に持ち込むと、このような文法モデルは維持しにくくなる。ここで言う経済性とは、大雑把に言うと、「無駄な言語操作(移動

操作など)を適用してはならない」といった主旨の概念である。経済性を取り入れた文法は無駄な操作を許さないのだから、適格な文を作り出すのに必要な操作しか許されないはずである。この考え方が基本的に正しいとすると、適格な文と不適格な文の両方を作り出し、その中から適格な文のみを抽出するという考え方は、文法の経済性という視点からは受け入れられないものになる。このように必要最小限度の文法装置だけを用いて文法理論を構築しようとする研究方法がミニマリストプログラムと呼ばれる枠組みであり、ミニマリストという名前の由来でもある。

　生成文法では伝統的に、言語能力は人間の認知体系の中の独立したモジュールの一つであると考えられてきた。人間の認知体系の一部として、視覚をつかさどる部分や、聴覚をつかさどる部分が存在するが、これらは本質的にはお互いに依存することなしに、それぞれが独立した働きを担っている。そうすると、人間の認知体系は、それぞれ他から独立した機能を持つ下位領域を含んでおり、その下位領域がお互いに相互作用を持つということになる。このような下位領域をモジュールと呼ぶ。

　言語知識が独立した認知モジュールの一つであるとすると、それは認識・思考に関わるモジュールとの**インターフェイス**(interface)を持っているはずである。そうでなければ言語を媒介とした認識や思考の表現は不可能である。また、言語が音声を媒介としている以上、言語知識は音声の知覚や調音に関わるモジュールとのインターフェイスを持っているはずである。前者のインターフェイスにおける表示を**論理形式**(logical form: LF)、後者における表示を**音声形式**(phonetic form: PF)と呼ぶとすると、言語理論は表示のレベルとして、論理形式と音声形式の2つを持つことになる。これら以外の表示レベルを仮定することは、余剰な表示レベルを仮定することであり、認められない。このような理論構築に課せられる条件の厳しさがミニマリストプログラムの大きな特徴の一つになっている。

　ここで具体例を考えてみよう。4.5.2節でA移動について概観した際、A移動が格フィルターの違反を回避するために適用されるという説明をした。それでは、そもそもなぜ格フィルターが存在するのだろう。(以降の説明は、話を簡単にするために実際のミニマリストプログラムの分析をかなり簡略化している。)

　まず、格が意味解釈に寄与するかどうかについて考えてみよう。言い換えると、主格や目的格などの意味機能とは何だろう。ここで4.5.1節の、θ役割の話を思い出して欲しい。文中の名詞句が動作主であると解釈されたり、移動の着点であると解釈されるのはθ役割の働きであって、格の機能ではない。格が意

味解釈に寄与しないことは虚辞のitを考えても理解できる。虚辞のitは主格を持つがθ役割を持たない。そうすると、文中の名詞句が認識・思考をつかさどるモジュールによって解釈される際に、格というものは何ら解釈に貢献しない余分なものであると考えられる。その余分な格を名詞句から取り除くためにA移動が適用されるとミニマリストプログラムでは考える。

　これまで動詞などの要素が名詞句に格を与えるという言い方をしてきたが、ミニマリストプログラムでは、格を与える要素と名詞句が、どちらとも**格素性**(Case feature)を持っていて、両者の間で格素性の**照合**(checking)が行われ、格素性が削除されると考えられている。この考え方に基づくと、A移動は認識・思考をつかさどるモジュールにとって余分な格素性を名詞句から削除するために適用されると説明される。ミニマリストプログラム以前の枠組みでは、無条件に格フィルターというものの存在を認めて説明しなければならなかった事実を、認識・思考をつかさどるモジュールと、言語システムとの相互作用から説明することが可能になっているわけである。言い換えると、ミニマリストプログラムでは、それ以前の枠組みにおいて仮定されていた原理や制約の存在理由を問うことができるようになっているのである。

　ミニマリストプログラム以前の枠組みで説明されていた現象がすべて、ミニマリストプログラムでうまく説明されているわけではないし、ミニマリストプログラムでも、それ以前の枠組みでも説明できない現象も、まだたくさん存在しているが、ミニマリストプログラムが言語理論の構築という点で新しい視点を与えてくれていることは間違いない。

第5章　意味の構造

5.1 はじめに

　言語の意味を取り扱う分野を**意味論**(semantics)と呼ぶ。意味論というと何やら難解なひびきがしないでもないが、実は誰だって意味論の世界に足を踏み入れたことがあるはずである。例えば、外国語の場合でも日本語の場合でも、似たような2つの表現を比べて「これとこれはどう意味が異なるのだろう」という疑問をもつことがあると思うが、こういう疑問は意味論の領域で扱われる問題である。また、日常的な例として、「これはどういう意味？」と言えば、まちがいなく「言葉の意味」に関心を示しているわけだから、知らず知らずのうちに意味論をやっていることになる。

　このように言葉の意味について考えること、即ち意味論をやることは非常に身近で親しみ易いのであるが、反面、音声や文構造などと異なり、実体がありそうでなさそうなので、なかなか捉えにくい面もある。したがって本格的に意味の問題に取り組もうとするとそれなりの「道具」が必要となる。この章では意味論研究に必要な基本的概念と意味の世界に入っていくための「道具」をいくつか紹介する。まず、5.2で基本的な意味概念を導入し、5.3で語、特に動詞の意味を深く掘り下げていく**語彙意味論**(lexical semantics)と呼ばれるアプローチを紹介する。5.4では**モンタギュー文法**(Montague Grammar)に代表される論理学に基づく**形式意味論**(formal semantics)を、そして最後に5.5で人間の認知的側面に重きを置く**認知意味論**(cognitive semantics)を紹介する。

5.2 意味論的直観と様々な意味関係
5.2.1 意味論的直観

　前章までで英語母語話者の持っている音韻論的・統語論的直観とは何かということを見てきた。この節では英語母語話者が持っている**意味論的直観**(semantic intuition)について考えてみる。まず次の例を見てみよう。

(1) a. *John is married and single.
　　b. *The army massacred John.
　　c. *John persuaded Mary to leave, but she didn't leave.
　　d. *Marty is knowing the dangers.

これらの文はいずれも音韻的・統語的には何の問題もない。しかし、英語母語話者ならこのような文に対して「何かおかしい」と感じるはずである。このように意味的に適切な表現であるかどうかを判断する能力が意味論的直観である。そしてその意味論的直観の中身を明示的に表すのが意味論の仕事である。以下、(1)の文の不適格性の理由も含めて、意味論的直観を捉えるために役立つ重要な意味関係の概念を紹介する。

5.2.2 意味論の基本概念

この節では意味論的見方に必要な、語と語あるいは文と文の間にある様々な意味関係を紹介する。

5.2.2.1 同音異義語と多義語

単語の中には、発音が同じでも意味が異なるものがある。例えばbank(「銀行」と「土手」)やlie(「うそをつく」と「横になる」)等である。このような関係を**同音異義性**(homonym)、該当する語を**同音異義語**(homonymous word)という。nightとknightのように綴り方が異なっていても発音が同じであるならば同音異義語である。

これらの例は語源的にも異なっており全く別々の単語がたまたま同じ発音になっていると考えてよい。しかし、例えば、babyが赤ちゃんの意味で使われたり、恋人や愛人に対して使われたりする場合があるが、これも同音異義語と考えられるだろうか？愛おしい対象に対して用いるという点で共通しているので、全く別の2つのbabyがあるとは考えにくい。このような関係は**多義性**(polynomyまたはambiguity)とよばれ、多義性を持つ語は**多義語**(polynomous word)とよばれることがある。ただし、多義語と同音異義語の区別は明確ではない。

5.2.2.2 同義語・上位語・下位語

発音は異なるが意味が同じである関係を**同義性**(synonym)とよぶ。例えば、buyとpurchaseは**同義語**(synonymous word)であるという。ただし、2つの語が全く同じ意味であるかどうかは疑問が残る。Bolinger(1977)は「形が異なれば、意味も異なる」と主張している。buyとpurchaseの場合も多少ニュアンスが異なる。後者のほうが形式ばった言い方であるので、使用場面が前者に比べて限られている。Bolingerが正しければ厳密な意味での同義語は存在しないということになる。

また、1つの語の意味が他の語の意味を完全に包括している場合がある。例えば、vehicle と car や bird と sparrow 等である。car であるものは必ず vehicle であるが、vehicle であるからといって car であるとは限らない。このような場合 vehicle を**上位語**(hypernym)、car を**下位語**(hyponym)という。

5.2.2.3 反意語

反意語(antonym)とは male と female や married と single のような関係にある語のことである。これらは比較的分かりやすい例である。というもの male でなければ female であるし、married でなければ single であってその中間は存在しないからである。つまり、両者は否定の関係にあるといえる。(1a) *John is married and single. が意味論的に不適格であるのは、married と single が同時には成立しない、否定の関係にある反意語だからである。

しかし、反意語がいつも否定の関係にあるわけではない。常識的に hot の反意語は cold、like の反意語は hate/dislike であるが、「暑くも寒くもない」とか「好きでも嫌いでもでもない」のような中間段階が存在する。これらは、いずれも程度に関係する表現で、例えば「温度の尺度」とか「好みの尺度」のようなものがあってその両端に hot と cold や like と hate/dislike があると考えられる。そしてその両端どうしが反意語の関係になっている。

5.2.2.4 選択制限

(1b) *The army massacred John. が意味的に不適格である理由を考えてみよう。語と語の意味的な繋がりを規定することを**選択制限**(selectional restriction)と言う。例えば、「多数の人を無差別に殺す」という意味をもつ massacre の目的語は意味的に複数でなければならない」のような意味的な取り決めが選択制限である。しかし(1b)では massacre の目的語として単数の John が用いられている。したがって、選択制限の違反となり、統語的(文法的)には適格でも意味論的に不適格な文とみなされるのである。選択制限に関しては5.3で詳しく考察する。

> **A Tip for Thinking(5-1)**
>
> 映画 *Harry Potter and the Chamber of Secrets* に出てくる文で、murderという語を用いた文を見てみよう。
>
> Filch : What's going on here? Go on. Make way, make way, ... Potter? What are you ...? Mrs. Norris? You've <u>murdered</u> my cat!
>
> この文では、murderの目的語がmy catとなっている。もともとmurderは「意図的に悪意を持って人を殺す」という意味である。つまり、本来murderの目的語は人でなければならない。しかしここでは、Filchが自分の猫にMrs. Norrisなどという人間の名前をつけていることからもわかるように、猫であるが人間と同等扱いしているためmurderの目的語に用いているのである。Filchにとっていかに Mrs. Norrisという猫が人間扱いされる対象であるかがわかる。

5.2.2.5 真偽と多義性

次に(2)のような文を考えてみよう。

(2) The capital city of Japan is Osaka.

(2)の内容は事実と異なっていて、正しい文とは言えないかもしれない。しかし、(1a-d)の例のようなおかしさはない。(2)の場合たまたま述べられている内容が現実世界と一致していないだけで、例えば仮に、将来日本の首都が大阪に移転されるようなことがあったとして、そしてそのような状況で(2)が発話されれば、当然何の問題もないのである。つまり(2)は意味論的には適格な文である。

意味論では、ある文が意味論的に適格かどうかという観点とは別に、**真**(true)か**偽**(false)かということを問題にする。真か偽かはその文がどのような**状況**(situation)で発話されるかによって決定される。(2)は現実世界では偽であるが、大阪が日本の首都であるような状況が仮に存在すれば、その状況では真となる。

1つの文が複数の解釈をもっていることを文の**多義性**(ambiguity)という。文が**多義的**(ambiguous)であるかないかは真か偽かの判断のもとで下される。多義的である(3)を考えてみよう。

(3) Every student in this class speaks two foreign languages.

この文が何通りの解釈を持つかは、この文が何通りの異なる状況で真となるかで決まる。このクラスにJohn, Mary, Billの3人がいて全員英語が母語だとしよう。そして、3人ともスペイン語とフランス語を話すとしよう。このような状況で(3)は真であるとみなされる。つまり(3)は「ある2つの外国語があって、このクラスのどの学生もその2つの外国語を話す」という意味を持つ。次にJohnはスペイン語と日本語、Maryはフランス語とスペイン語、Billはドイツ語とスワヒリ語を話すとしよう。この状況でも(3)は真である。この場合(3)は「このクラスのどの学生も(それぞれ異なる)2つの外国語を話す」という解釈をもつ。異なる2つの状況で真と判断されるので(3)は2つの解釈をもつということになる。

練習問題 ①

次の文は一見おかしな文である。どのような点でおかしいのか考察せよ。また、真と解釈される可能性は全くないのか、文字通りの解釈以外におかしくない解釈がないのか考察せよ。

  a. Two and two is five.
  b. Two parallel lines intersect.
  c. To love is very dry.
  d. The apple always talks to the rock.

5.2.2.6 含意

(4) - (6)のa.とb.のペアの意味関係を考えてみよう。

(4) a. John and Mary came to the party.
  b. John came to the party.
(5) a. Maria is a Spanish guitarist.
  b. Maria is a guitarist.
(6) a. Bill killed George.
  b. George died.

いずれの場合も、a.が真であれば必ずb.も真となる。このような関係を**含意** (entailment)と言い、「(4a)は(4b)を含意する」((4a) entails (4b).)という言い方をする。ちなみに(4) - (6)のどの場合もa.はb.を含意するが、b.はa.を含意し

ない。

(1c) *John persuaded Mary to leave, but she didn't leave.の不適格性も含意の問題である。John persuaded Mary to leave.はMary left.を含意している。したがって、but she didn't leaveと続けることはできないのである。

練習問題 ②

次の各ペアにおいてa.はb.を含意しているか、またb.はa.を含意しているか述べよ。

    A. a. John and Mary are married.
       b. John and Mary are married to each other.
    B. a. Some student will not go to the party.
       b. Not every student will go to the party.
    C. a. Only John knows the answer.
       b. John knows the answer.
    D. a. If Mary gets money, she will buy a new dress.
       b. If Mary doesn't get money, she won't buy a new dress.

5.2.2.7 前提

次に(7)-(9)のa.とb.の関係を考えてみよう。

    (7) a. John washed his car.
       b. John has a car.
    (8) a. Mary stopped drinking.
       b. Mary drank.
    (9) a. Joan regrets that she gave up the project.
       b. Joan gave up the project.

それぞれa.の文はb.の文を含意している。しかし、(4)-(6)で見たような含意関係とはやや異なっている。例えば、話者は(5a)を発話することによって、同時に(5b)の内容も伝えているが、(7)-(9)の場合、a.を発話することによってb.の内容を同時に伝えているという感じはしない。むしろ、a.を発話する場合、b.の内容が真であることを当然のこと、疑う余地のないこととみなしている。つまり、仮にa.が偽であっても、b.は真である。このような場合、b.はa.の**前提**

（presupposition）であると言う。ある文の中で何が前提になっているかを見分けるためには、その文を否定文や疑問文にしてみればよい。もし、真偽に関して何も影響を受けない部分があれば、それは前提とみなされる。(8)を例にすると、Mary didn't stop drinking.と否定文にしてもメアリーが飲酒をしたということは否定されていないし、Did Mary stop drinking?のように疑問文にしても、この文によって話者がメアリーが飲酒をしたかどうかを尋ねているわけではない。むしろ、いずれの場合もメアリーが飲酒をしたということは真とみなされている。一方、例えば(5)の場合、Maria is a Spanish guitarist.を否定文や疑問文にすると、もはやMaria is a guitarist.が真かどうかはわからなくなる。したがって(5a)は(5b)を含意しているが、(5b)は(5a)の前提ではない。

練習問題 ③

次の各ペアにおいてb.はa.の前提となっているか。

  A. a. John didn't know that Mary was pregnant.
   b. Mary was pregnant.
  B. a. It is not true that everyone admires the President.
   b. Someone doesn't admire the President.
  C. a. Mary will discover that her sister is in Osaka.
   b. Mary's sister is in Osaka.
  D. a. If Mary discovers that her sister is in Osaka, she will get surprised.
   b. Mary's sister is in Osaka.

5.3 語彙の意味

 英語は日本語とは異なり、主語+動詞+目的語の語順を基に組み立てられる。何気なく目にしている単純な文でも、次の例を見るとあまり意識することのない規則に従って英文を解釈していることがわかる。

  （10） a. Elephants drink water.
     b. *Water drinks elephants.

日本語では「象は水を飲む」といっても「水を象は飲む」といっても（論理的）意味は同じである。けれども英語で同じようにして主語と目的語の位置を入れ替えると(10a,b)のように全く意味が変わってしまい、(10b)はとても理解しが

たい文になってしまう。これは日本語が「は」や「を」といった格助詞によって名詞の意味を明確にする言語であるのに対し、英語は名詞の現れる位置によってその意味が決定される言語であることに由来する。飲む者は動詞drinkの前に現れ、飲物はdrinkの直後に現れる。5.3節ではこうした名詞の意味から始め、名詞や動詞が文の中で本質的にどういった意味をもち合わせているのか考えてみる。

5.3.1 意味素性

(10a,b)で挙げたdrinkは動詞の前の主語位置に意志をもった**有生**(animate)の名詞を必要とする。したがって主語位置には人間や動物を表す名詞が現れなくてはならない。動詞直後の目的語の位置には液体の名詞が必要とされる。こうした名詞に要求される意味特性は5.2.2で触れた選択制限に関わる問題である。意味論ではdrinkの主語に関する選択制限を[+animate]のような**意味素性**(semantic feature)で表現する。(10b)はdrinkがもち合わせる主語の選択制限[+animate]と目的語の選択制限[+liquid]に合わないため非文となる。この選択制限の意味素性を用いることで(10b)に関わる制限を明示的に説明することができる。

また意味素性を用いることは言語学的に見ても有益である。なぜなら音を記述する際に用いる**音韻素性**(phonological feature)と共通の特性をもち合わせるからである。例えば/p/と/b/、/t/と/d/、/k/と/g/、/s/と/z/などは[±voiced]の素性によって区別される。[±...]の素性を用いて単語の意味を捉えることは、言語学的に魅力のあることだといえる。5.2.2で述べた反意語の「温度の尺度」に関わるhot、coldあるいはtall、smallのような形容詞はそれぞれ、寒い ⟵⟶ 暑い、低い ⟵⟶ 高い、といったように**段階性**(gradability)をもった語である。暑さ、高さといったものはある基準をもとに決まるので、寒い、低いは[−average]、暑い、高いは[+average]として規定できる。

5.3.2 意味役割

次の文はなぜ非文となるのだろうか。

(11) a. *My uncle opened the door with the key with a picklock.
b. * My uncle's new car of Bill was stolen.

(11a,b)では、名詞の意味素性についてはおかしなところが見当たらない。こ

こでは5.3.1で述べた意味素性でなく、**意味役割**(semantic role)(あるいはθ役割 [θ-role]とも言う)が問題となる。(11a)の動詞openで表現される出来事では、開ける動作を行なう人(**動作主**(agent))、開ける動作の対象となる物(**被動者**(patient))、また場合によっては開けるために用いるもの(**道具**(instrument))が登場する。こうした意味役割を適切に文中に登場させる働きをするのがθ**基準**(θ-criterion)と呼ばれる原理である。

(12) θ基準(θ-criterion)
一つの項(argument: 意味役割を与えられる名詞)は一つの意味役割をもたなければならず、一つの意味役割は一つの項に与えられなければならない。

(12)の定義から、(11)に関係する箇所だけ抜き出すと、「一つの意味役割は一つの項(だけ)に与えられなければならない」ということになる。(11a)をみると道具の意味役割がthe keyとa picklockの2つに与えられているため、θ基準の違反となる。また(11b)では、**所有者**(possessor)の意味役割がmy uncleとBillに与えられているので、同じくθ基準の違反となる。英文を作るときには、表現したい出来事に登場する意味役割を、一つずつ文中に置いていき、意味の選択制限を正しく満たすことが正しい英文を作るひとつの鍵となる。

A Tip for Thinking(5-2)

中学、高校では5文型というものを習う。S+V, S+V+C, S+V+O, S+V+O+O, S+V+O+Cの5つである。しかしこれは「基本5文型」のように「基本」という語が必要である。英語の文型はこれだけではない。次の例文を見てみよう。

John taught me my daughter French.

この文はS+V+O+O+Oである。この文の意味を理解するためには、teachが基本的には、「教えられるもの」であるFrenchが主題(theme)であり、my daughterは「教えられる人」であるので、到着点(goal)であり、meは「利益を被る人」の意味で受益者(benefactive)であること知っていなければならない。「ジョンは私のために娘にフランス語を教えてくれた」という意味である。

5.3.3 動詞の分類

ここでは(13)に関わる母語話者の直観がどういったものなのかを明らかにするための道具を紹介する。

(13) a. *I knew her name in an hour.（状態動詞）
　　　 （私は1時間かけて彼女の名前を知っていた。）

　　 b. *Beth walked in an hour.（活動動詞）
　　　 （Bethは1時間かけて歩いた。）

　　 c. David finished his homework in an hour.（到達動詞）
　　　 （Davidは1時間かけて宿題を終えた。）

　　 d. Wes made a chair in an hour.（達成動詞）
　　　 （Wesは1時間かけてイスを作った。）

　(13)の各文の文法性は、対応する日本語を見ることでおおよその理解はできるだろう。ただし(13b)は英語では非文だが日本語では文法的である。
　(13a,b)と(13c,d)の文法性の違いを説明するためにVendler (1967)やDowty (1979)は動詞をその意味を基に4つのタイプに分類している。同じタイプに属する動詞は共通の特性をもち合わせる。まずその4種類の特性を明らかにしてみよう。
　(13a)のknowは**状態動詞** (stative verb)に分類される。状態動詞はある一定の状態が続いていることを表現する動詞である。know自身は「知っている」状態が恒常的に続くことを表す。そういった状態が一定して続くので、状態動詞の意味の中には状態が終了することは含まれない。
　(13b)のwalkは**活動動詞** (activity verb)に分類される。活動動詞は意図的に行なう行為を表現し、決まった行為を継続して行なえることを表す動詞である。walkは自分の意志で歩くという行為を表し、好きなだけ歩き続けることができる。したがって動詞の意味の中に具体的な行為の終了は含まれない。(13)に使われているin an hour（1時間かけて）は1時間かけて行為や状態が終了することを表す時間副詞である。状態動詞や活動動詞は終了もしくは完了の意味が動詞に含まれないので、in an hourの副詞とは共起できない。
　(13c)のfinishは**到達動詞** (achievement verb)に分類される。到達動詞は瞬時にして何らかの目標・状態に至ることを表現する動詞である。例えばfinishは終えていない状態から終えた状態に瞬時に変わることを意味する。何らかの行為の終了に至ることから、動詞の意味の内部には完了の概念が含まれる。
　(13d)のmake(a chair)は**達成動詞** (accomplishment verb)と呼ばれる。達成動詞は何らかの活動の結果、ある目標・状態に至ることを表す動詞である。make (a chair)はつくるという行為を行なうことで椅子が出来上がることを表している。椅子が出来上がった時点で行為は完了するので到達動詞と同様に完了の概念をもち合わせる動詞である。到達動詞と達成動詞に完了の概念が含まれ

る事実を踏まえると(13c,d)がin an hourの副詞と共起することも納得できる。
　ここまでで動詞はそれぞれがもつ意味特性によって4つに分類されることが分かった。理解を深めるために他の例も挙げておこう。

　　(14)　状態動詞(stative verb)：
　　　　　　know, believe, have, desire, love
　　　　　活動動詞(activity verb)：
　　　　　　walk, run, swim, push a cart, drive a car
　　　　　到達動詞(achievement verb)：
　　　　　　finish, recognize, spot, find, lose, reach, die
　　　　　達成動詞(accomplishment verb)：
　　　　　　make a chair, paint a picture, draw a circle, push a cart to the
　　　　　　supermarket, recover from illness, write a novel, walk to the park

さきほど(13b)で*Beth walked in an hour.はwalkに終了や完了の意味が含まれないので非文であると述べたが、次のように表現を加えると文法的になる。

　　(15)　Beth walked to the park in an hour.
　　　　　(Bethは1時間かけて公園まで歩いた。)

この文では目的地まで歩いて到着することで活動が終了するので、完了の意味が含まれる。したがって(13b)と異なり文法的となる。完了の意味が含まれるかどうかは、動詞だけでなく動詞以外の要素の意味も含めて考慮する必要がある。

5.3.4 一時点を指す時間副詞の解釈

　5.3.3の議論から、母語話者は動詞句内に含まれる完了の意味概念を頼りに、in an hour(1時間かけて)の時間副詞と共起できるかどうか判断していることが分かった。今度はある一時点を指す時間副詞との関係について考えてみよう。

　　(16)　a. Marty knew the dangers when FBI came to see him at noon.
　　　　　　　　　　　　　　　　　　　　　　　　　　　　(状態動詞)
　　　　　b. Mr. Brown drove a car at five o' clock.　(活動動詞)
　　　　　c. Charlie wrote a letter at five o' clock.　(達成動詞)

それぞれの動詞のタイプは異なる意味特性をもち合わせている。(16)のような一時点を指す時間副詞は、動詞のタイプごとに決まった解釈を受ける。以下では順にそれぞれのタイプに応じた解釈の違いを見ていく。

まず(16a)の状態動詞から始めよう。(16a)のknowは均一の状態が続いていることを表しており、know自身は時間的な制限には縛られず、知っている状態が継続することを表現する。こうした状態動詞に、ある一時点を指す時間副詞（ここではFBIが正午にMartyに会いに来たときの一時点を指す）が付くと、その時間副詞は状態が続く期間内のある一点を指すと解釈される。つまりFBIがMartyに会った時間は、Martyが危険を知り続けている状態の、ある一時点を指し示すわけである。

(16a')　　　　Martyが危険を知っている状態
　　　　　┅┅┅━━━━━━━━━━━━━━━━┅┅┅
　　　　　　　　　　　　　↑
　　　　　　　when FBI came to see him at noon
　　　　　　　（┅┅ は時間的制約がないことを表す）

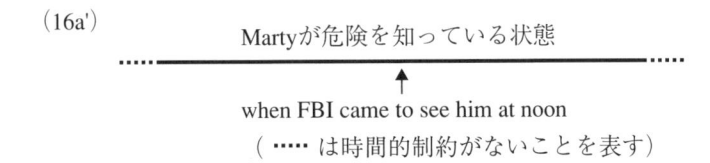

(16b)は活動動詞、(16c)は達成動詞の例である。今度は状態動詞とは別の解釈が生じる。(16b,c)では、一時点を指す時間副詞は、何らかの出来事が続いている期間中の、ある一時点を指し示すことはできず、行為をやり始める時間を指すと母語話者は判断する。

(16b')　　　　　　　　　　　(16c')
　　　車を運転する期間　　　　手紙を書く期間
　　━━━━━━━━━━　　　　━━━━━━━━━━
　　↑　　　　　　　　　　　　↑
　　at five o' clock　　　　at five o' clock

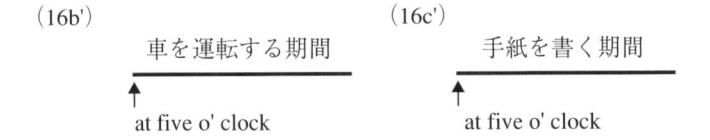

状態動詞では状態が続いている期間内、活動動詞、達成動詞では期間の開始時を指し示すが、到達動詞の場合はどうだろうか。到達動詞では、一時点を指す時間副詞は、さきほどの3タイプとはさらに異なり、行為が完了する時間を指すと母語話者は判断する。

(17)　a. Kathy finished her homework at five o' clock.（到達動詞）
　　　b. Tommy died at five o' clock.（到達動詞）

到達動詞自体が表す出来事は瞬間的で時間の幅が想定されないため、時間軸で到達動詞を表現することは難しいが、いずれにしても宿題を終えたり、Tommyに死が訪れたりする出来事が完了した時間が5時だと読み取れる。

すべての動詞はそれぞれのもつ意味内容に応じて4種類に分類され、そのタイプごとに一時点を指す時間副詞は決まった解釈を受ける。この規則性を踏まえると、ある動詞は進行形にできるがある動詞は進行形にできないといった判断をする母語話者の直観を明らかにすることができる。

練習問題 ④

空所にinかforを入れて文を完成させよ。
- a. Paul painted a picture (　　) an hour.
- b. Paul is painting a picture (　　) an hour.
- c. Paul painted pictures (　　) an hour.

5.3.5 動詞の進行形

5.2.1でも挙げられているが、英語の動詞には進行形にできるものとできないものがある。

(18) a. *Marty is knowing the dangers.（=(1d)）
　　　b. *Mike is owing two houses.
　　　c. *Beth is resembling her sister.
　　　d. 　Mr. Brown was driving a car.
　　　e. 　Charlie was writing a letter.
　　　f. 　Kathy was finishing her homework.

ここでは、この母語話者の直観が、5.3.4の一時点を指し時間副詞の解釈を踏まえると、容易に理解できることを見る。

まず活動動詞と達成動詞を使って(18)の文法性に関する直観を明らかにしてみる。最初に5.3.4で見た活動動詞、達成動詞と一時点を指す時間副詞との関係をおさらいしよう。

(16) b. Mr. Brown drove a car at five o' clock.（活動動詞）
　　　c. Charlie wrote a letter at five o' clock.（達成動詞）

(16b')　車を運転する期間　　　　　(16c')　手紙を書く期間

　　　　　　　↑　　　　　　　　　　　　　　↑
　　　　at five o' clock　　　　　　　　at five o' clock

A Tip for Thinking(5-3)

　進行形 (progressive) は一般に、現在目の前で起こっている現象を表す場合に用いられると言われている。しかし、次の2つの例を考察してみよう。

　Bartender : Hey, Tess! How you doin'? What are you havin'?（*Working Girl*）
　Vera　　　: What're you drinking?（*The Secret of My Success*）

　前者はTessというOLが行きつけのバーに現れ、まだ椅子にも座っていない時点で発せられている文である。勿論、ついたばかりなのでTessは何も飲んではいない。しかし、バーテンは「何にする？」という意味で進行形を用いている。つまり近未来における確実な行為を表しているのである。後者も同様で、Veraという社長婦人を自宅に送り届けて荷物を運び込んでいるBrantleyに向かって発された言葉である。飲むか飲まないかを相手にたずねもせずに、近未来における確実な行為を口にすることにより、相手に飲むことを強要する、押しつけがましい発話である。進行形にはこのような意味合いも含まれる場合がある。

　それぞれの時間副詞は、行為が始まる時間を指し示している。次にこれらの例を進行形にしてみよう。

　　(19)　Mr. Brown was driving a car at five o'clock.
　　(20)　Charlie was writing a letter at five o'clock.

(19')　車を運転する期間　　　　　(20')　手紙を書く期間

　　　　　　　↑　　　　　　　　　　　　　　↑
　　　　at five o' clock　　　　　　　　at five o' clock

　進行形にすることでat five o'clockは、行為を行なっている期間内の、ある一時点を指し示す解釈に変化する。このことから、進行形は問題となる時間にその行為が行なわれていたことを表現する機能をもっていることがわかる。
　続いて到達動詞を見てみよう。到達動詞自体は時間の幅をもたないが、進行形にするとある程度の時間幅が生まれ、出来事の完了に近づきつつあるという

解釈となる。

(21) Kathy was finishing her homework.
　　　（Kathyは宿題を終えようとしていた。）

(21')　　　　　宿題を終えた状態
　------▶ □

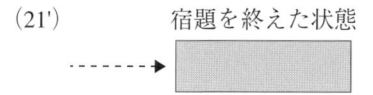

5.3.4で見た通り、一時点を指す時間副詞は、到達動詞と共起すると、行為が終了する時点を指し示すが、進行形にすると(19)、(20)の活動動詞、達成動詞とは異なり、進行している出来事が終了する前の時間を指し示す。

(22) Kathy was finishing her homework at five o'clock.

(22')　　　　　宿題を終えた状態
　------▶ □
　　　↑
　at five o'clock

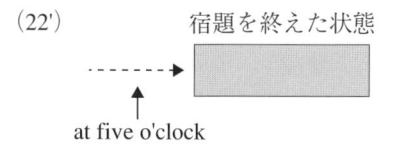

以上の事実から、動詞のタイプにより多少の違いはあるが、進行形は動詞が示す行為が行なわれている最中であることを表現するための道具だといえる。
　それでは5.3.5の最初で見た非文の例に戻ろう。

(23) a. *Marty is knowing the dangers.
　　　b. *Mike is owing two houses.
　　　c. *Beth is resembling her sister.

進行形にできない動詞の意味を考えてみると、いずれも状態動詞に分類されることがわかる。なぜ状態動詞は進行形にできないのだろうか。この原因は5.3.4で見た、一時点を指す時間副詞との関係を踏まえると明らかになる。

(16) a. Marty knew the dangers when FBI came to see him at noon.

```
(16a')           Martyが危険を知っている状態
     ┄┄┄┄┄━━━━━━━━━━━━━━━━━━━━━━━━━┄┄┄┄┄
                        ↑
             when FBI came to see him at noon
```

状態動詞は上の図が示すように、進行形にならなくとも問題となる時間にその状態にあったことを描写できる。よって進行形にしなくとも進行形と同等の効果が得られることから、状態動詞をわざわざ進行形にする必要はないと母語話者は判断するわけである。

5.4 形式意味論

意味に対する関心は言語学だけに限られたものではない。むしろ歴史的には哲学や数学、論理学の問題であったといってもよい。この節では数学や論理学の伝統を受け継ぐ形式意味論を紹介する。

5.4.1 真理条件的意味論

5.2で、真、偽、状況等の用語を紹介した。形式意味論ではこれらの用語を用いて、「文の意味がわかる」ということを次のように定めている：「文の意味がわかるということはその文がどのような状況で真となるかがわかるということである。」具体的には文の多義性を例として示した。1つの文にいくつの解釈があるかが分かるということは、いくつの状況で真となるかがわかるということである。ある状況で文の真偽を決定することを**評価する**（evaluate）と言い、文が真となるための条件を**真理条件**（truth condition）と言う。真理条件にもとづいて文の真偽を決定する意味論を**真理条件的意味論**（truth conditional semantics）と呼ぶ。以下、真理条件的意味論の基本的な考え方をJohn jogged.のような簡単な例を用いて説明する。

まず、固有名詞Johnの意味から考えてみよう。固有名詞Johnの意味とはJohnの**指示対象**（referent）、つまり、Johnという名前の人物である（ここではjと表記する）。英語では"John" denotes j.と言う。denoteとは「意味する」という意味で、その名詞形denotationは意味的対象のことである。これを使ってThe denotation of "John" is j.という言い方もする。

次にjoggedの意味を考えてみよう。joggedの辞書的な説明としては「（過去のある時点で）エクセサイズ等の目的で軽く走った」のようになるであろう。しかし、これはjoggedが表していることを別の表現で言い換えただけで、「エクセサイズ等の目的で軽く走る」とはどういう意味かという問題が新たに生じてし

まう。そこで、形式意味論のアプローチでは、動詞句の意味を「話題となっている状況(つまり真偽が評価される状況)において、その動詞句で示されたことを行う個体の集合である」とみなす。joggedの場合は「過去のある時点でジョギングした人の集合」を指している。集合の表記を用いると(24)のように表される。

  (24) {x | x jogged in s}　(読み方：the set of x such that x jogged in s)

{ }は集合を表している。{a, b, c}と書くと、a, b, cからなる集合を表している。{x | …}と書くと、…で示された性質をもつ個体xの集合を表す。(24)は、ある状況s(situationの略)でジョギングをした人の集合を表している。
 (24)に示した動詞句joggedの意味と主語Johnの意味jから(25)ようにJohn jogged.の真理条件が構成される。

  (25) j∈{x | x jogged in s}
    (読み方：j is a member of the set of x such that x jogged in s)

∈は、この記号の左側のもの((25)ではj)が右側の集合のメンバーであることを意味している。つまり(25)は「Johnが文の真偽が評価される状況sで実際にジョギングした人の集合のメンバーである」ということを表している。そして最終的には(26)のように表される。

  (26) "John jogged" is true in s iff j∈{x | x jogged in s}
    (読み方："John jogged" is true in s if and only if j is a member of the set of x such that x jogged in s)

(26)のiffはif and only if の略で、「その場合、そしてその場合に限り」という意味である。(26)全体は「Johnがsにおいてジョギングした人の集合のメンバーである場合、そしてその場合に限り、John jogged.は状況sにおいて真である」となる。状況sで実際にジョギングした人がMaryとJohnだけだとすると(24)は{m,j}と同じである。そうするとj∈{m,j}が成立するのでJohn jogged.は真となる。ちなみに同じ状況sでBill jogged.は偽である。なぜならb∈{m,j}ではないからである。
 今度はJohn loves Mary.のような他動詞文の真理条件を考えてみよう。jogのよ

うな**1項述語**(one-place predicate)の場合とは異なり、**2項述語**(two-place predicate)であるloveは2つの個体の間の関係概念として捉えられる。そして、他動詞loveは評価される状況sで愛しているという関係にあるペアの集合を意味している。John loves Mary. の真理条件は(27)のように表される。

(27) "John loves Mary" is true in s iff <j, m>∈{<x, y> | x loves y in s}
　　(読み方："John loves Mary" is true in s if and only if the pair of j and m is a member of the set of pairs x and y such that x loves y in s.)

(27)の集合{<x, y> | x loves y in s}は、sにおいて愛している人と愛されている人のペアの集合である。この場合<x, y>のxが愛している人、yが愛されている人である。<x, y>で表されているペアを**順序対**(ordered pair)と呼ぶ。これはxとyからなる集合{x, y}とは異なり、{x, y}={y, x}であるが<x, y>≠<y, x>である。状況sでJohnがMaryを、BillがNinaを、そしてMaryがTomを愛していていると仮定しよう。この場合、順序対の集合は{<j, m>, <b, n>, <m, t>}となる。<j, m>のペアはこの集合のメンバーなので、John loves Maryは真となる。

―― *A Tip for Thinking*(5-4) ――――――――――

否定文は文を否定しただけと思っていることが多いが、これで否定文が正しく理解出来ているだろうか。次の文を見て何も変なものを感じないのなら正しく否定文を理解出来ていると言えるだろう。

(1) Many of the arrows didn't hit the target, but many of them hit it.

もし、この文を見て、矛盾じゃないかと思ったら、それは否定文を正しく理解していないことになる。これに対して(2)の文を考えてみよう。

(2) *Not many of the arrows hit the target, but many of them hit it.

この文は矛盾があるので、*がついている。(1)は「的に当たらなかった矢は多かったが、当たった矢も多かった」を意味するので矛盾はないが、(2)は「多くの矢が的にあったわけではなかったが(つまり、的に当たった矢は少なかった)、多くの矢も的に当たった」という意味であり、矛盾が生じている。否定辞と数量詞(ここではmany)が両方出てくる場合は注意が必要である。

5.4.2 一般化量化子理論

今度はeveryやsomeのような数量詞を含む文の真理条件を考えてみよう。数

量詞が面白いのは統語的にはJohnなどの固有名詞と同じ分布を示す（つまり、両方とも、文の主語になったり目的語になったりする）のに、意味解釈上は全く異なる扱いを受けるところにある。例としてEvery student jogged.を見てみよう。状況sにおけるJohn jogged.の真理条件はj∈{x | x jogged in s}であった。Johnもevery studentも主語なのだから、Every student jogged.の真理条件もevery student∈{x | x jogged in s}のように考えたいが、これでは数学的に意味をなさない。なぜなら、{x | x jogged in s}は個体の集合を表しているが、every studentという個体は存在しないからである。伝統的な論理学ではEvery student jogged.の真理条件は「すべてのxについて、もしxが学生ならxはジョギングをした」と表される。これを集合の概念を使って述べると「学生の集合はジョギングした人の集合の部分集合である」となり、(28)のように表される。

(28) "every student jogged" is true in s iff
　　　{x | x is a student in s}⊆{x | x jogged in s}
　　　（読み方：'every student jogged' is true in s if and only if the set of x such that x is a student in s is a subset of the set of x such that x jogged in s.）

A⊆Bは、AがBの部分集合であることを表している。したがって、(28)全体は「状況sにおいて学生である人の集合がsにおいてジョギングをした人の部分集合である場合そしてその場合に限りEvery student jogged.は状況sにおいて真となる」ということを表している。状況sで、学生ではあるがジョギングしていない人がいれば(28)は偽となる。この分析からわかるように、studentのような普通名詞は個体の集合を指している。

A Tip for Thinking(5-5)

一つの文中に数量詞が2つ出てくると、意味解釈が2つになるという現象がある。例えば、Every boy loves a girl.の場合、everyとaという2つの数量詞があるので、この文には「すべての少年がそれぞれ一人ずつ好きな女の子がいる」という解釈と、「すべての少年が好きになっているある一人の女の子がいる」という2つの解釈がある。以下の例は*Star Trek: the Next Generation, Q-In-Law*, p.31からの例である。

　　In this whole galaxy, there's somebody for everybody.

この文はこの文脈からすると「誰にも、その人に相応しい人が必ずいるものだ」の意味で解釈されるが、別の文脈なら、「みんなに対して一人だけ誰かが存在する」という意味にもなる。

次に、Most students jogged.を考えてみよう。この文が発話された状況に10人の学生がいたとしよう。その内何人の学生がジョギングをしていたらこの文は真となるのだろうか？ この英文に対応する日本語訳として「大部分の／ほとんどの学生がジョギングした」を考えると、7人か8人以上の学生がジョギングしていないと真にならないような気がする。しかし、英語のmostは過半数以上を表している。したがってMost students jogged.の真理条件は(29)のようになる。

(29) "most students jogged" is true in s iff
｜{x｜x is a student in s}∩{x｜x jogged in s}｜＞
｜{x｜x is a student in s}−{x｜x jogged in s}｜
（｜A∩B｜＞｜A−B｜の読み方：the cardinality of the intersection of A and B is greater than the cardinality of the difference of A and B）

A∩Bは集合Aと集合Bの**共通部分**（intersection）、A−Bは2つの集合の**差集合**（difference set）、つまり、Aには属するがBには属さないものの集合を表している。｜…｜は…で示された集合の個数を表し、＞は個数の多さを比べる不等号である。(29)全体は「学生でありかつジョギングをした個体の数が学生であるがジョギングをしなかった個体の数より多いことが成立すれば、そのときに限り、Most students jogged.が真になる」ということを表している。

ここまで、everyやmostを含む文の真理条件を文ごとに個別に考えてきたが、今度はそれらを統一的に表すことを考えてみよう。Every student jogged.やMost students jogged.はともに[数量詞][名詞句][動詞句]という構造をしている。数量詞をQ、それに続く名詞句が表す集合をA（例えば学生の集合）、それ以外が表す集合をB（例えばジョギングしたものの集合）とすると、数量詞を含む文は(30)のように2つの集合の関係として表すことができる。

(30) Q (A) (B)

Qは**演算子**（operator）、(A)は**制限部**（restriction）、(B)は**核作用域**（nuclear scope）と呼ばれる。Every student/Most students jogged.ではQ (A)が主語、(B)が動詞句に対応するが、数量詞表現が主語以外の場合も基本的には同じである。例えば、(31)のように、論理形式部門（第4章参照）で数量詞が文頭に移動すると仮定すると（これを**数量詞上昇**（quantifier raising）と呼ぶ）、(30)と同じ形式が得られる。

(31) a. John admired [every student]
　　 b. [every student] John admired
　　 c. every（student）（John admired）

(31c)の真理条件は「学生の集合はジョンが誉めた個体の集合の部分集合である」となる。

　このように、数量詞を含む文の真理条件は、数量詞に後続する名詞句が表す集合とそれ以外が表す集合の関係で決定される。別の言い方をすると、数量詞は2つの集合の関係を示しているといえる。そして(30)の形式は(32)に示すようにどの数量詞にも一般化されるものである。そこでこのアプローチは**一般化量化子理論**(Generalized Quantifiers Theory)と呼ばれる。

(32) a. every (A) (B) is true　　iff　　A⊆B
　　 b. some (A) (B) is true　　 iff　　A∩B≠O
　　 c. no (A) (B) is true　　　 iff　　A∩B＝O
　　 d. most (A) (B) is true　　 iff　　|A∩B|＞|A−B|
　　 e. exactly n (A) (B) is true　iff　　|A∩B|＝n (nは自然数)
　　 f. at least n (A) (B) is true　iff　　|A∩B|≧n
　　 g. at most n (A) (B) is true　iff　　|A∩B|≦n

　もう一度おさらいしておくと、(32a)は「every (A) (B)はAがBの部分集合になっている時そしてそのときのみ真となる」ということを表している。some (A) (B)はAとBの共通部分がゼロでないとき真となり、no (A) (B)は逆にAとBの共通部分がゼロのとき真となる。most (A) (B)はAでもありBでもあるものの数が、AではあるがBではないものの数より多いとき真となる。exactly n (A) (B) (例えばexactly three students are Chinese)はAでもありBでもあるものの数がきっかりn個の場合真となる。同様に、at least n (A) (B)、at most n (A) (B)ではAでもありBでもあるものの数が、n個以上の場合とn個以下の場合それぞれ真となる。

5.4.3 形式意味論による英語の分析

　ここまでで、真理条件に基づく形式意味論の考え方の一部を紹介した。以下では、ケーススタディとして、否定極性表現、定冠詞、総称性の分析を紹介する。

5.4.3.1 否定極性表現anyの分布

英語のanyには2つの大切な用法がある。一つは(33)のような**自由選択**(free-choice)を表すanyと、もう一つは(34)のような**否定極性表現**(negative polarity item)としてのanyである。

(33) a. Any student can apply. (どの学生でも応募できる。)
　　 b. Take any card. (どのカードでもよいから引いて下さい。)
(34) a. I don't have any money. (私はお金がない。)
　　 b. I didn't find any shirts in the closet.
　　　　(クロゼットにシャツは見当らなかった。)

自由選択とはanyの次にくる名詞句が表す集合(学生の集合やカードの集合)の要素のどれを取っても文全体の意味が成立するということで、許可や命令を表す文脈でよく用いられる。一方、否定極性表現とは否定的な文脈でしか用いられない表現である。(34)を肯定文にした(35)では否定極性表現のanyを用いることはできない。

(35) a. *I have any money.
　　 b. *I found any shirts in the closet.

A Tip for Thinking(5-6)

否定極性表現には、anyやa red centのようなものの他に、動詞そのものが否定極性表現であるものがある。budgeがその一つである。次の例、*Harry Potter and the Philosopher's Stone*, p.34からのbudgeを見てみよう。

'Make it move,' he whined at his father. Uncle Vernon tapped the glass smartly with his knuckles, but the snake didn't <u>budge</u>.

「微動だにしなかった」という意味で、否定文にしか現れない。日本語でも、「めったに」という副詞は否定文にしか出てこない。これも否定極性表現である。
　また、「私にはたくさん友達がいる」という文をI have many friends.という英語にしたら、非文法的とまでは言わないまでも、ちょっとおかしい文なのである。I have a lot of friends.のほうが好まれる。これはmanyを否定極性表現の一つとみなす母語話者が結構いることを意味している。I don't have many frineds.ならO.K.だという。

日本語に訳しただけでは自由選択なのか否定極性表現なのかよく分からない場合があるが、両者の違いはalmostと共に用いられるかどうかをチェックする

と分かる。自由選択のanyはalmostによって修飾されうるが、否定極性表現のanyはそうではない。

(36) a. Almost any student can apply.
     （ほぼどの学生でも応募できる。）

   b. *I don't have almost any money.

　この節では否定極性表現のanyを用いるための条件の意味論的分析を紹介する。まずは、データを見てみよう。

(37) a. If John eats <u>any</u> apple, he will be happy.
     （ジョンはリンゴを食べれば幸せである。）

   b. John left before he met <u>any</u> friends of his.
     （ジョンは友人に会わないうちに出ていった。）

   c. At most four students read <u>any</u> phonology paper.
     （せいぜい4人の学生が音韻論の論文を読んだだけであった。）

これらの例ではnotのような否定辞は用いられていない。しかし否定極性表現のanyを使うことができる。否定文の場合も含めてこれらの例文に共通するのは全て**下降含意**(downward entailment)が成立する文であるということである。下降含意を説明する前に通常の含意（または**上昇含意**(upward entailment)）をもう一度復習しよう。(38b)は(38a)を含意する。

(38) a. John read a phonology paper.
　　 b. John read a difficult phonology paper.

「難解な音韻論の論文の集合」は「音韻論の論文の集合」の部分集合である。部分集合の要素に当てはまることであれば、上位の集合の要素にも当てはまる。したがって(38a,b)のような肯定文間の含意関係は、下位の集合から上位の集合へという意味で上向きである。一方、(39a,b)のように否定文間では含意関係の向きが逆になる。

(39) a. John didn't read a phonology paper.
　　 b. John didn't read a difficult phonology paper.

この場合は上位の集合の要素に当てはまることが下位の集合の要素にも当てはまっていて、(39a) が (39b) を含意している。このように否定文では下降含意が成立する。否定極性表現の any が使える (37) の例では (40) - (42) に示すようにすべて下降含意が成立する。つまり、a. が b. を含意している。

(40) a. If John eats an apple, he will be happy.
　　　b. If John eats a green apple, he will be happy.
(41) a. John left before he met a friend of his.
　　　b. John left before he met a good friend of his.
(42) a. At most four students read a phonology paper.
　　　b. At most four students read a difficult phonology paper.

面白いことに (37) の例とよく似ているが否定極性表現の any を用いることができない (43) の例では、(44) - (46) に見るように a. は b. を含意せず、下降含意は成立しない。

(43) a. *Since John eats <u>any</u> apple, he is happy.
　　　b. *John left after he met <u>any</u> friends of his.
　　　c. *At least four students read <u>any</u> phonology paper.
(44) a. Since John eats an apple, he is happy.
　　　b. Since John eats a green apple, he is happy.
(45) a. John left after he met a friend of his.
　　　b. John left after he met a good friend of his.
(46) a. At least four students read a phonology paper.
　　　b. At least four students read a difficult phonology paper.

このことから、否定極性表現の any は下降含意が成立する場合にのみ用いることができると言える。含意という意味論的直観をよりどころに否定極性表現の分布が説明できることから、意味論的直観が文法において重要な役割を担っていることがわかる。

> **A Tip for Thinking(5-7)**
>
> Many arrows didn't hit the target.を受動態にせよと言われて、The target wasn't hit by many arrows.としてはいけないことに気がついているだろうか。はじめの文ではmany-notの順で出てくるので全否定になるが、後の文ではnot-manyの順で出てくるので、部分否定になる。したがって、これらの文の意味は同義ではないのである。上の受動態の文の意味を保持しながら能動態になおすと、Not many arrows hit the target.にならなければならない。そして、最初の能動態の文は、対応する受動態がないことになる。書き換えには注意が必要である。

5.4.3.2 定冠詞

冠詞は日本人の英語学習者にとって苦手文法事項の1つである。特に定冠詞theはなかなかうまく使いこなせない。この節ではtheの用法を形式意味論の観点から説明する。

学校文法で様々なtheの用法を学習するが、例外的、慣習的なものを除くと大切なのは次の2つである。(i) 定冠詞の**照応性**(anaphoricity)：初めて談話の場面に登場したものには不定冠詞aを付け、既に登場したものや指示対象が明白な場合は定冠詞theを付ける。(ii) 定冠詞の**唯一性**(uniqueness)：唯一のものを指す場合にはtheを付ける。(i) の用法は難しくない。典型的な例は (47) のような物語の冒頭部分である。

(47) There lived <u>a man</u> with a cat in a small village. <u>The man</u> always hit the cat.（昔々ある小さな村に<u>男が</u>猫といっしょに暮らしていた。<u>男は</u>いつもその猫をぶっていた。）

最初はa manで次にthe manとなっている。ちなみにこれは日本語の「が」と「は」にそれぞれ対応している。初めて登場するものには「が」、既に登場しているものには「は」が使われる。つまり、不定冠詞aと「が」は新情報を、定冠詞theと「は」は旧情報を表している（情報構造に関しては第4章を参照）。

(ii) の定冠詞の唯一性は少し説明が必要であろう。例としてはthe sun とかthe president等がよく挙げられる。確かにこれらは唯一のものである。しかし、the book とかthe man という場合もこれらのNPの指示対象は常に唯一のものなのだろうか？あきらかにこの世の中には本はたくさんあるし、男性もたくさんいる。はたしてこのような場合も唯一性は保持されるのだろうか？答えはイエス、つまりthe NPの指示対象は常に唯一のものなのでなければならないのである。もう少し詳しく言うと、the + 単数名詞が適切に使用できるのは唯一の指示

対象の存在が前提となっているときのみである。以下いくつか例を挙げて説明する。(the＋複数名詞の場合はその複数形で示された集合の要素すべてを1グループとして捉えそのグループを唯一のものとみなすので、基本的には同じことである。)

　(48a)のように関係代名詞で修飾された名詞には必ずtheをつけなければならないと信じ込んでいる人がたまにいるが、これは正しくない。(48b)のように関係代名詞節と不定冠詞が共起しても構わない。

　　(48) a. I bought the book that John wrote.
　　　　b. I bought a book that John wrote.

違いは、(48a)を用いるとジョンが書いた本は一冊しかないという意味になるが、(48b)ではそのような意味はなく、ジョンは他にも本を書いている可能性があるという意味になる。定冠詞の唯一性を示す例をもう1つ挙げる。

　　(49) I have ten students in my class. One of them is from China.
　　　　??The student is very smart.

この文脈でthe studentを用いると少し不自然になる。The studentと言うからにはその指示対象は唯一の存在でなければならない。しかし、この発話状況には10人の学生がいて、定冠詞の唯一性の条件が満たされていない。したがってthe studentでは不自然となる。この文脈で中国人学生は1人しかいないのでthe studentの代わりにthe Chinese studentを用いれば完全にOKになる。面白いことに日本語で「私のクラスには10人の学生がいます。そのうち1人は中国人です。その学生はとてもよくできます。」と言っても何の不自然さもない。これは英語の定冠詞と日本語の「その」が少し異なることを示している。日本語の「その」はtheよりもむしろthatの機能に近い。事実、(49)でthe studentの代わりにthat studentを用いると不自然さはなくなる。

　一見、唯一性を満たしていないような例もある。いくつもテーブルがある状況であっても(50)は適切である。

　　(50) Look. The table is dirty.

このようなtheの用法は書き言葉よりも会話で使われることが多く、通常話し手

と聞き手にとって指示対象がはっきりしているような状況で用いられる。(50)ではLook.という命令文で何を見ているのかわかるし、Look.と言うかわりに指さすジェスチャーが用いられることもある。書き言葉でテーブルの様子を説明しようとするとThe table we are looking at is dirty.のように言うのが普通であろう。つまり、実際の発話の場面に複数のテーブルが存在したとしても、話し手と聞き手が見ているテーブルはその状況では1つに絞られているので、定冠詞の唯一性の条件は満たされていることになる。

最後に(47)のような定冠詞の照応性の例でも唯一性が保たれているのか考えてみよう。(47)で「ある小さな村」の住人が男一人だけである必要は全くない。他に住人がいてもかまわない。だからこそ(47)の第1文で不定冠詞が使われているとも言える。では、第2文のthe manは唯一性の条件を破っているのだろうか？もちろんそうではない。確かにその村には何人もの男性が住んでいるであろうが、その状況で話し手が話題にしている男は一人しか存在していないと考えられる。言い方を換えると、話者は一人の男にだけ注目しているのである。したがって(47)のような場合でも唯一性の条件は遵守されていることになる。

結局、(47)でも(50)でも発話の状況を小さくしていくことによって唯一性は満たされるのである。一方、(49)のような文脈では、特に他に何の情報もなければ、中国人学生が唯一の学生であるような状況は描き難い。したがって唯一性が満たされない。我々定冠詞を持たない言語を話す話者としては、どういう条件が揃えば唯一性を満たすまでに状況を小さくしていくことができるのかが一番知りたいところであるが、これは言語外の知識に負うところが大きい。ここら辺りに、定冠詞がわかりにくい原因があるのである。

A Tip for Thinking(5-8)

「多くの」の意味でa lot ofを習ったが、lotという単語は「多数・多量」という意味の名詞である。次の例文ではlotが名詞として用いられている。*Harry Potter and the Chamber of Secrets*の中に出てくる。

Fred　: This lot won't come cheap. The spell books alone are very expensive.
Molly: We'll manage. ... There's only one place we're going to get all of this. Diagon Alley.

興味深いのは、映画*Harry Potter and the Philosopher's Stone*に出てくる次のlotである。これはHarryがHogwarts魔法学校へ行く特急列車内で、車内販売の女性から食べ物を買う時の場面である。

Woman: Anything off the trolley, dears?
Ron　 : No, thanks. I'm all set.
Harry　: We'll take the lot.

最後のHarryのせりふが、もしWe'll take a lot.のように不定冠詞aであれば、「いっぱいちょうだい」の意味になるが、ここでは定冠詞theになっているので、the lotということは「その一山」、つまりtrolleyに積んであるもの全て、ということになり、「全部ちょうだい」という意味になる。

5.4.3.3 総称性

この節では**総称性**(genericity)について考察する。まず、(51)をみてみよう。

(51) Every lion has a mane.（どのライオンにもたてがみがある。）

「この動物園の」とか「この図鑑の」というような制限がない限り、現実世界において(51)は偽である。なぜなら雌ライオンや子どもライオンにはたてがみがないからである。では(52)はどうだろうか？

(52) Lions have a mane.

直観的に(52)は現実世界において正しいことを述べていると感じられる。雌ライオンや子どもライオンだってlionであることにはちがいないにもかかわらずである。これはいわゆる**総称文**(generic sentence)であり、主語はライオンという**種**(kind)を意味している。では(52)のような総称文の真理条件はどのようなものなのだろうか？総称性あるいは総称文に対して、様々な分析がなされている。ここではそのうちの1つを紹介する。

(30)で示したように、一般化量化子理論では量化文は演算子、制限部及び核作用域から成り立っている。総称文も目に見えない演算子GENを持っていると仮定すると、(52)の論理構造は(53)のようになっていると考えられる。

(53) GEN (lions) (have a mane)

つまり、ライオンであるものの集合とたてがみを持っているものの集合の関係と捉えられる。

では、GEN (A) (B) の真理条件を考えてみよう。(52)の意味は条件文を用いた、If something is a lion, it has a mane.と近い意味を持っている。しかし、これでは雌ライオンや子どもライオンや脱毛症のライオンを排除できない。そこで隠れた制限があると考えてみよう。実は、通常の条件文を解釈するときでも隠れた制限は存在するのである。例えばIf you are over 20 years old, you can enter this theater.という文があったとしよう。ここで20歳以上であることが唯一の条件かというとそうではない。20歳以上でもお金がなければその劇場に入れない。この場合お金を持っていることが当然のこととして隠れた条件になっているのである。もちろんどのような内容が隠れた条件になっているのかは発話の状況ごとに異なるが、我々は通常暗黙のうちにどのような条件が求められているか理解している。例えば上の劇場の例だと、20歳以上でお金を持っていたとしても、25セントしか持っていなければ話にならないし、決められた入場料に足りるお金を所持していてもそれを窓口で支払わなければ入れない。また、裸で入場することは許可されないし、ライオンを連れて入ることもできない。このような制限を表立って言わなくてもよいのは、これらの制限が満たされている状況が最も「あたりまえ」の理想的な状況だからである。

総称文(52)の場合も隠れた制限として、例えばライオンという種の特徴付けをする場合には脱毛症のライオンは除くとか、外見上の特徴を述べたいのだから、ネコと区別がつかないような子どもライオンは無視する等があると考えられる。脱毛症のライオンだけが除かれた場合と脱毛症のライオンと子どものライオン両方が除かれた場合では、後者のほうが「理想的」な状況ということになる。そこで総称文は現実の状況で真偽を判断するのではなく、隠れた制限が満たされ、現実の状況に最も近いすべての理想的な状況で真偽が判断されると考え、(54)のように定義する。

(54)「GEN (A)(B) は状況 s において真である」の必要十分条件は
「s に最も近く理想的なすべての状況 s' において A⊆B が成立する。」

GEN (A)(B) の真理条件を単に s のみで考えるのであれば、(51) と (52) の区別がつかなくなり、s において一匹でもたてがみのないライオンが存在すると、直観に反して、(52) は偽となってしまう。そうではなくて s における GEN (A)(B) の真偽を、s に最も近い理想的なすべての s' で評価するところがポイントである。注釈として付け加えると、must や may のような法助動詞を含む文の真偽も隠れた制限を考慮にいれて判断される。上の劇場の例でも can が用いられている点に注目して欲しい。

5.4.4 最後に

5.4 では論理学に基づく形式意味論を紹介した。このアプローチでは「意味がわかる」ことを「真理条件がわかる」ことと考え、数学的・論理学的に真理条件を導き出し英語を分析した。

これまで示した例はすべて平叙文であったから、真理条件を求めることができた。では、疑問文や命令文、感嘆文のような場合、それらの文の意味がわかるとはどういうことなのだろうか？真理条件がわかるということなのだろうか？そもそも疑問文の真理条件なんてあるのだろうか？実はある。ただし、ここで紹介しなかったもう少し複雑な（しかし数学的・論理学的にはとてもはっきりした）道具を用いて、平叙文以外の文でも真理条件は求められるのである。これらの分析に関しては参考文献一覧等を参照して頂きたい。

A Tip for Thinking(5-9)

映画 *Legally Blonde* の中に固有名詞に不定冠詞がつく例文が出てくる。「〜のような人」を意味する用法で、高校の英語でも学んだものであるが、実際にこれほどうまく二回も出てくると、改めて感心させられる。

Warner: Elle, if I am going to be a senator, I need to marry a Jackie, not a Marilyn.

Jackie は J.F.Kennedy の妻であった Jacqueline の事を指しており、Marilyn は Marilyn Monroe の事を指している。不定冠詞をつけることにより、「ジャクリーヌ婦人のような女性と結婚する必要があり、マリリンモンローのような女性じゃない。」という意味を表している。この二人の女性の対比は映画の中でとてもうまく使われている。

5.5 構文と認知

本節では、動詞や名詞の意味だけでなく、構文自体がもつ意味にも着目する構文文法と、人間の認知プロセスと言語を関連付けて研究する認知意味論について紹介する。

5.5.1 構文の意味

まず単語の組み合わせで、文や複合表現の意味がどのように得られるか考えてみる。(55)はどういった意味だろうか。

(55) Mary hit John.

(55)はメアリーがジョンを殴ったという意味である。この意味はそれぞれの語の文法的な役割(主語、動詞、目的語)を踏まえながら、語の意味を足していくことで得られる。5.4で紹介した形式意味論では、文や複合表現の意味はそれらの部分の意味から構成されるとする**構成性の原理**(principle of compositionality)を基本的な考え方の一つとしている。しかし構成性の原理がすべての文に当てはまるわけではない。次の例を見てみよう。

(56) a. Frank dug his way out of the prison.
 (フランクは監獄の外へ掘り進んだ。)

b. Frank found his way to New York.
 (フランクはニューヨークにたどり着いた。)

(56a)の語はそれぞれ、「フランクは」「掘った」「自分の道を」「監獄の外へ」という意味をもつ。けれども(56a)には上述の意味以外に移動を表す「進む」という意味が含まれている。(56b)についても同様で「たどり着く」という移動の意味が含まれる。いずれの例でも各構成要素の意味を合成していっても移動の意味は出てこない。本当に移動の意味が含まれているかは(57)が意味的に矛盾することから裏付けられる。

(57) a. *Frank dug his way out of the prison, but he hasn't gone yet.
　　　（フランクは監獄の外へと掘り進んだが、まだ進んでいない。）

　　b. *Frank found his way to New York, but he hasn't gone yet.
　　　（フランクはニューヨークにたどり着いたが、まだ行っていない。）

Goldberg (1995) はこの事実を踏まえ、言語には「構文」というものが存在し、構文そのものが文中の単語の意味とは独立して意味をもつと考える**構文文法** (construction grammar) を提唱した。(57) のような文の意味は「文中の単語の意味の和」+「構文の意味」によって得られると考えたわけである。Goldberg は (57) の例文を way 構文と呼び、way 構文は困難や障害が伴う移動の意味をもつと提案している。

　Goldberg はさまざまな構文の特性を明らかにしたが、ここでは次の馴染みのある構文について見てみよう。

(58) a. I brought Pat a glass of water.
　　　（私はパットに一杯の水を持って来た。）

　　b. I brought a glass of water to Pat.

(59) a. *I brought the table a glass of water.
　　　（私はそのテーブルに水を持って来た。）

　　b. I brought a glass of water to the table.

(58b), (59b) のように前置詞を用いている構文は**与格構文** (dative construction)、(58a), (59a) のように前置詞がない構文は**二重目的語構文** (double object construction) と呼ばれる。二重目的語構文の間接目的語（動詞の直後の名詞）には有生 [+animate] という制約があるため (59a) は非文となる。

　Goldberg はこうした制約を個々の動詞ごとに設定するのでなく、二重目的語構文自体に課す。二重目的語構文はそこに登場する名詞の意味役割と有生の制約を合わせて <Agent, Goal$_{animate}$, Patient> として規定される[*1]。

　次も同質の例である。

(60) a. She slid Susan the present.
　　　（彼女はスーザンにプレゼントを滑らせて渡した。）

[*1] この表示は Goldberg の意図するものを簡略化したものである。詳細な表示については Goldberg (1995) を参照のこと。

b. *She slid the door the present.
（彼女はそのドアにプレゼントを滑らせて渡した。）

(60)はslideの特殊な用法であるが、これをslide自身に課せられる制約と考えslideの意味記述を多くすることはしない。Goldbergは構文自体に<Agent, Goal$_{animate}$, Patient>の意味の制約を課すことで、二重目的語構文に現れる動詞が同じ制約に従うことを効率よくまとめている。

練習問題 ⑤

a.とb.のどちらか一方だけ、各単語の意味の和以外の意味が含まれている。どちらの文にどんな意味が含意されているか答えなさい。

A. a. Bill sent a letter to Sue (but she didn't get it).
　 b. Bill sent Sue a letter (*but she didn't get it).

B. a. I loaded the hay onto the truck.
　 b. I loaded the truck with the hay.

A Tip for Thinking(5-10)

イディオム (idiom) というものは、それを構成している単語の総和としての意味からはずれて、特別な意味を持つものを指す。例えば、kick the bucketという表現はdieを意味するイディオムである。kickやthe bucketをいくら個々に意味を調べてもdieという意味にはつながらない。このイディオムに変形操作をかける場合、かける操作によってイディオムの意味が残る場合と残らない場合がある。例えば、上昇動詞 (raising verb) 内では次のような事実がある。

(1) a. It seems that John kicked the bucket.
　　b. John seems to have kicked the bucket.

(1a)には、kicked the bucketの部分に対して、そのままの意味解釈 (literal reading) とイディオムの意味解釈 (idiom reading) の両方の意味解釈があり、曖昧である。この文に主語上昇 (Subject Raising) を適用して(1b)のようにしても、曖昧さは残る。ところが、このイディオムに受動態をかけると事態は変わってくる。

(2) a. John kicked the bucket.
　　b. The bucket was kicked by John.

(2a)は曖昧であるが、(2b)にイディオムの意味解釈は存在しない。

5.5.2 メタファーとメトニミー

　私たちが物事を認識するときに働かせる認知能力と、私たちが使用することばを結び付けて考える意味論を**認知意味論**(cognitive semantics)と呼ぶ。ここでは認知意味論の研究対象であるメタファーとメトニミーについて紹介する[*2]。

　私たちはある出来事、状況を理解しようとするとき、すでにもっている知識を使って理解しやすいように工夫している。例えばある人が自分の恋人の気持ちが分からず、友人にその悩みを打ち明けたところ「こころは風、言葉は花びら」という返答をされたとする。「何いってんの?」と言ってしまいそうだが、言葉を交わす(花びらを舞わせる)ことで相手のこころの様子(風の流れ)が読めるという意味だと伝えられると、「なるほど」と感心してしまうかもしれない。次の英文もある対象を別のものを通して理解させている。

　　　(61) a. You're wasting my time.
　　　　　 b. This gadget will save you hours.
　　　　　 c. He attacked every weak point in my argument.
　　　　　 d. He shot down all my arguments.

(61a,b)は"TIME IS MONEY"「時は金なり」という認識のもとに、金銭に関係する動詞waste, saveを用いることによって、時間の貴重さを表現している。(61c,d)では"ARGUMENT IS WAR"「議論は戦争」という認識を通じて、戦闘に関する動詞表現、attack, shoot downを用い、議論の状況を描写している。このように利用可能な知識を用いて、物事を理解しやすくする方略を**メタファー**(metaphor)と呼ぶ。

　次の例は少し趣が異なる。

　　　(62) a. We don't have long hairs. (長髪(の人間)は雇わない。)
　　　　　 b. I bought a TOYOTA. (トヨタ(の車)を買った。)
　　　　　 c. The sax had the flu yesterday.
　　　　　　 (サキソフォン(の奏者)は今日は流感にかかっている。)
　　　　　 d. The White House isn't saying anything.
　　　　　　 (ホワイトハウス(アメリカ政府)は何も言っていない。)

[*2] 「トラジェクター」、「ランドマーク」の用語については4.4.2を参照。

(62)ではあるものを別のもので表現していることには変わりないが、対象となるものがもち合わせる特徴を使ってそのものを表現している。このようにあるものの特徴でそのものを指し示す方略を**メトニミー**(metonymy)と呼ぶ。クラスの友人を「めがね」、「テンパくん(天然パーマの人)」のようにあだ名で呼ぶこともメトニミーである。(61)や(62)で挙げたメタファーやメトニミーの例は5.5.1の例と同じく、構成性の原理に従わない場合が多い。

5.5.3 フレーム

突然だが、車というと何を思い出すだろうか。ある人は、自分が電柱に激突したことを思い出すかもしれないし、事故が起きた後も払いつづけているローンのことを思い出すかもしれない。一般的なところに話を戻すと、車というとエンジン、タイヤ、ハンドル、あるいはドライブなんかを連想する。一個人が属す社会状況に応じてもつ、こうした一般的で典型的な記憶の枠組みを**フレーム**(frame)と呼ぶ。例えばレストランのフレームにはウェイター、ウェイトレス、メニュー、注文、食事、会計などが結び付けられる。こうしたフレームの働きを研究対象とする分野としてFillmore(1982)が提唱する**フレーム意味論**(frame semantics)がある。

このフレームという概念は言語表現の理解に大きな役割を果たしている。the Monday morning feeling(月曜日の朝の憂鬱)という言葉があるが、これは月曜日が仕事始めだと理解していなければ分からない表現であり、我々はこの表現をカレンダーに関する文化的なフレームに基づいて理解することになる。

フレームは定冠詞の使用にも関わっている。

(63) a. When I was driving, suddenly the engine ...
b. When I finished eating lunch, a lady at the cash register ...

(63)のようなtheを母語話者が難なく解釈できることは、その母語話者が(63)をフレームを基に解釈していることを意味する。車のフレーム(車―運転,エンジン,...)とレストランのフレーム(レストラン―食事,会計,...)を用いることで、(63a)では(運転している車の)エンジン、(63b)では(食事しているレストランの)会計所という理解が働く。これに5.4.3.2で触れた唯一性の原則(一つしか存在しないものにはaでなくtheを用いる)を組み合わせることで(63)のtheの用法は完全に理解できる。(運転している車の)エンジンは普通一つであり、(食事しているレストランの)会計所も普通一つであるから、唯一性の原則にしたがいtheが選択されるわけである。

第6章　談話の構造

6.1 談話と語用論

　統語論や意味論は、文の構造やその文字通りの言葉の解釈を明らかにすることが目的であった。そして、これらの分野で分析の対象となるのは、単一の文であったり、その文を構成する節、句、語といった小さな単位であった。言葉の研究の中には、文を超えた大きな単位を扱う分野がある。複数の文が集まってひとつの意味をなす単位のことを**談話**(discourse)という。談話は、話し言葉であったり、書き言葉であったり、いずれにしても複数の文が寄り集まった単位である。この談話と呼ばれる単位は、実際に言葉がどのように使われるのかを調べるうえで着目しなければならない単位である。

　談話に関しては、どのように談話が構成されるのかに関する研究（談話分析や会話分析）や、談話を考慮しながら、ある発話がどのような解釈を持つのかに関する研究がある。発話が実際の場面でどのような意味になるのかを研究する分野が**語用論**(pragmatics)である。**発話**(utterance)とは、文字通りには言葉を発することである。語用論では、この「発話」という言葉を、「文」と同じような単位を指すのにも使う。

　談話の中で発話の意味を理解するには、その発話を構成する単語や文の統語的な構造が分かっても十分とはいえない。例えば、道ばたでAという人物が誰かに次のような文を発したとしよう。

(1) A: Excuse me. Can you tell me the way to the station?

(1)の発話は、統語論からは、この文が疑問文であることが分かるし、また、意味論からは、駅までの道を聞き手がAに教える能力があるかどうかを尋ねていると解釈が可能である。もし、このAの発話に対して、疑問文だからといってYes, I can. とだけ答えて立ち去ったとするとどうだろうか。当然、ちぐはぐな会話となってしまうに違いない（もちろん、お笑いの中であれば問題ないだろうが）。Aの発話の中に含まれているCan you ～?というパターンが、相手の能力を尋ねているのではなく、依頼を表すものであるということが理解されなければならない。また、見ず知らずの人にいきなりその人の能力を何の前触れもなく問い掛けることもありえないのだから、この発話が何らかの形でその状

況にどう関係があるのかということも理解できなければならない。

　この依頼という意味は、統語論からも意味論からも導き出されることはない。実際の言語使用においては、単一の文だけを見ていても、その形式的な意味（つまり、文字通りの意味）が分かっても、その文の担う機能的な意味（つまり、伝えようとしていること）が何であるのかは分からない。機能的な意味を理解するためには、場面やそれまでの話の流れを考えなければならないのである。語用論の中では、話し手や聞き手がどのようなことを信じているのか、どのような状況で発話が行なわれているのか、また、話し手や聞き手の社会的・文化的な背景知識がどのようなものであるかを問題にしながら、発話の意味を考察していく。

　そのため、語用論で扱われる題材は、言葉を用いたコミュニケーション活動に関するものを幅広く含んでいる。先ほど見たある発話が依頼であるのか単なる質問であるのか、また、ある発話の裏の意味とは何か、といったことから、メタファーなどの修辞学、社会的言語学的なことがらにいたるまで幅広い分野に語用論は関係している。語用論で扱われる言葉の運用は、数学的に既定できる部分が統語論や意味論に比べると少ないものの、その言語の生の姿を教えてくれる点で実用的である。しかし、裏を返せば、語用論の研究を進めるに当たっては、言葉の持つ細かいニュアンスを感じ取る力が必要である。

A Tip for Thinking(6-1)

　次は映画 *Pink Panther 2* からの一シーンで、Cruzo警部がすれ違う人にPalace Hotelへの道を尋ねるシーンである。

```
Cruzo : Excuse me.
Man   : Yes?
Cruzo : Do you know the way to the Palace Hotel?
Man   : Yes.
```

道を尋ねられたひとはYesと行っただけで立ち去ってしまうのである。確かにCruzoはDo you know ...?と言って「知ってますか」と言っただけで道を教えてくれとは言っていない。でも、話者が意図したところは道を教えてくれということである。このような状況を我々は当然だと思っているところで、その予想に反する行動をCruzoすることによって、笑いが出るのである。笑いは語用論の研究テーマであろう。

6.2 発話行為論 (Speech Act Theory)

　論理学に基礎をおく意味論では、ある命題を含む文が真か偽かという**真理値** (truth value) を問題にしていた。しかし、実際の発話で用いられる文には、真理値とは無関係、あるいは、真理値を問題にできない文があることに J. Austin は気が付いた。

6.2.1 遂行文

　Austin は、発話の機能には命題について述べている**事実確認的** (constative) なものと、何らかの効力を持つ**行為遂行的** (performative) なものとがあるとしている。前者は命題の真理値を問題にすることができるが、後者は真理値を問題にすることができないタイプの発話である。行為遂行的な発話とは、その文を発することで**命令** (command)、**依頼** (request)、**感謝** (gratitude)、**謝罪** (apology)、**主張** (demand)、**警告** (warning)、**宣言** (declaration) といったさまざまな働きかけを行なう発話である。事実確認的な文の場合、ある行為が成立してからそのことを記述するのであるが、遂行文の場合は逆で、その文を発することでその行為が成立する。遂行文には以下のようなものがある。

(2) a. I order you to leave right now.
　　b. I promise.
　　c. I warn you that you will lose the money if you don't follow the rule.
　　d. I hereby agree to comply with the rules and regulations.

　order, promise, warn, declare といった遂行文で使われる動詞のことを**遂行動詞** (performative verbs) と呼ぶ。全ての動詞が遂行動詞になれるわけではない。たとえば、knowやpersuade のような動詞は遂行動詞にはならない。これはI know you are not a fool. と言ったとしても、この文を発した瞬間に相手が愚かではないということを知ることはできないし、また、I persuade you to pay me a million dollars. と言っても、相手を納得させることはできないからである。遂行文かどうかをテストするには、(2d) の文のようにhereby という言葉を補えばはっきりする。遂行文は、hereby を補えるがそうでない場合は、hereby を補うことができない。

A Tip for Thinking(6-2)

映画 *Terminator 2* の中で、John が Terminator に人を絶対殺さないと約束させる場面がある。

T : Why do we stop now?
John : Now, you gotta promise me you're not gonna kill anyone, right?
T : Right.
John : Swear?
T : What?
John : Just put up your hand and say, "I swear I won't kill anyone."
T : I swear I will not kill anyone.
John : All right. Let's go.

発話行為の一つで、文を発話することにより、誓いという行為を行ったことになるのである。

遂行文では、その真理値を問うことはできない。Austin によれば遂行文はその発話が**適切**(felicitous)かどうかが問題になるだけである。遂行文が適切か否かを規定するのが**適切性条件**(felicity condition)である。適切性条件の一つに、その発話によって遂行される行為は適切な人物によって行なわれなければならないということがある。例えば、次の例を考えて見よう。映画 *Titanic* の一シーンである。Rose の母親が、Rose が Jack に興味を持っているのではないかと感じ、今後二人が接触しないように釘をさしている場面である。

(3) Rose's Mother : You're not to see that boy again. Do you understand me?
        Rose, I forbid it.

I forbid it. という発話が持つ遂行的な効力は、この発話が Rose に対して行為の禁止を行うことができる立場にある母親が発した文であるという事実によって保障される。もし、給仕係が(3)のように言ったのであれば、発話者が不適切であるという点で適切性条件に反することになる。

遂行文は、その発話の中に遂行動詞を含んでいるが、日常の会話の中で取り交わされる発話には、遂行動詞が明示されていないことが普通である。遂行文のように遂行動詞がはっきりと示されている文を**明示的遂行文**(explicit performative sentence)と呼び、遂行動詞が示されていないが遂行的な機能を持つ文を**非明示的遂行文**(implicit performative sentence)と呼ぶ。例えば、(4a)は遂行動詞を含んではいないが、この発話自体は、約束という行為を行っ

ている点で非明示的遂行文である。この約束という遂行的機能は、(4b) のように遂行文として表現しなおすことができる。このように遂行文として再分析することを**遂行分析**(performative analysis) という。

(4) a. I'll pay you $50 tomorrow.
    b. I promise you that I'll pay $50 tomorrow.

発話は、上で述べたように事実確認的なものと遂行的なものとがあるわけであるが、Austin は、事実確認的なものですら遂行的であるとしている。例えば、(5a) のような文も (5b) のイタリック体のような隠れた遂行動詞を想定した遂行分析が可能である。

(5) a. Jack loves Rose.
    b. *I tell you* that Jack loves Rose.

― ***A Tip for Thinking(6-3)*** ─────────────

映画 *Harry Potter and the Chamber of Secrets* の中で、Dobby が Harry に Hogwarts 魔法学校へ行かないように説得する場面がある。

Harry　：Dobby, get back here. ... Dobby, please, no.
Dobby　：Harry Potter must say he's not going back to school.
Harry　：I can't. Hogwarts is my home.
Dobby　：Then Dobby must do it, sir, for Harry Potter's own good.

Dobby は何とか Harry に魔法学校には戻らないということを「口で言わせよう」とする。「魔法学校へは戻らない」ことを say することで、約束という発話行為を実行させようとしているのである。

─────────────────────────

では、発話行為は、どのような仕組みで成り立つものなのだろうか。Austin は、同じ発話が状況や文脈によって異なる発話行為になりうることから、発話行為を以下のような3つの言語行為からなるとしている。

(6) **発語行為**(locutionary act)：限定的な意味と指示を持つ文を発する行為。
　　発語内行為(illocutionary act)：陳述、依頼、警告、宣言といった行為と習慣的に結びついている文を発したり、遂行文を使うこ

とでこれらの行為を行うこと。

発語媒介行為(perlocutionary act)：発話によってその発話が持つ発語内行為と結びつく何らかの効果を聞き手の側にもたらす行為。

例えば、I'll pay you $50 tomorrow. という発話を考えた場合、発語行為は、文字通りの文を発することであり、発語内行為は、約束という行為であり、かつ、その結果としての発語媒介行為は、相手が約束を信じて明日まで待つ、といったことが考えられる。

　Austin は、この3つの発話行為のうち発語内行為を特に重要視しており、発話は陳述、依頼、警告といった**発語内の力**(illocutionary force)を持つとしている。明示的遂行文でない典型的な発語内の力をあらわす文は命令文である。命令文は、「命令」「依頼」「許可」という発語内行為を遂行する働きを持っている。

(7) a. Brush your teeth, honey.
　　b. Pass me the salt.
　　c. Seat yourself.

もちろん、文脈によって同じ発話であっても異なる発語内行為となることがある。例えば、(7c)の発話は、もしそこに立っていたら邪魔だというような場面であれば依頼になるだろうし、いつまでたっても座らない相手に言っている場合は命令にもなりうる。

A Tip for Thinking(6-4)

　疑問文だからといって、常に何かを尋ねているとは限らない。次の会話は映画 Working Girlの中の一部である。自分の提案がだめだったと知ってがっかりしているTessを上司であるKatharineが慰める場面である。

Tess　　　: Thank you, Katharine.
Katharine : Tess? Tess! Look at me, who makes it happen?
Tess　　　: I do.
Katharine : Who does?
Tess　　　: I do. I make it happen.

慰めてくれたKatharineに対してTessはまずお礼を言っている。それに対して、KatharineはWho makes it happen?という疑問文を発して、それに答えさせることで、Tessが自分で自分に言い聞かせようと導いている。そして二回目の疑問文Who does?でさらに強調して、一種の誓いをさせている。

6.2.2 適切性条件

初めの方でも述べたようにある発語内行為が遂行されるためには、適切性条件を満たしていなければならない。J. Searle は、Austin の適切性条件を発展させて、適切性条件を**命題内容条件**(propositional content condition)、**予備的条件**(preparatory condition)、**誠実性条件**(sincerity condition)、**必須条件**(essential condition)のような4つの条件からなるものとして規定している。

ある発話が持つ発語内の力がどのようなものになるかは、この適切性条件の中身による。例えば、上の例文(7a)「依頼」と(7b)「許可」の適切性条件を比べて見ると次のようになる。

(8)

	依　頼	許　可
命題内容条件	聞き手の未来の行為	聞き手の未来の行為
準備条件	1. 話し手は聞き手がその行為を遂行できると知っているか少なくともできると信じている 2. 聞き手がその行為を行うかどうかはっきりしない	1. 話し手は聞き手がその行為を遂行できると知っているか少なくともできると信じている 2. 聞き手がその行為をしたいと望んでいる 3. 聞き手は勝手にその行為を行わない。
誠実性条件	話し手は聞き手がその行為をすることを望んでいる	話し手は聞き手がその行為をしても構わないと思っている
必須条件	話し手は聞き手がその行為をしても構わないと思っている	聞き手にその行為をさせようとしていると解釈できる

6.2.3 間接発話行為

これまでみたように、発話は何らかの発語内の力を有し、それにもとづいて発語内行為を遂行する。しかし、現実の私たちの発話をよく観察すると、文字通りには解釈できない発話があるのも事実である。ここで、次の文を考えて見よう。

(9) Jack: What is it, a sapphire?
　　Rose: A diamond, a very rare diamond. Jack, I want you to draw me like one of your French girls... Wearing this.

映画 *Titanic* の一場面、Rose の部屋での会話である。Rose は、I want you to draw me like one of your French girls. と自分の希望を述べている。この発話の持つ文字通りの発語内の力は「陳述」である。ところが、実際は単に希望を述べているのではなく、「依頼」として解釈されるべきものである。「依頼」という発語内の力をもつからこそ、この後、Jack は、Rose の絵を描くことになる。このように、ある発語内行為が別の発語内行為として遂行される発話行為を**間接発話行為**(indirect speech act)と呼ぶ。Searle によると、このような間接発話行為は、適切性条件の下位条件を明示的に述べたり尋ねたりすることで成立する。(9)の場合であれば、依頼の誠実性条件である「話し手の希望」を述べることで間接的に依頼を行っているのである。

練習問題 ①

遂行文は、発話をすることでその文の表す動作を遂行する働きがあるということであった。次の文は、遂行動詞を含んでいるが、hereby がつけられないため遂行文ではない。これらの文を吟味して、遂行文の文法的な特徴をまとめなさい。

　　a. I'm sentencing you ten years in prison.
　　b. The pope is christening you.
　　c. I warned you that you should not use the magic.

練習問題 ②

次のそれぞれの発話は、遂行文といえるだろうか。遂行文でない場合、どのような適切性条件に違反しているといえるか。また、遂行文であるためには、どういう条件のもとで遂行文として成り立つだろうか考えなさい。

　　a. I fire you.
　　b. I divorce you.

練習問題 ③

次の間接発話行為は、どのような誠実性条件に関係して間接的な依頼として解釈されるか考えなさい。

    a. It's cold in this room.
    b. Can you pass me the salt?
    c. I need some money to buy new text books.
    d. You will come with me.

6.3 会話の含意
6.3.1 協調の原理と会話の公理

タイタニック号が沈もうとしている中、オーケストラバンドがずっと曲を引きつづけていたという話は有名であるが、映画 *Titanic* の中でもその場面が再現されている。映画の中では、奏者達が逃げ惑う人々の中で演奏しつづけていく中、奏者の一人が、誰も聴いてはいないのに、演奏することに何の意味があるのか、と問い掛けた。すると、別の奏者が次のように答えている場面がある。

    (10) A: What's the use? Nobody's listening to us anyway.
             B: Well, they don't listen to us at dinner either. Come on.
                  Let's play. Keep us warm.

ここでBの発話は、Aが聞いたことの答えになっていないように見えるが、ちゃんと意味のある発話として解釈されているのである。ここでは、誰も聞いていないからと言って演奏を止める理由はない、と解釈される。

今の例のように一見すると無意味であったり、無関係であったりするような発話でも、きちんと解釈されるのは、私たちが会話を進めるに当たり、**協調の原理** (cooperative principle) と呼ばれるものに従っているからだと言える (Grice 1975)。

    (11) 協調の原理 (cooperative principle)
            自分が発話するときには、自分が参加している話のやり取りの目的や方向性に合うように会話に貢献しなければならない。

Grice は、この協調の原理の趣旨を次の四つの**会話の公理** (conversational

maxims）によって具体的に説明している。

（12）**量の公理**（Maxim of Quantity）
  I.（今行われている会話の目的として）十分な量の情報を提供しなければならない。
  II. 必要以上の情報を与えてはならならい。
質の公理（Maxim of Quality）
  I. 偽であると信じることを言ってはならない。
  II. 適切な根拠がないことを言ってはならない。
関係の公理（Maxim of Relevance）関係のあることを述べなさい。
様態の公理（Maxim of Manner）話は明晰にしなければならない。
  I. 不明瞭な表現を避けよ。
  II. 曖昧さを避けよ。
  III. 簡潔に述べよ（不必要に長々とならないようにせよ）。
  IV. 順序だてて述べよ。

6.3.2 会話の含意

　ある発話が一見すると意味をなさないように思われたとしても、発話者が協調の原理と会話の公理に従った発話をしているとすれば、そこから聞き手は発話者の意図を汲み取ろうと推論する。このように、その場の状況と発話から推論される意味を**会話の含意**（conversational implicature）という。先ほどのオーケストラ奏者のBの発話は、ディナーの時の演奏だって誰も聞いていなかったという答えは、今演奏することに何の意義があるのかという答えの直接的な返答にはなっていないので、関係の公理を破っているように見える。ところが、Bの発話が協調の原理に従い、この関係の公理を破っていないのだとすると、会話の含意として、ディナーのときにも誰も演奏を聞いていてくれなくたって演奏を止めることはないのだから、今だって誰も聞いていないからと言って止める理由はないと主張していると解釈できるのである。

　いくつかそれぞれの公理に関係して生まれる会話の含意の例を見ておこう。次の例は、量の公理を破っている。

（13） "A promise is a promise," Hermione reminded Harry bossily. "You said you'd go to the deathday party."
          （*Harry Potter and the Chamber of Secrets*）

(「約束は約束よ。死亡日パーティーに行くって言ったじゃない。」Hermione が威張って言った。)

ここでは、Hermione が A promise is a promise. と言っている。このように、同じ言葉を繰り返している文のことを**同語反復文**(tautology)と言う。このような同語反復文は何ら新しい情報を与えるものではないので、量の公理を破っていることになる。しかし、話し手が協調の原理に従って発話しているのだとすると、約束は破ってはいけないというような解釈が得られることになる。

次の例は、質の公理を破っている場合である。

(14) They hurried up the street, the Grangers shaking with fright and Mrs. Weasley beside herself with fury.
"A *fine* example to set for your children ... brawling in public..."
(*Harry Potter and the Chamber of Secrets*)

Harry Potter が Weasley 一家と新学期用の教科書を買いに行った先で、Weasley 氏が Malfoy 氏にあおられて一悶着あったあと、Weasley 婦人が夫をたしなめている場面である。ここで、Weasley 婦人は、「子供に示すにはいい見本だわね。公衆の面前で取っ組み合いのケンカをするなんて。」と言っている。イタリック体の fine は、当然文字通りの意味としては解釈できない。ここでは、反対の terrible ということを意味しているのだが、わざと質の公理を破っている。つまり、自分の信じてはいないことを述べているのである。これは**皮肉**(irony)と呼ばれる修辞的な技法として考えられるが、皮肉は、質の公理を破っているものだと説明される。

次の例を考えて見よう。この例では、関係の公理が破られているように見える。

(15) A: Smitty doesn't seem to have a girlfriend these days.
B: He's been driving to New York every weekend.
(Grice 1975: 51)

文字通りに解釈すれば、Bの発話は、Aの発話に適切に反応していないように見える。Aの質問とは無関係なことを言っているという点で関係の公理を破っ

ていることになる。ところが、協調の原理にのっとってBが発話しているとすれば、Bの発話はSmittyの新しいガールフレンドがニューヨークにいるだとか、ニューヨークでの仕事が忙しくてガールフレンドを持つ余裕がないだとかいうことをほのめかす発話になるのである。このような会話の含意を生み出すことによって、最終的には関係の公理を守っていることになる。

　会話の含意は、わざと会話の公理を破ることで生まれる場合もある。次の例を考えて見よう。映画 *Working Girl* の一場面で、Katharine が Tess に自分達はチームであり、協力してやって行こうと話をし、そして、仕事に際して心得ておくべきことを説明し、確認している場面である。

　　　(16) Katharine: .... Am I making myself clear?
　　　　　 Tess:　　　Yes, Katharine.
　　　　　 Katharine: And call me Katharine.
　　　　　 Tess:　　　Okay.

Katharineの二番目の発話は、発話行為の観点からするとTessに対して許可を与えている。つまり、私の名前を呼ぶ時にはKatharineと呼んでもよいと許可を与えているのだが、良く見ると、その前にYes, Katharine.とTessがすでにファーストネームで呼んでる。普通は、Call me Katharine. という発話は、もっと前にあるべきで、順番があべこべになってしまっていて、様態の公理が破られている。Katharineは、わざと様態の公理の順序だてて述べなければならないという部分を破ることで、自分が許可を与えるのを忘れていたということを暗にほのめかしている。また、わざと様態の公理を破ってでも、きちんと許可を自分の口から言って与えておくことで、自分がTessのボスであることをはっきりさせようとしているとも言える。その点、この発話の発語内行為も許可と同じく警告として取れる発話なのである。ちなみに、先に見た間接発話行為も、会話の含意が関係して、別の発語内行為をしているという解釈が生み出されるといえる。
　また、英語では、次のような表現もよく聞かれる。

　　　(17) If one word of it was true, I'll eat my kettle.
　　　　　　　　　　　　　(*Harry Potter and the Chamber of Secrets*)

この発話は、実際にはあり得ないことや、明らかに偽であると分かることを条件文の結論のところで言うことで、言われたことを実際には信じない、という

ことを強く述べている（ちなみに、条件文は、結論の部分が偽であるとすると、前提が真の場合、文全体があらわす命題自体は必ず偽になる。逆に結論も前提も両方が偽の場合は文全体が真となる）。そのような意味に取れるのも、質の公理をわざと破ることから生まれるのである。

6.4. 前提と会話の含意

　会話の含意以外に、ある命題から推論されて導き出される意味に**前提**(presupposition)というものがある。前提も論理的含意と異なり、ある命題が直接表す意味ではなく、推論する事から得られる言外の意味である。次の映画 *Titanic* からの場面を見てみよう。Rose を救ってディナーに招待された Jack。一等船室の金持ち連中ばかりの中、Jack もきちんとした身なりでテーブルについているところへ、ウェーターがキャビアを皿に載せて回っている場面である。

(18)　Waiter:　And how do you take your caviar, sir?
　　　Jack:　　No caviar for me, thanks. Never did like it much.

注目したいのは、ウェーターの表現である。「キャビアはどうなさいますか。」と尋ねているのだが、英語では、how do you take というように現在形を用いて尋ねている。もし相手にキャビアを勧めるのであれば、他にも How would you take your caviar, sir? のような表現も可能であるが、これは、単にキャビアを勧めているに過ぎない。英語では、現在形は、一般的に習慣的な動作を表す。そのため、このウェーターのように現在形で、how do you take という表現をすると、いつもどのようにしてキャビアを食べるのかをたずねることになり、前提として、普段キャビアを食べていることが含意される。この場面は、普段贅沢なものばかり食べている金持ち連中ばかりであるから、当然、このような尋ね方をしなければ、逆に失礼になる可能性もある。

練習問題 ④

　次のBの発話は、会話の公理のどれに違反し、その結果、どのような会話の含意を持つか考えよ。

　　a.　A:　Do you know where John is?
　　　　B:　I think he is in the gym or in the library.
　　b.　A:　Do you have a hundred dollars now?

B:　Tomorrow is my payday.
　c.　A:　Japan is in China, isn't it?
　　　B:　And Hawaii is in Japan, I suppose.
　d.　A:　Was he a good singer?
　　　B:　Well, he produced a series of sounds corresponding roughly to the song he was expected to sing.

練習問題 ⑤

以下の表現は、ある会話の公理を破ろうとしていることを相手に知らせる表現である。それぞれどの公理を破ろうとする時に使われる表現かを考えなさい。

　a.　I'm not sure, but ...
　b.　I have no evidence for this, but ...
　c.　As you know, ...
　d.　By the way, ...

練習問題 ⑥

次の文がどのような事を前提としているか考えなさい。

　a.　The king of France is bald.
　b.　Even John went to the party.

6.5 関連性理論

関連性理論 (relevance theory) とは、D. Sperber と D. Wilson が提唱している発話解釈に関する理論で、これまでの語用論の理論と異なり、人間の認知的なメカニズムにも踏み込んでおり、そのため、言語学のみならず、文学研究、心理学、哲学といった分野からも注目を浴びている語用論の理論である。

6.5.1 関連性の原理

　一般的に会話には流れというものがある。そして、次々に発せられる発話は、その会話の流れの中で解釈される。例えば、次のやりとりを見てみよう。

　(19)　A:　Do you like some popcorn?
　　　　B:　I can't believe this!

このAとBの発話は、まったくちぐはぐに見える。Aがポップコーンを欲しいか

聞いているのに、Bはこんなの信じられない、と言っている。AとBの発話がまったくちぐはぐに感じるのはなぜだろうか。直感的に言って、Bの発話が、Aの言ったこととまったく関連しないから、ということになるだろう。この二人の発話は、実は、これに先行する発話を与えられると、ちぐはぐなものではないということが明らかになる。この二人のやり取りは、映画 *You've Got Mail* の一場面から取ったものである。Frank と Kathleen の二人が Kathleen の同僚の老齢の女性、Birdie の恋愛について話しをしている。Frank と Kathleen が映画館のエスカレータを上がりながら、Birdie が昔、スペインで国を動かしている人と叶わぬ恋に落ちたということを話題にして、それがフランコ将軍ではなかったかという推測をしている場面である。

(20) Frank: She fell in love with Generalissimo Franco?
    Kathleen: Ah, don't say that. Really. We don't know that for sure.
    Frank: Who else could it have been? It was probably around 1960.
    Kathleen: Do you like some popcorn?
    Frank: I can't believe this!

この会話の流れの中では、Kathleen の発話が単にポップコーンを勧めているのではないことが分かるし、また、Frank の最後の発話がきちんと話の流れに沿ったもので、全体としては、一貫性のある会話になっていることが分かる。

　Kathleen は、Birdie の恋愛の話はしたくない、ということが初めの発話から分かる。そこで、わざと話を打ちきるために話の流れとは関係のないことを述べている。つまり、単にポップコーンを欲しいか聞いているのではなく、Kathleen の発話が意図的にこの話はしたくないということを会話の含意として伝えている。発話には何らかの発話の意図というものが存在し、我々は、その発話の意図を明示的に相手に伝えようとしている。我々のコミュニケーションは、**意図明示的行為**(ostensive behavior)であると言える。つまり、発話なり身振り手振りなりは、その行為を通じて相手に何らかのことがらを相手の頭の中に想起させようという行為なのである。

　さらに、発話が伝達するのは、伝達したい意味のみではない。Kathleen の突然の話題転換が、きちんと意味を持つものとして理解されるのは、人間の認知的な特性として関連性という原理があるからだと、関連性理論は考えている。関連性の原理には二つの種類の原理がある。人間の認知に関する一般的な原理と、伝達に関する原理である。

(21) **関連性の原理（認知原理）**（Principle of Relevance: Cognitive Principle）
人間の認知は、関連性が最大になるようにできている。

この認知原理は、人間は、まわりから得られるあらゆる情報や刺激を現時点での自分の状況に合わせて最大の関連性があるように処理する、ということを意味する。この認知的な関連性の特性は、伝達行為に関して次のような原理を生み出す。

(22) **関連性の原理（伝達原理）**（Principle of Relevance: Communicative Principle）
あらゆる意図明示的伝達行為は、それ自身が最適な関連性を持つはずだということを伝達する。

このままだと非常に分かりにくいかもしれないが、(22)の伝達原理は、次のようなことを表している。相手に何かはっきりと伝えようとして行われる伝達行為は、その情報の受け手が処理するだけの労力に見合う関連性が十分にあることを保証し、また、話し手は伝えられる範囲での情報を伝えようとしているし、かつ、その情報は話し手自身の都合によって優先される事柄に最も関連性があるのだ、ということを相手に伝えている。これは、まさに、Grice の協調の原理に取って代わる原理として考えられている。ただし、Grice の協調の原理と違う点は、「話し手の都合によって優先される」ということがあることから分かるように、Grice の協調の原理に必ずしも従っていないような、例えば、(20)の Kathleen のようにわざと相手の質問に答えないような非協調的な場合の発話も考慮されている点にある。協調的な発話であっても、非協調的であっても、関連性の原則にしたがっていれば、その発話は意図明示的であり、そこから何らかの推意を得ることができることになる。

では、どのような情報が関連性を満たしていると言えるのだろうか。関連性は、文脈効果と処理労力の二つの観点から次のように定義される。

(23) **関連性**（Relevance）
ある想定が文脈中において文脈効果が大きいほど、あるいは、その文脈中で処理に必要な労力が小さいほど、その想定はその文脈において関連性が高い。

少しここで説明を加えておこう。ある会話の場面で私たちは、さまざまなことを頭に思い描きながら話をしている。このさまざまなことには、「地球は丸い」といった百科辞典的な知識から、経験に基づいた状況や事態の知識、その場の状況に関する情報などのあらゆる知識や情報が含まれる。このような知識や情報のことを**想定**(assumption)と呼ぶ。そして、ある発話を解釈する時に使われる想定の集合のことを**文脈**(context)と呼ぶ。よって、関連性理論で文脈と言った場合、いわゆる一般的に使われる文脈とは意味合いが異なることに注意しよう。また、関連性理論では、ある発話の解釈に利用される文脈は、初めから決まっているのではなく、解釈の対象となる発話を聞いた時点で、利用可能な想定の集合からなる文脈(これは、直前の発話で得られた想定を含む)を拡張し、新たな文脈を創造する事ができるとしている。

さて、会話を進めるにあたり、ある特定の時点において自分が正しい、または、正しいと信じている想定は**顕在的**(manifest)であると言う。この顕在的な想定にもとづいて推論が行われる。顕在的でない想定は、文脈の中で後々呼び出される可能性はあるが、そうでなければ推論の過程においては関係してこない情報である。

(23)で言う、ある想定が**文脈効果**(contextual effect)を持つ場合とは、(1) その想定が、旧情報にあたるこれまで得られている想定と総合的に作用して新たな想定を生み出す場合(**文脈含意** contextual implication)、(2) 既存の想定の確実性をさらに高める場合(**文脈強化** contextual strengthening)、そして (3) 既存の想定と矛盾する場合(**矛盾** contradiction)の3通りがある。

具体的にそれぞれ3つの場合を見てみよう。映画 *Dave* は、大統領そっくりさんの Dave が、大統領のダブルとして雇われ、その後、大統領が病気になり、自分が大統領としての執務を行うことになってしまう、というコメディー映画である。次の場面は、大統領の側近である Bob が、最後は自分が副大統領になることを画策している場面での会話である。

(24)　Alan:　You mean, we get Dave to nominate you as Vice President?
　　　Bob:　I was a senator, you know.

Bob の発話は、上院議員であったのだから、自分が副大統領に指名されるに十分な経歴があるということをにおわせている。このような解釈が出るのは、(25a)のような想定があり、この想定と Bob の発話が意味する命題(25b)とあいまって、文脈含意として(25c)のような結論が得られるからである。関連性

の点で言えば、このように文脈含意が得られるため、Bob の発話は、関連性があるといえる。

(25) a. If someone is or has been a senator, he or she is entitled to be nominated as Vice President.
b. Bob was a senator.
c. Bob is entitled to be nominated as Vice President.

今度は、文脈を強化する場合の例を見てみよう。同じく *Dave* からの一場面である。Dave が大統領夫人の Ellen とホワイトハウスを出て、車で移動中、交通違反で警官に止められる。警官が二人が大統領夫妻であるのではと思ったようなので、ソックリさんだとごまかすため、二人でものまねや歌を歌ったりしてその場を切りぬけようとした後の場面である。

(26) Police officer : Well, Mr. And Mrs. Kovic, I'm not gonna give you a ticket.
Dave : You're not?
Police officer : I think you ought to save all the money you have.

(26) の警官の初めの発話で、Dave は、The police officer is not going to give Dave a ticket. という想定を得ることになるが、この時点では、100％の確信がない。そこで、You're not? というような反応をしている。次に警官は、Yes とは答えずに、持っているお金は全部取っておいた方が良いですよと言っているわけだが、この発話は、Dave の問いかけに対する直接的な答えとはなっていない。しかし、Dave の想定を100％確実なものに強化するという点で文脈効果があることになる。

最後に文脈中の想定と矛盾する場合を考えてみよう。これは、新しい情報が文脈中の想定と矛盾し、その想定を打ち消すような場合である。次の場面も映画 *Dave* からのワンシーンで、警官をうまくやり過ごし、コンビニで買ったサンドイッチを食べながら Dave と Ellen が話をしている。

(27) Ellen: And family? I mean, I assume you're married.
Dave: I was once. It didn't take.

Ellen の想定として、Dave is married. という想定がある。Dave の発話は、かつてはしていたがうまく行かなかった、という事を述べているが、このことから、現在は離婚して結婚していない、ということを含意する。この新たな情報は、当然、Ellen の想定と矛盾する。Ellen の想定は、Dave の結婚していないという内容の発話と比べれば確実性が低く、確実性の弱い想定が打ち消されることで文脈効果を生んでいる。

A Tip for Thinking(6-5)

　ジョークを言う時にも語用論がよく用いられる。次のせりふは映画 *Back to the Future* からのものである。時計台の前で、Marty と Jennifer が話していると、壊れた時計台を修理するため基金を募っている女性がやってきて、二人の会話の途中に割り込む。

Woman : Thank you. Don't forget to take a flyer.
Marty　 : All right.
Woman : Save the clock tower!
Marty　 : <u>Where were we?</u>
Jennifer : <u>Right about here.</u>

話を中断した Marty が「どこまで話したっけ？」という意味を「話の中のどこにいたっけ？」という意味で Where were we? と言う。それをわざと字面通りとって、Right about here. 「ここじゃない」と Jennifer がとぼけて見せている。

6.5.2 表意と推意

　Grice 流の語用論においては、発話の解釈にとって推論も重要な働きをしていることが指摘されていることは先に見た。この推論が発話の解釈にどのように関係するのかを、もう少し詳しく見てみよう。

　映画 *Back to the Future* は、M.J.Fox 主演の名作ともいえる SF コメディーである。Fox が演じる高校生 Marty が、知り合いの科学者ドックが作ったタイムマシンで30年前の時代へ時間を逆戻りし、その時代高校生だった自分の両親に会うのであるが、何と若き日の自分の母親 Lorraine が Marty に恋をしてしまうという設定である。Marty は、何とか自分の父親の George と Lorraine がキスし、結ばれるように仕向けたい。そこで、二人が結ばれるはずのダンスパーティーへ Marty が Lorraine を誘い、途中、車の中で Marty が Lorraine に迫ることで Lorraine を怒らせ、そこへ George が颯爽と登場し、Lorraine を救い出し、一件落着という筋書きを練る。当日、Marty が Lorraine を車に乗せ、駐車場に車を止めていざ計画実行ということになったが、どうもはじめ思い描いていたのとは様子が違う。Lorraine は、二人っきりという状況に怖気づくどころか、逆に

何だか乗り気で、お酒を取り出すと飲み始める始末である。

　　(28) Marty　　：Lorraine, Lorraine, what are you doing?
　　　　 Lorraine ：I swiped it from the old lady's liquor cabinet.

　Martyは、何てことしてるんだと言って、Lorraineからお酒の瓶を取上げると、Lorraineが「ママのお酒を棚からちょっと失敬して来たの。」と言い返すという場面である。Lorraineの発話の文字通りの意味は、Martyの質問に直接関係するような答えになっていない。Grice流の語用論は、Lorraineが協調の原理に従い、関係の公理を破っていないと考えると、自分の母親のお酒を持って来て飲んでいるのだから、別に問題はなし、心配はない、という会話の含意が推論される。

　ところが、Lorraineのこの発話から会話の含意を正しく推論するためには、協調の原理と会話の公理だけでは不十分である。というのも、Lorraineの発話が述べていること自体をきちんと理解する必要があるからである。Lorraineの発話を正しく理解するためには、いくつか注意しなければならない点がある。まず、swipeということばが、曖昧であり、「ぶん殴る」という意味なのか「失敬する」という意味なのかを決めなければならない。同様に、代名詞itが何を指すのか、the old ladyとは誰なのかについてもその指示対象を決定しなければならない（もう少し厳密に言えば、I とは誰なのかも決定する必要がある）。もし、仮にswipeが「ぶん殴る」という意味だとすると、二人の置かれている状況とMartyの質問とに関連するような解釈はまったく得られなくなってしまう。つまり、聞き手は、自分の置かれた状況からswipeが「強く叩く」ということではなく、「盗む」という意味の方が解釈の方が文脈効果をもたらすことになり、関連性がより高いと言えるのである。同様に、itがLorraineの手にしている酒瓶を指していること、the old ladyがLorraineの母親を指していることも関連性に基づいて同定されることになる。

　この判断の過程においても、実は、推論が働いている。Grice流の語用論では、このような発話の持つ曖昧性の除去や指示対象の決定といったことには注意が払われていない。Griceの理論では、これらのことは「言われていること」（What is said）であり、「含意されていること」（What is implicated）ではないので、推論は無関係であるということになる。しかし、実際には、言われていることでさえも、関連性に基づいた推論を経なければその意味を正しくつかむことはできないのである。発話の文字通りのことばから関連性にもとづいた推論を経

て言葉の曖昧性を除去したり、指示対象を特定したりする必要が、まずある。このような手順を経て得られる意味のことを**表意**（explicature）という。Lorraine の発話から得られる表意は、次のようになる。

(29) Lorraine quickly stole the bottle of liquor from her mother's liquor cabinet.

表意を得るためには、言葉の曖昧性を除去する、指示対象を特定する、省略されていることばを補ったりして発話を拡充する、という3つの作業が必要になる。

　Lorraine の発話は、Marty の問いには答えていない。関連性の原理に従った発話だとすると、何らかのほのめかされている意味が推論できる。例えば、Marty がびっくりして「何をやっているんだ」と非難するように問い掛けており、Lorraine がお酒を怪しげなところから持ってきたのではないかと疑っているという想定を抱いていたとしよう。同時に、そのことは Lorraine にとっても顕在的な想定であった場合、Lorraine の発話は、裏の意味として、自分の母親のところから持ってきたので問題はない、という主張をするものだということが推論される。Grice 流に言えば、会話の含意ということになるが、表意を新たな情報として、さらに推論を進めることで得られる意味のことを、関連性理論では、**推意**（implicature）と呼ぶ（ちなみに、関連性理論の implicature と Grice 流の implicature とは同一のものではないので、日本語では、役を別にしている）。推意は表意と異なり、発話の持つ命題形式とはかけ離れた命題を表す。表意と推意の違いは、表意が明示的に伝達されている意味であるのに対して、推意は、非明示的に伝達されるという点にあるが、いずれも推論を経て導かれるというのが関連性理論での考え方である。

A Tip for Thinking(6-6)

　ワインなどを人に注いであげる時、Say when. という場合がある。これは、例えば、when you want me to stop という文の you 以下を省略したものと考えられる。したがって、Say when. と言われた場合、自分が望む量が注がれた時に、O.K., it's enough, thank you. と答えるのが一般的である。しかし、少しふざけて、When. と答える場合もある。これは Say when という表現の when を say の目的語として解釈し、「when と言え」というように字面通りに解釈して、「when と言え」と言われたから、when と言った、のようにちょっとしたジョークとして使われることも多い。この場合も、発話を発話通りに解釈するしないを用いたジョークである。

練習問題 ⑦

次の会話で、Bの発話から得られる推意としてなぜ2ではなく1が妥当なのかを説明しなさい。

    A: Is Jane invited to the party?
    B: John hates her, you know.
    Implicature 1:   Jane is not invited to the party.
    Implicature 2:   Jane wants to go to the party.

練習問題 ⑧

次の状況において、Aの発話に対してBがそれぞれB1、B2、B3と答えたとすると、Bの発話は、Aの発話に対してどのような点で関連性を持つのかその推意も含めて考えなさい。

    状況：If B is not tired, B will cook roast beef for A tonight. A thinks that B may like to eat roast beef too.
    A : I want to eat some roast beef tonight.
    B1 : I'm tired tonight.
    B2 : I don't like to eat roast beef tonight.
    B3 : I feel the same way.

練習問題 ⑨

次の対話において、Bにとって今日仕事上何か重大事件があったということにAが気がついていた場合、Bの答えは十分な情報をAに与えているとは言えないが、そこからどのような推意が得られるか考えなさい。また、その場合、関連性の観点からどうしてそのような推意が得られることになるのか考えなさい。

    A : How was your job today?
    B : It was as usual.

6.6 直　示

関連性理論で述べたように、ある発話から得られる解釈は、明示的に伝達される表意と非明示的に伝達される推意とがあった。表意は、発話の命題形式に含まれる曖昧性を除いたり、指示対象を特定することで得られるものであったが、ここで、指示対象の決定が必要になってくるもののうち、語用論で扱われ

るものを見てみよう。

　ことばの中には、その場面や文脈の情報がなければ何を指しているのか具体的に理解することの出来ないことばがある。例えば、次の会話を見てみよう。

　　(30) John:　I'll do the work.
　　　　 Mary:　No, I'll do it.

Maryの発話の中に含まれているitは、Johnの発話にできたthe workを指している。だから、itをthe workに変えてみたところで、Maryの発話の意味は変わらない。ところが、Iという人称代名詞は、AとBの発話の両方に現れているのに、itをthe workに変えて同じ表現にしてみた場合と異なり、同じ人物をIが指すことはない。Johnの発話の中のIは、Johnを指すし、Maryの発話の中のIはMaryを指す。これは、人称代名詞Iが話し手自身を指すためであり、同じ人称代名詞でありながら、働きが異なっていると言える。I自体の指示対象は、その発話の場面によって異なってくる。このようにしてその時の文脈や状況が基準となって指示対象が決まる言語表現の特性を**直示**(deixis)という。そして、人称代名詞Iのような直示語は、**発話の文脈**(context of utterance)を文法化したものであると言える。

　直示語の種類には、**人称直示**(person deixis)、**時間直示**(time deixis)、**場所直示**(place deixis)、**談話直示**(discourse deixis)、**社会的直示**(social deixis)と呼ばれるものがある。

> ─ *A Tip for Thinking(6-7)* ─
>
> 　thisとかthatは話し手と聞き手の立場によって使い分けがされる直示語（deictic word）である。動詞comeとgoも直示語である。日本語で「行く」という場合、いつでもgoでいいわけではない。家にいる時、電話がかかってきて家族の人が「電話よー」と声をかけてくれた時、日本語では「はーい、今行く」と言う。しかし、英語ではこの場合O.K. I'm coming.のようにcomeを用いる。comeは話し手の縄張りに入る時に用いられる語なのでここではcomeが用いられる。goを使うと、これは話し手の縄張りの外に出る場合に使う語なので、O.K. I'm going.というと、What? Where are you going?となってしまう。この英語のcomeと同様の用法を用いている日本語の方言がある。岐阜県高山市の方言では「今、来るさ」というと、「今、行くよ」という意味になる。

6.6.1　人称直示

　人称代名詞のうちhe、she、it、theyは、先行する文脈中のものを指す**照応用**

法 (anaphoric usage) が基本的な働きであるが、直示的に用いられる場合もある。直示的な用法は、その場面で指を指してその指示対象を特定できるような場合である。次の例は、映画 *Titanic* の Jack の発話である。Jack が Rose のフィアンセである Cal とそのお付きの Lovejoy に仕組まれて宝石泥棒にでっち上げられる場面であるが、発話中の they は先行する発話中の言葉を指示しているのではなく、その場にいる Cal と Lovejoy を指して行っているので直示的である。

（31） Jack: Rose, they put it in my pocket.

ここでは、Rose に向かって言っているので、they となっているが、Cal と Lovejoy に向かって言えば、you となるところである。

さて、人称代名詞のうち、I、you、we は、直示的にしか用いられることがない。直示表現は、発話場面中の特定のものを基準として相対的にその指示物が決められる。この基準となるものを**直示的中心**（deictic center）と言う。人称代名詞の場合の直示的中心は、話し手であり、I は直示的中心自体を指す。そして、you は話し相手を指し、we は話し手と聞き手、または、話し手と聞き手以外の第3者を指す。

A Tip for Thinking(6-8)

映画 *Sleepless in Seattle* の最後の場面で、Tom Hunks 扮する Sam が We'd better go. と言う。すると Annie はこの we の中に自分が含まれているかどうかがわからないため、怪訝な表情のまま、じっと Sam を見つめている。すると、Sam が Shall we? といって手を出すと、にっこり笑って手をつなぎエレベータに向かう。Shall we? という言葉が発せられたことにより Annie が Sam と Jonah の家族の一員に入ったことを示しているのである。これなども発話行為の一例である。

6.6.2 場所直示と時間直示

場所や時間を表す副詞の中には、文脈からしか具体的な指示対象が特定されない直示語がいくつかある。位置関係を表す言葉のうち here と there は直示語である。here は直示的中心が話し手が現在いる場所を表し、there はそれ以外の場所を表す。当然、話し手の場所が変われば、here の指す具体的な場所は変わってくる。同様に、時間を表す today、yesterday、tomorrow、now も発話の時間がいつになるかによって具体的な日時が異なる。today は発話が行われた日を指す。一方 yesterday や tomorrow は、それぞれ一日過去と未来にずれた時間を指す。now は発話が行われた時点を指す。

直示表現は、文脈からその具体的な指示対象が相対的に決まってくるのであった。つぎの here の例は、もし文脈がなければ、話し手の現在いる場所にしかならない。

(32) Stuck here? I can't be stuck here.

be stuck とはある場所や状況から抜け出せない状態を言う。もし、この発話が、洞窟の中でだとすると、洞窟の中から抜け出せないと言うことになる。この場合、here は、話し手がいる洞窟という場所になる。実は、この発話は、*Back to the Future* の Marty が30年前にタイムスリップして自分の時代へ戻るために、後にタイムマシンを作ることになるその時代のドクに会う。ところが、膨大なエネルギーがタイムマシンに必要だと分かり、ここからは抜け出せないと言われたのを受けての発話である。この場面では、Marty は、Brown 博士の家にいるので、Marty が過去に来ている状況がなければ、here は Brown 博士のいる家と解釈されるだろうが、ここでは、here は30年前の時代の Marty がいる空間全てを指すのである。

場所を表す here と there は、人称代名詞の I と you がそれ以外の代名詞と異なっていたのと同様に、直示用法と照応用法の点で違いを見せる。there は here と異なり、直示的にも照応的にも用いられる。(33a) は直示的用法であり、(33b) は照応用法である。

(33) a. Could you pass me the salt *there*?
　　　b. John went to the park, but he found no one playing *there*.

さて、時間の直示の中で忘れてはならないのは、テンスである。英語のテンス (tense) (または時制) は、現在 (present)、未来 (future)、過去 (past) の3つが区別されている (もっとも、未来形が、英語において文法的に認められるかは、議論の余地があるが、ここでは問題にしないことにする)。テンスが直示的であるのは、その直示的中心が話し手の発話時点となるからである。つまり、発話時点を基準として、それと重なる部分は現在であり、それより時間的に後に来るのは未来であり、発話時よりも以前に発生した出来事は過去となる。ちなみに、英語では、過去完了形という形がある。

(34) Harry had caught the Hogwarts Express the previous year.

(*Harry Potter and the Chamber of Secrets*)

過去完了形は、ある過去の時間を直示的な中心として、それよりも前に起こった出来事を指すときに使われる。ここでは、Harry の物語の中の過去で語られている時間を基準に一年前のことを述べているため、過去完了形になっている。

6.6.3 直示動詞

英語の go と come も直示的な特徴を持つ言葉である。どちらも移動の方向を表す種類の動詞であるが、直示的な基準に基づいてどの方向への移動なのかが決定される。基本的に、go と come の直示的中心は、話し手が発話時に存在している場所である。この意味では、日本語の「行く」と「来る」と重なる。go や「行く」は、話し手から遠ざかる移動、そして、come や「来る」は、話し手に近づく移動を表す。

(35) a. Go to the hall.
b. Come to the hall.

しかし、よく知られているように、必ずしも日本語と英語が対応するわけではなく、英語の go と come は、聞き手が直示的中心になる場合もある。

(36) a. Can I come in?
b. Can I go in?

(36a) では、話し手は部屋の外におり、聞き手が部屋の中にいて、聞き手の方向への移動を表すが、(36b) では、聞き手も話し手も同じ場所にいて、聞き手から遠ざかる移動を表す。

A Tip for Thinking(6-9)

　映画 *Legally Blonde*(邦題：キューティーブロンド)の中に直示表現(deixis expression)でとても奇妙でおもしろいものが出てくる。以下の会話は、元恋人を追って、ハーバード大学のロースクール(法科大学院)に努力して入ったElle Woodsが、ハーバード大学内の通路で元恋人のWarnerを見つけて、わざと彼が気づいてくれるように、知らないそぶりで横を通り過ぎる時のものである。Warnerはハーバード大学構内でElleに会うとは夢にも思っていない。

　Warner　　: Elle?!
　Elle　　　: Warner?! Oh my God, I completely forgot you were going here!
　Warner　　: What're you talking about? You're not here to see me?
　Elle　　　: No, silly. I go here.
　Warner　　: You go where?
　Elle　　　: Harvard. Law school.

　直示表現goは話し手の縄張りの外に出る場合の表現である。それに対してhereは話し手の縄張り内の範囲を示す表現である。したがって、go hereという表現は基本的に矛盾があり、表現としてはとても奇妙である。しかし、この映画ではElleの心理状態がこの直示表現の奇妙な使い方で非常にうまく表現されているのである。考えてみよう。

6.6.4　談話内直示

　談話内直示(discourse deixis)とは、文脈中のことがらを指す直示である。thisとhereが談話内直示として使われている。

(37)　"I've got a question, Oliver," said George, who had woken with a start.
　　　"Why couldn't you have told us all this yesterday when we were awake?" Wood wasn't pleased.
　　　"Now, listen here, you lot," he said, glowering at them all.
　　　　　　　　　　　　　　(*Harry Potter and the Chamber of Secrets*)

thisは、Wood がした話を指し、また、here は、Wood がこれから言おうとしていることを指している。

　that も談話内直示として良く使われるが、this が先行する文脈も次に続く文脈も指すことができるのに対して、that には、先行する文脈しか指すことができない。よって、(38a) の this は、この発話の前にした話を指すこともできるし、これから言おうとしていることも指すことができる。ところが、(38b) のように that にすると、この発話の前にした事柄しか指すことができない。

(38) a. Did you ever hear this?
    b. Did you ever hear that?

6.6.5 社会的直示

社会的直示(social deixis)は、談話に登場する人物の社会的な位置付けやこれらの人物の間の関係が言葉として表されたものである。社会的直示は、多くの場合、社会言語学的な観点から研究されることが多い。社会的直示の代表例は、人称代名詞の敬称と親称の違い(現代英語ではなくなったが、you と thou の違い)、日本語などに見られる敬語、呼びかけの言葉などである。英語では、他の言語と比べると、社会的直示が体系的に存在してはいないが、人称代名詞や呼びかけの言葉の使用の点において、社会的直示が反映されることが多い。例えば、次の映画 *Titanic* からの例を見てみよう。Jack が Rose を船尾から落ちるのを助けた次の日、甲板で二人が会話をしている時の会話である。Jack が Rose とたわいもない話をずっとしつづけたので、なぜ自分に会いに来たのかを尋ねた。Rose が、そこで、理由を話そうとする場面である。

(39) Rose : Mr. Dawson, I ...
    Jack : Jack.
    Rose : Jack, I want to thank you for what you did.

Rose は、Mr. Dawson と Jack を苗字で呼んだが、Jack が自分のファーストネームで呼ぶように仕向けている。英語では、苗字で相手を呼ぶというのは、相手をよく知らない場合や、改まった場合が普通で、ある程度親しくなるとファーストネームで呼ぶのが普通である。Rose は、上流階級の人間ということもあり、Jack を苗字で呼んだのだが、Jack は、それほど改まらなくともよいということで、ファーストネームで呼ぶように Rose に促したわけである。ところが、次の場面では、Rose が再び Mr. Dawson と Jack を苗字で呼んでいる。

(40) Rose : You are rude and uncouth and presumptuous, and I am leaving now.
　　　　Jack.... Mr. Dawson, it's been a pleasure. I sought you out to thank you and I have thanked you... And you've insulted me.

ここでは、Jack が Rose に自分のフィアンセを愛しているのかとかなり個人的な質問をしたため、Rose が怒っている場面である。一旦、Jack と言いかけたものの、心理的な距離を出すために、Mr. Dawson と言い直している。
　もう一つ別の例を見てみよう。一般的に、家族の中ではファーストネームで呼び合うのが普通であるが、親が子供を叱る時など、英語ではフルネームで呼びつけ、話し手の威厳と心理的距離を示そうとすることがある。次の例は、Harry Potter からの例である。Ron が Harry を自分の家に連れてくるのに自動車で空を飛んで行ったことを、Ron の母親 Weasley 夫人が、自動車の所有者である夫の Weasley 氏に当てつけている。それに対して、Weasley 氏が、法に触れていないからだいじょうぶだと次のように答えたところ、Weasley 夫人が、Weasley 氏のことをフルネームで呼んで怒鳴りつけている。ちなみに、Weasley 氏は、魔法界の政府の役人である。

(41) "There's a loophole in the law, you'll find....As long as he wasn't intending to fly the car, the fact that the car could fly wouldn't---"
　　　"Arthur Weasley, you made sure there was a loophole when you wrote that law!", shouted Mrs. Weasley.
　　　　　　　　　　　　　　　　(*Harry Potter and the Chamber of Secrets*)
（「法律には抜け穴があるんだよ、見たら分かるけど。わざと車を飛ばそうとしていたのでない限りは、あの車が空を飛ぶことができるという事実はだね、…」「アーサー・ウィーズリー。その法律とやらを書いたとき、わざわざ抜け穴があるようにしたっていうの！」）

練習問題 ⑩

次の斜体字の直示語の用法は何か考えなさい。
　a. *This* country is really poor.
　b. *Now*, we're ready to go.
　c. *You* should stay *there*, and *you* should stay *here*.
　d. (Pointing at a 1954 model Cadillac) I was a just kid *then*.

練習問題 ⑪

直示語の一部は、直示的にも非直示的にも使うことができた。では、このような直示語が同時に直示的でかつ非直示的な特徴を持つことは可能だろうか。次の文の斜体字の表現の特性を考えてみよう。

　a.　I was born in New York and have lived *there* ever since.
　b.　I bought a new car: *that one*.

6.7 ポライトネス

　これまでは、発話の意味と解釈にかかわる仕組みを見てきた。では、ことばを実際に使う際に、発話者はどのような基準でどのような言葉を選ぶのだろうか。ことばは、コミュニケーションの手段として用いられる。当然、コミュニケーションには相手がいるわけで、同じ意味内容を伝達しても、しゃべり方によって相手の反応やそのあと続くコミュニケーションのあり方に大きな影響を与える。例えば、伝えたいことを直接的に言う場合と間接的に言う場合とでは、相手がどのような印象を持つかが異なってくる。次の例を見てみよう。映画 *Titanic* からの一場面。Titanic の船尾から Rose が飛び降りようとしたところを Jack が止めに入り、説得している場面である。次の会話に先だって、Jack は、Rose が飛びこむのなら、自分も飛び込むしかない、ということを言っている。

　　(42)　Jack : I guess I'm kind of hoping you'll come back over the rail and get me off the hook here.
　　　　　Rose : You're crazy.
　　　　　Jack : That's what everybody says, but ... with all due respect, Miss, I'm not the one hanging off the back of a ship here.

Jack の最初の発話は、依頼という間接発話行為ということになるだろう。それも、かなり間接的な表現を用いている。Jack が Rose に手すりを越えて戻ってくるようにお願いするのであれば、最初の発話の代わりに次のような頼み方も可能である。

　　(43)　a. Come back over the rail and get me off the hook here.
　　　　　b. Please come back over the rail and get me off the hook here.
　　　　　c. Could you come back over the rail and get me off the hook here?

(43a)と(43b)は命令文、そして、(43c)は相手の能力をたずねることで依頼をする間接発話行為である。(42)の Jack の間接的な表現と異なるのは、(43)の文がすべて相手の行為を直接促す表現の仕方であるのに対して、(42)は自分の希望を客観的に見て、なるべく相手に押し付けがましくならないようにしている。もし、(42)のかわりに(43)の表現を使ったとすれば、たとえ(43c)のような間接発話行為でも、相手の行動を促す押し付けがましい依頼になってしまう。飛び込むか飛び込まないかという大変微妙な場面で、普通常識を働かせれば、相手の気持ちに配慮して、刺激しないような方策を採ったほうが良いということになる。

では、このような判断がどのように働くのだろうか。これは、コミュニケーションにおいて、我々が相手の気持や立場を考えながら言葉を選んで発話するからだと言える。言葉は単なる意味を伝えるための道具ではなく、言葉を活用することで、我々人間は社会的な関係にも配慮した行動を取っている。P. Brown と S.C. Levinson は、**ポライトネス**(politeness)という概念を用いて、コミュニケーションにおける相手に配慮した表現について分析をしている。

6.7.1 フェイスとポライトネス・ストラテジー

ポライトネスとは、発話者が聞き手の**フェイス**(face)に配慮し、相手の面子を脅かさないように発話していることを相手に伝える行動である。フェイスとは、個人が持つ尊厳で、簡単に言えば面子のことである。誰でも他人の前で自分の面子を保とうとする。このフェイスには、**ポジティヴ・フェイス**(positive face)と**ネガティヴ・フェイス**(negative face)の二つがある。

(44) ポジティヴ・フェイス：他人から好かれたり認められたいという欲求
ネガティヴ・フェイス：他人から束縛されたりせずに自由に行動したいという欲求

フェイスを脅かすような行為のことを**フェイスを脅かす行為**(FTA: face threatening act)という。

ポライトネスを用いた表現行動には以下のような4つのパターンがある。

(45) 1. あからさまに言う(Bold on-record)
2. ポジティヴ・ポライトネス(Positive politeness)

3. ネガティヴ・ポライトネス（Negative politeness）
4. 間接的に言う（Off-record）

これら4つのポライトネス・ストラテジーは段階性があり、1が最もFTAの危険性が高く、4が最もFTAの危険性が少ない。どのような表現が具体的にそれぞれのポライトネス・ストラテジーに対応するか Jack と Rose の会話で確認して見よう。

（42）の Jack の最初の発話は、先ほど述べたように、かなり間接的に相手に依頼をしている。なるべく相手に負担を掛けないようにしている点で、ネガティヴ・ポライトネスの例である。そして、Rose の You're crazy. という発話は、Jack を中傷する表現であり、Bold on-record を用いた発話だといえる。この場合、あからさまに言うことで、FTAを積極的に行い、Jack をこの場から遠ざけようという戦略を Rose が取っていることが分かる。Jack は、この Rose の発話に対して、怒ったり、逆に相手を中傷したりせず、That's what everybody says. と言って、逆に相手の意見を受け入れている。これは、相手との意見の衝突を回避しようとするポジティヴ・ポライトネスの例である。しかし、Rose に飛び込ませるのをあきらめさせるために、Jack はさらに、船の後ろから飛び込もうとしているのは、自分じゃないよ、と皮肉を述べている。この皮肉により、間接的に You're crazy. ということを伝えているわけで、off-record の例と言える。

練習問題 ⑫

次の発話は、まずそうなおかゆを出され、それを断る時の表現である。それぞれ、どのポライトネス・ストラテジーを用いたものか考えなさい。

　　a. I don't want to eat the porridge.
　　b. Is it O.K. if I don't eat the porridge?
　　c. It's kind of you to make some porridge for me, but I am not so hungry now.
　　d. Actually, I ate lunch before I came here.

第6章 談話の構造 183

A Tip for Thinking(6-10)

　次の例文はHarry Potter and the Prisoner of Azkaban, p.35からのものである。Harryにとても意地悪なMargeおばさんがDursleyおじさんにブランデーをついでもらっている場面である。

　'Just a small one, then,' she chuckled. 'A bit more than that ... and a bit more ... <u>that's the boy</u>.'
　（「それじゃ、すこしもらおうかね。」と彼女は言った。「もう少し。そう、もう少し。はい、それでいい。」）

　最後のThat's the boy.の訳は、この場合は上のように「それでいい」が正しい。字面通りの英文からは遠くかけ離れた意味である。

第7章　言語と社会

7.1 はじめに

「細部にこだわらずに、全体を俯瞰する」という手法がある。ものごとに対する深い洞察への手がかりを得るのに、とりあえず細かいことは置いておいて「全体像をつかむ」のも効果のある手法の一つだと考えられている。言語研究においても、なるべく全体像を視野に入れようとする接近法があり、この種の研究体系の一つが**社会言語学**(**sociolinguistics**)である。社会言語学は、社会と不可分な人間、そして言語と不可分な人間が時々刻々と引き起こす社会現象を視野に入れて言語の姿を捉えようとする試みである。本章では、英語と不可分な人々が織り成す英語社会との関連において英語がどのような姿に観察されているのかを紹介する。

7.2 社会言語学の発展

社会言語学の発展に大きな影響を与えたのは William Labov である。Labov は、**言語変種**(**language variety**)と**社会階層**(収入や職業や年齢など)との関連を、巧みに収集した言語データによって実証した。ここで、社会言語学の古典として位置付けられる Labov による代表的な調査・研究の一つを紹介する。

1960年代、ニューヨークでは、door、car、card、board などの語の発音において母音のあとの /r/ を落とさないのが、高い評価を受ける社会傾向があるとされていた(現在もそのような傾向があるようだが、信頼しうる追調査がないので詳細は不詳)。すなわち、上記の語を /dór/、/kár/、/kárd/、/bórd/ と発話するのが望ましい(社会的階級が上)とされ、/dóː/、/káː/、/káːd/、/bóːd/ と発話するのは適切ではない(社会的階級が下)とされる漠然とした社会意識があったのである。

Labov は、この言語変種と社会的階級の差異にほんとうに関連があることを、ニューヨーク市内のデパートで次のように言語データを収集することによって実証を試みた(Labov 1966)。

あらかじめ調査するデパートの4階で扱われている商品の種類を調べておき、客をよそおった観察者(fieldworker)が4階以外の店内で店員(sales clerk)に質問をする。例えば、婦人服がそのデパートの4階で扱われていたならば、(1)のような対話を誘導した。

(1) Fieldworker : Where can I find ladies' dress?
　　Sales clerk　 : On the fourth floor.

店員の応答の fourth floor の部分には問題の/r/が出現する可能性がある箇所が/fɔ́ːrθflɔ́ːr/のように2カ所あるが、この時の/r/が発音されているかどうかを確かめたのである。

　Labovはこのような調査を、上流の客層とされるデパートA、中流の客層とされるデパートB、下流の客層とされるデパートCで行なった。その結果、/r/音が入っていた割合はデパートAでは約60％以上、デパートBでは約50％、デパートCでは20％以下であった。すなわち、デパートが'高級'なほど/r/音が入っていることがわかったのある。（原著(Labov 1966)には、デパートA、B、Cは実名で掲載されている。しかし、現在このような調査において、デパートなどの実名を公表したり、実名が推定できるような状態で公表すると、名誉毀損、業務妨害として刑事処分されたり、不法行為として民事の損害賠償の対象となるので、くれぐれも注意せねばならない。また、社会調査はつねに人権の問題ともとなり合わせであるから、慎重な上にも慎重な配慮が必要である。）

―― *A Tip for Thinking(7-1)* ――――――――――――――――

Trudgill (1974)によると、標準英語では三人称単数現在の動詞につける-(e)sがつかない用法には次のような調査結果がある。

　　中層中流階級　　　0％
　　下層中流階級　　　2％
　　上層労働者階級　　70％
　　中層労働者階級　　87％
　　下層労働者階級　　97％

明らかに言語使用と社会的階級とは関連があると言える。

――――――――――――――――――――――――――――

練習問題 ①

　Thank you.などの/θ/は、世界の言語の中では非常にめずらしい音で、英語母語話者でもすべてが模範的に獲得しているわけではない。実際、舌先を上歯の端に軽くつけるのがこの音の本来の調音方法とされるが、多くの英語話者が上歯と下歯の間から舌先（あるいは前舌面）を出して調音するのは、どのような社会的背景が考えられるか？

7.3 社会言語学の領域

　ある言語の現象において、どのような人間的要因や社会的要因が関与しているのかを解き明かそうとする試みが社会言語学である。例として、次の対話(2)を観察してみる。

(2)　Trask　　　　　：... I'm going to see to it that you get the boot ... but good!
　　Katharine　　　：Oren, this is a simple misunderstanding, and I-you can't-
　　Trask　　　　　：(interrupting) I can and I will!
　　　　　　　　　　　Now get your ... What did you call it?
　　Tess & Jack　　：(in unison) Bony ass.
　　Trask　　　　　：Right. Bony ass out of my sight!
　　　　　　　　　　　(Katharine looks at him, politely reproachful.)
　　Katharine　　　：I'm sorry ... but I simply won't stand for that kind of talk.
　　　　　　　　　　　Will you excuse me, please?

(*Working Girl*)

　この映画の一場面(ニューヨークの大企業のオフィス)は、Trask(初老の大企業経営者かつ資本家)がKatharine(30歳の管理職)を解雇するところである。ここで考えてみたいのは、Traskがbony assという表現を最初は言わなかったNow get your ...の部分である。その表現をTraskはTess(30歳の秘書：労働者階級)に尋ねている。

　なぜTraskは最初はbony assと言わなかったのか？それはKatharineが後に発言しているとおりthat kind of talkだからである。Traskは年配者で支配階級の人間である。したがって、年配層の支配階級の英語を話すのが一般である。これを前提とすると、Traskはbony assという表現に馴染みがない(知らない)ということになる。あるいは、よく知っていたとしても自己の支配階級としての**主観的自己認識(identity)**を傷つけないように、自分は大衆(被支配階級)に属していないことを明確にしたいとする意識が働いたということが考えられる(映画では、この場面の少し前の場面で、TessがKatharineに対してこの表現を浴びせるのをTraskは聞いていた)。

　ともかく、TraskはTessに尋ねている。Tessは若年層の大衆の女性である。この映画の主人公で、いまだに男性中心で学歴偏重の閉鎖社会であるビジネスの世界において、実務能力と独創力とで駆け上がろうと努力する上昇指向の女

性である。尋ねられたTessが応答したbony ass（JackもTessの側に立って共に応えている）という表現は、若年層の大衆の英語に属するものある。しかも、女性が用いるにはあまりふさわしくないと社会がみなす表現である。したがって、自分は支配階級の女性としての主観的自己認識をもっているKatharineにはthat kind of talkは耐え難い（としたい）ものなのである。

一方、Traskはこの表現をTessから教えてもらい、実際に用いることによってTessに対して好意・親近感を示す心的態度を表明することができる。社会的上位の者が下位の者の言葉遣いにあわせることの一般的な効果の一つである。同時に、Traskは、自分が高圧・傲慢で超保守的な（アメリカ社会の価値において）狭量な年配男性ではなく、若者や大衆や女性差別にも理解があることを周囲全体に示すこともできる。

まだまだいろいろと分析できそうであるが、少なくともこの映画では、Traskにbony assという表現をこのような手順で用いさせ、それに周囲をこのように反応させるだけでも、この場面に登場する人物それぞれの社会的背景や社会に対する心的態度を描くことができているのである。

以上(2)の例からも、社会階級、年齢（世代差）、職業、性別、教育程度、場面、媒体（ここでは話し言葉）、言語に対する意識、社会に対する意識、主観的自己認識、言語変種の使い分け、などの社会の様々な要因が言語に複雑に絡みあっていることが観察できた。このように、社会的要因と言語との相互作用域における観察が社会言語学の領域なのである。

A Tip for Thinking(7-2)

映画 *Harry Potter and the Chamber of Secrets* の中で、Harryの一番の友人Ronが、母親にしかられる場面である。ここで、Ronの母親Mollyは自分の息子であるのにもかかわらず、full nameで呼びつけてしかっている。

Molly : WHERE HAVE YOU BEEN? ... Harry, how wonderful to see you, dear! Beds empty! No note! Car gone! You could have died! You could have been seen! Of course, I don't blame you, Harry, dear.
Ron　 : They were starving him, Mum. There were bars on his window.
Molly : Well, you best hope I don't put bars on your window, Ronald Weasley.

このような場面は、後にRonが父親の車でHogwarts魔法学校に行ったことで母親が魔法のかかった手紙HowlerでRonをしかる場面にも出てくる。日本語の場合、自分の子供をしかる時、full nameで呼んでしかることはない。

練習問題 ②

次のことわざには2通りの解釈がなされる。それぞれの2つの解釈と、それぞれの解釈が生まれる社会的背景を考えよ。

a. A rolling stone gathers no moss.
b. 情けは人の為ならず。

7.4 言語変種

様々な社会的要因が言語に影響を与えることは、もちろん一般にも漠然と認識されている。とりわけ**言語変種**(language variety)にかかわるものは、日常生活に直接かかわる言語現象であるから、より一般にも関心が高い。例えば、**方言**(dialect)は一般の語彙となっているほどに広く認識されている言語現象である。

言語の一変種とは「類似の社会的分布を持つ言語形式の集合」と位置付けられる。例えば、地域という要因によって言語変種を分類すると**地域方言**(regional dialect)という概念が生じるが、この概念を国家別に英語に適用すると、イギリス英語、アメリカ英語、オーストラリア英語などの変種に分類できるのである。

本来はイギリス英語、アメリカ英語などと地域別・国家別に明確に割り切れるものではないが、例えば発音上の特徴の一般的な傾向として、(3)のような違いを観察することができる。(3)はアメリカ英語三大方言の一つでアメリカ合州国中西部地域に勢力をもつ**一般アメリカ英語**(General American:GA)の主な特徴を標準イギリス英語とされるものと比較したものである。標準イギリス英語とされる英語の一変種は**容認発音**(Received Pronunciation:RP)として知られるもので、パブリックスクール、オックスフォード大学やケンブリッジ大学、または広く教養人の間で話されるとされる英語である。英国放送協会(British Broadcasting Corporation:BBC)もこの発音を基本としているので**BBC英語**(BBC English)とも言われる。

(3) GAの発音の主な特徴(RPとの比較)
    a. /ɑ/、/ɔː/、/nuː/、/hw/：
        hot, long, new, whatなどの/ɔ/、/ɔ/、/njuː/、/w/は、GAではそれぞれ/ɑ/、/cː/、/nuː/、/hw/である。
    b. /ɑː/が/æ/のまま：

ask、laugh、bath、example、can'tなどのように/k/、/f/、/θ/や/m+子音/、/ n +子音/の前の/æ/は、RPでは17世紀ごろから/ɑː/に変化したものもあるが、GAでは/æ/が保たれた。

c. 語の末尾や子音の前の/r/：
door、fourやearth、learnなどの/r/はRPでは発音されないが、GAでは発音される。

d. 母音にはさまれた/t/：
butter、pretty、hitterなどの/t/が有声化して/d/の音、あるいはそれに近い音になる。歯茎が強く弾かれた場合は、/l/の音に近くなり、日本語の[ラリルレロ]に近い音に聞こえる。
　また、kettle、littleなどの音節主音的/l/の前の/t/、hunter、centerなどの非主音節的/n/の後の/t/も上述のように有声化することがある。

e. 語強勢の位置 (GA ⇔ RP)
address　　/ǽdres/ ⇔ /ədrés/（宛名、演説）
princess　　/prínsɪs/ ⇔ /prɪnsés/
complex　　/kəmpléks/ ⇔ /kámpleks/
frontier　　/frʌntíər/ ⇔ /frʌ́ntɪər/

f. 多音節語の第2強勢
dictionary、stationery、territoryなどの-ary、-ery、-oryで終わる語の後ろから2番目の音節では、RPでは/díkʃənərɪ/、/stéɪʃənèərɪ/、/térətərɪ/のように弱音節であり、/díkʃənrɪ/、/stéɪʃənrɪ/、/térətrɪ/のように子音脱落を起こすこともあるが、GAでは /díkʃənèrɪ/、/stéɪʃənèrɪ/、/tératɔ̀ːrɪ/のように第2強勢が置かれる。

以上がGAとRPの発音の主な相違であるが、北米地域での英語が社会学上、非常に注目されるのは、移民がアメリカ大陸で新しい社会を築いていく過程との関わりである。この特徴は主に語彙にみることができる。すなわち、移民たちは新大陸で初めて目にする事物や自然現象、そして新しく敷いた制度や習慣などに名前を与える必要に迫られたのである。(4)は他言語からの借用によるアメリカ英語の例である。

(4) a. 先住民の諸言語からの借用
chipmunk、hickory、persimmon、raccoon、sequoia、skunk、

A Tip for Thinking(7-3)

日本語にも方言があるように、英語にも方言がある。次の例は *Harry Potter and the Prisoner of Azkaban*, p.239からのもので、巨人のHagridが話している部分である。

'Never bin anywhere like it. Thought I was goin' mad. Kep' goin' over horrible stuff in me mind ... the day I got expelled from Hogwarts ... day me Dad died ... day I had ter let Norbert go ...'
（あんなところに行ったことはなかった。気がくるっちまうんじゃないかと思ったよ。恐ろしいことばかり頭に浮かんできて。ホグワーツ（魔法学校）を退学になった日や、親父が死んだ日やノーバート（Hagridがペットに飼っていたドラゴン）と別れた日とか。）

be動詞のbeenがbinと書かれていることや、my mindとなるべきところがme mindになっている。me Dadも標準英語ならmy Dadとなるべきところであるし、不定詞のtoがterになっている。

---

　　　　　　　squash、tomahawk、totem、woodchuck
　　　　　　　（Kentucky、Massachusetts、Mississippi などの地名もこの類）
　　　b. イスパニア移民の言語からの借用
　　　　　　　cafeteria、canyon、marijuana、mosquito、mustang、patio、plaza、ranch、rodeo、sierra、tornado
　　　c. イスパニア移民が西インド諸島や中南米の先住民の諸言語から借用した語の借用
　　　　　　　avocado、barbecue、canoe、chilli、chocolate、cocoa、hurricane、poncho、potato、tomato、tobacco

　この他、奴隷としてアメリカ大陸へ強制連行されたアフリカ人の諸言語からの借用（banjo、jazz、jive、jumbo、zombie）など、数多くの言語との接触によって非常に多くの語が借用された。現在でも、世界中の多くの言語からの借用が続いている。日本語からのkaraokeやsushiなどもその例である。
　他言語からの借用だけではく、既存の語の意味を拡張したり、語や接辞（形態素）を組み合わせたり、語の短縮なども多くなされた。(5)に示すようなものがその例である。

　　(5)　a.　意味の拡張（イギリス英語⊆アメリカ英語）
　　　　　　　aisle「教会内の通路」⊆「航空機、劇場などの通路」
　　　　　　　barn「納屋」⊆「納屋兼家畜小屋、電車、車両などの車庫」

corn「小麦、穀類」⊆「とうもろこし」＜現在では、元の意味の「小麦、穀類」を指さなくなってきた＞
b. 複合（語と語）
general election、gold rush、landslide、log cabin、popcorn、sewing machine、sweet potato、rattlesnake
c. 派生（語と接辞＜例では斜体字＞）
*co*education、colon*ist*、*de*moralize、forty-nin*er*、gang*ster*、immigr*ant*、*super*highway、*trans*continental
d. 短縮（（ ）内が消失する部分）
auto(mobile)、doc(tor)、champ(ion)、gas(oline)、(tele)phone、(cock)roach、vet(eran)

以上の他にアメリカ英語とイギリス英語の語彙の差として(6)のような種類のようなものも数多くある。

(6) a. 同じ語が異なる意味（アメリカ英語 ⇔ イギリス英語）
bug（昆虫 ⇔ 南京虫）、dresser（化粧台 ⇔ 食器棚）
pants（ズボン ⇔ パンツ）、pavement（歩道 ⇔ 舗装道路）
b. 同じ意味で異なった語（アメリカ英語 ⇔ イギリス英語）
apartment ⇔ flat（アパート）、gas ⇔ petrol（ガソリン）、
mail ⇔ post（郵便）、sick ⇔ ill（病気の）

以上、語彙の差を概観してきたが、交通手段や通信手段が発達してお互いの接触が非常に濃密になった現代では、お互いに影響を及ぼし合い、差異はどんどんと縮小される傾向にある。とくにアメリカ英語の勢力の拡大は著しい。この傾向は文法や語法などにおいても顕著で、かってアメリカ用法とされていたものの多くがイギリス英語でも普通に用いられるようになってきた。アメリカ英語の覇権拡大（同化現象）は、英語の発祥であるイギリスで最も確実に起こっていると言える。

練習問題 ③

次の語に相当するアメリカ英語とイギリス英語とのそれぞれの表現を調べよ。

　　秋、エレベータ、交差点、休暇、自動車、蛇口、タクシー、地下鉄、トラック、トランク、ボンネット、薬局、有料道路

経済的重要性と地域的重要性、そして国家とその発展の独自性が強まるにつれて、オーストラリア地域の英語も独立した英語の一変種としての認識ができてきた。いわゆる**オーストラリア英語**(Australian English:Aus.E)の成立である。(7)にオーストラリア英語とRPとの発音の差異の特徴をまとめた。

(7) オーストラリア英語の発音の主な特徴（RP→Aus.E）
　　a.　二重母音の変化：
　　　　/eɪ/→/ʌɪ/ (day, say, etc.)、/aɪ/→/ɑɪ/ (light, kite, etc.)
　　　　/ou/→/ʌu/ (oat, note, etc.)、/au/→/æu/ (out, mouth, etc.)
　　b.　長母音の二重母音化：
　　　　/iː/→/əɪ/ (heat, beat, etc.)、/uː/→/əu/ (food, root, etc.)
　　c.　母音の狭め：
　　　　/æ/→/ɛ/ (cat, hat, etc.)、/ɛ/→/e/ (bed, head, etc)
　　d.　強勢のない音節の母音：
　　　　/ɪ/→/ə/ (practice, pundit, etc.)
　　　　ただし、語末の/ɪ/→/iː/ (easy, pretty, etc.)

オーストラリアとイギリスとの接触は、1770年にイギリス人ジェームズ・クック (Captain James Cook) の一行がオーストラリアに上陸したことによるが、本格的な入植は1778年にイギリスで収容しきれなくなった政治犯や軽微な犯罪者が配流されたことに始まる。その後1840年まで同様の流刑囚の数は増え続けた。このときの入植者の大部分がロンドン下町やイングランド南東部の出身であったので、**コックニー**(Cockney)と呼ばれる英語の一変種及びそれに近い変種を母語としていた人が多かった。

コックニーとは、ロンドンのEast Endと呼ばれる下町地域およびその周辺地域の人々の話す英語の一変種とされるものである。その特徴としてよく知られているものは、name、takeなどの/eɪ/が/ʌɪ/、time、fineなどの/aɪ/が/ɑː/、my、like

などの/aɪ/が/ɔɪ/、ham、hotなどの語頭の/h/を発音しない、a egg、a hourのように母音の前でも不定冠詞のaがanにならない、three pen、six poundなどのように複数語尾の不使用などがあげられる。

A Tip for Thinking(7-4)

オーストラリア英語の特徴、あるいはCockneyの特徴として[eɪ]が[aɪ]と発音される現象がよく指摘される。rainは[rain]、Sundayは[sʌndai]となる。ではもともと[aɪ]だった語はどう発音されるのだろうか？いつも必ずそう発音されるということではないが、[ɔɪ]と発音されることがある。例えば、映画 Harry Potter and the Philosopher's Stoneにおいて巨人のHagridが赤ん坊のHarryを叔父であるDursley家につれてきた時、Dumbledore教授にTry not to wake him.と言う場面、またHarryを連れてKing's Cross駅でBlimey, is that the time?と言う場面で、tryを[tɔɪ]、blimeyを[blɔɪmi]、timeを[tɔɪm]と発音しているので確認してみよう。

しかしながらオーストラリアでは19世紀になるとゴールドラッシュなどを契機としてイギリスの様々な地域からの移住民が増大したので、オーストラリア英語はコックニーの特徴を残すものの、独自の発達をした。文法面では特にイギリス英語(最近ではアメリカ英語)との差異はほとんどない。とはいうものの、アメリカ英語の発展と同様、新たな自然環境に直面する過程で語彙に大きな差異ができた。その例を(8)にあげる。

(8) a. 先住民の諸言語からの借用
boomerang、cobbra(頭)、dingo、kangaroo、koala、willy-willy(熱帯性低気圧、砂塵)、wallaby、wombat
b. 既存の語の合成
banker(堤まで増水した川)、billy(野営用湯沸し器)、flying doctor(航空機で往診する医者)、outback(奥地)、rouseabout(雑役夫)、swagman(浮浪者)
c. 意味の転用
bush(未開墾地)、creek(小川)、mob(羊などの群れ)、scrub(人里離れた場所)、station(牧場)

以上、地域という要因による言語変種の分類である地域方言の例として、アメリカ英語、イギリス英語、オーストラリア英語の特徴を概観した。

練習問題 ④

あるオーストラリア人が I want you today. とアメリカ人に電話で話したところ、アメリカ人は非常に驚いたという。なぜか？

7.5 言語変種の諸概念

　言語の一変種とは「類似の社会的分布を持つ言語形式の集合」と位置付けられることは先ほども述べたとおりであるが、あくまでも類似である点に注意が必要である。この言語変種の概念を裏返しにすると、個人個人の言語はすべて差異があり、究極には**個人言語**(idiolect)という概念に至る。類似はあくまでも類似で、同一ではない。なぜならば、一人一人の社会的立場は全て違い、言語に与える社会的要因が全て異なるのである。したがって、個々の人間が発する言語(運用)も完全に同一なものは存在し得ない。

　社会的要因を微細に導入すればするほど、言語変種の数は増えていく。例えば、**丁寧さ**(politeness)という社会的要因を導入すれば、(9)の3つの表現はそれぞれ言語変種として捉えることができる。

(9) a. Open the window, will you?（くだけた言い方）
　　b. Would you please open the window?（丁寧）
　　c. I wonder if you would mind opening the window?（さらに丁寧）

(9a,b,c)はいずれも「窓を開けて欲しい」という要請である。しかし丁寧さという要因からみれば、それぞれ言語変種ということにななる。ちなみに、丁寧さの指標として(10)のようなものが考えられている。

(10) a. Don't impose; keep your distance.
　　 b. Give options; let the other person have a say.
　　 c. Be friendly; maintain camaraderie.
　　　　　　　　　　　　　　　　　　　　　　(R. Lakoff 1973)

押し付けがましくなく(10a)、要請される側に受け入れるか断るかの選択の余地を与え(10b)、親しみ(思いやり)を込める(10c)ほどに丁寧さが増す、というものである（丁寧さの指標に関する語用論的考察はこの他にも多くある）。

　言語伝達(verbal communication)だけではなく**非言語伝達**(nonverbal

communication)からの社会的要因を導入することもできる。(11)はアメリカ人の「別れの場面」の観察における表現と対話者どうしの距離であるが、これらも言語変種の一種として捉えることができる。

(11) a. It was nice meeting you. （1フィート）
b. Hope to see you again sometime. （6フィート）
c. Take care. （15フィート）

(Levine and Anderman 1982)

この観察は、距離と親密さ(および畏敬)にある種の相関があり、それに呼応して言語表現にも差が生じるという、漠然とした一般認識を具体的に実証している。このような**社会的距離**(social distance)に関して、アメリカ人が普通意識している個人間の心的距離と物理的空間距離の相関が(12)のように観察されている。

(12) a. 親密距離(intimate distance) （0～18インチ）
b. 個体距離(personal distance) （1.5～4フィート）
c. 社会距離(social distance) （4～12フィート）
d. 公衆距離(public distance) （12フィート以上）

(Hall 1959)

人間の相互活動における距離も雄弁な「沈黙の言語」ならば、そこに観察されるそれぞれの距離も言語変種なのである。

このように様々な社会的要因を導入して言語変種を見定めていくと、個人の言語使用においても、ある個人が一つの言語変種しか用いないなどということはあり得なくなる。一人の人間が様々な場面や目的に応じて変種を使い分けることは当然で、この変種の一つ一つを**使用域**(register)と呼ぶ。例えば、ある英語母語話者が「猫」のことを指して幼児に話す使用域の時には kitty と言っても、大人どうしで話すときの使用域の時には cat となる。一般に、何について話すか、どのような場で話すか、どのような手段で伝達するか(いわゆる Time、Place、Occasion)によって個人の言語の使用域が変わると観察されている。

さらに、個人によっては、二つの母語(しばしばそれ以上)を持つ、あるいは母語と外国語を自由に話す、いわゆる**二言語話者**(bilingual)がいる。この二言語話者が談話や文章の中で、あるいは文の途中で、場面や状況に応じて二言語

を切り換えて使用する現象を**コード切替**（code-switching）と呼ぶ。(13)は、ある日英語話者が自然に発話している例である。

(13) And one time, it was so funny, because ね、he says, er...right away 出たのよね。外へ出るでしょ、house の？　誰か来たら。誰か来たら。And then my mother called. My Brother に、I says, "白人の人が来たよ"って、he say, "No, Mrs. 日本語話しますから"ってね、その白人の人が。　　　　　　　　　　　　　　　　　　　　（Nishimura 1997）
（注：My Brother の後の I says、he say は誤植ではない）

なお、コード切替をする人に「あなたはコード切替をしますか？」などと尋ねると「自分は絶対にコード切替をしない」と強く否定されることが多い。(13)のような言語変種は、社会一般は悪い言語と位置付けていると思われているからである。言語変種の中には、いわれなき社会的抑圧の狭間に見い出されているものもあることを観察者は常に念頭におく必要がある。

── *A Tip for Thinking(7-5)* ──────────────
　映画 *Sleepless in Seattle* で、息子のJonahがNetwork Americaというラジオ番組に電話をし、自分の父親Samが妻を失って悲しんでいるのでどうしたら父親が新しい妻を見つけられるか相談する。電話で話す相談役のDr. Marcia Fieldstoneを最初何かの物売りかと思っていたSamは事情がわかってきて驚き、息子のJonahに"You called a radio station?"と問いかける。するとDr. Marcia Fieldstoneに"Sam? Sam? Sam, are you with me?"と話しかけられる。その時"Yeah, yes."のように答えている。最初Yeahというカジュアルな言い方をした後、すぐにYesのように言い換えている。話す相手によって話すスタイルを変えているところである。英語でも話す相手により話すスタイルを変更するのである。

練習問題 ⑤

初対面で、ある人がタバコを吸っている人にWhy don't you stop smoking? と言葉をかけたら、その人は気分を害したという。何が問題だったのか？

7.6 sexismとracism

　Ferdinand de Saussure（構造主義の理論的出発点を与えた言語学者）も「観点に先立って対象があるのではなく、いわば観点が対象を作りだすのだ（ソシュール1940, p.19）」と述べているとおり、「差別」される対象は人間の観点が作り出したものである。差別される対象自体に本質として差別に値するものは何も

ない。

　20世紀半ば以降、社会を先行する理念の一つとして基本的人権（Fundamental Human Rights）の思想が隆盛となっていった。(14)は『世界人権宣言』(1948年、国連総会採択)の第2条の第1項であるが、人間が人間を不当に差別することにつながる人間の観点を具体的に洗い出したものと見ることもできる。

　　(14)　世界人権宣言　第2条　第1項
　　　　　すべて人は、人種、皮膚の色、性、言語、宗教、政治上その他の意見、国民的若しくは社会的出身、財産、門地その他の地位又はこれに類するいかなる事由による差別をも受けることなく、この宣言に掲げるすべての権利と自由とを享有することができる。

　この宣言が謳うような社会的気運が特に20世紀後半に盛り上がったアメリカ合衆国では、さまざまな差別意識の解放運動が起こった。そして、人間の意識や認識を最もよく表出している言語自体にもその矛先が向けられることとなった。いわゆる政治的公正（political correctness:PC）が英語にまで適用されるようになったのである。例えば、社会的地位の一つとされる職業による差別とみなされたgarbage collectorという表現のPCはsanitation engineerとなった。
　英語に対するPCの顕著な事例の一つとして、女性解放運動に代表されるような性別意識革命の社会的圧力によるものがあげられる。英語の中に探り出された男性中心主義が**性差別主義**（sexism）として糾弾され、言論界や教育界などが率先して問題とされた表現を改める工夫をした。

　　(15)　性差別問題表現 → PC
　　　　　house wife → homemaker
　　　　　man, mankind → human beings, people
　　　　　stewardess → flight attendant

この他にEverybody has his tea.のような表現において代名詞heを女男とも含めて使うことや、he or sheのような語順も問題とされた。また、Pioneers moved West, taking their wives and children with them.のような文章表現も問題とされ、Pioneer families moved West.のように書き換えられるべきである、ということにもなった。「配置につける」の意味の動詞manにおいてまで、Man the soldiers！などの表現からOperate the soldiers！などと言い換える人が現われるに至った。

> ***A Tip for Thinking (7-6)***
>
> 最近日本語から「看護婦」という言葉が消えつつある。「看護婦」にかわって、「看護師」が主流となってきた。これは最近の病院では、看護に従事する人は必ずしも女性であるとは限らず、男性の場合も増えているためこのような使用となってきている。英語でも性差別をなくそうとchairmanをchairperson、salesmanをsalesperson、firemanをfirefighterのように変えたことがあった。

　このような流れのなかで、女性が話す言葉それ自体、すなわち女性語 (women's language) は男性語に比べて不当に低い社会的評価を受けていると認識されるまでに至った。当然の反動として、女性語は男性語と対等とされるべき意識改革が起こった。この意識改革の言語学への影響の一つが、女性語と男性語とをそれぞれ言語変種として位置付けての観察の始まりである。(16)のような対話(口論)において、女性と男性の会話スタイルの違いが見出されることとなるのも、このような観点が導入された成果の一つである。

　　(16) Wife　　：Do you want to go to my sister's?
　　　　 Husband：Okay.
　　　　 Wife　　：Do you really want to go?
　　　　 Husband：You make me crazy!
　　　　　　　　　　　　　　　　　　(Tannen 1986)

　この女性と男性の会話スタイルの差は、**ラポート・トーク (rapport talk)** と**レポート・トーク (report talk)** という概念で捉えられている (Tannen 1986)。すなわち、似たような経験や考えの交換を通じて居心地のよさ、自分と相手との親密感を生み出そうとするスタイル (rapport) が女性の会話スタイルで、自分の持っている情報を提示する (report) ことによって、自分と相手の社会的立場を維持したり、変革しようとするのが男性の会話スタイルであると観察されたのである。ゆえに(16)では、妻は双方が望むことを探り出すことで親密感を築こうとしたのに対して、夫は単純に妻の意志に夫が従うのかどうかの情報を求めている質問として受け止めてOkay (, I'll do what you want).と応答したために"すれ違い"が生じた、と説明できる。

　性別意識革命の潮流により女性に頻繁にみられる言葉遣い(例えば、sweet, lovely, cute などの形容詞や付加疑問の多用)と男性の言葉遣いの差が表面上は急速に縮まりつつあるといわれてはいるものの、(16)のような言語変種間の

"摩擦"は簡単には収まりそうにはない。

A Tip for Thinking(7-7)

Harry Potter and the Philosopher's Stone, p.87に次のような文が出てくる。

Madam Malkin was a squat, smiling witch dressed all in <u>mauve</u>.
（マダム・マルキンは、全部藤色の服を着た愛想のいい、ずんぐりした魔女だった。）

ここで、mauveという単語に注意したい。このpinkish purpleを意味する色彩語はLakoff (1975) によれば、女性が好んで使う語であるようである。Happy Potterの著者はJ.K. Rowling、女性である。

練習問題 ⑥

次の夫婦の対話は出先から家へ戻る途中の車内でのものである。この後、車を止めずに家に戻ったところ、妻は不機嫌であったという。言語の上で原因を説明せよ。

　　　　Wife　　 : Would you like to stop for an ice cream?
　　　　Husband : No.

さまざまな差別意識の解放運動のうち、アメリカ全体を席巻したもう一つの大きな運動が人種差別 (racism) に対するものである。とりわけ、奴隷としてアフリカ大陸から強制連行されたアフロ・アメリカン (Afro-American:すなわちNegro (黒色人種) のこと。以下「黒人 (black people)」という表現を便宜上用いる) が、皮膚の色をもってして不当に社会的差別を受け、基本的人権を著しく侵害されている事実を社会に訴えた。公民権運動 (Civil Rights Movement) などはその代表とされる。この影響は言語に対する一般の認識においても多大であった。すなわち、黒人の話す英語、**黒人英語 (Black English)** は劣った言語、英語とは呼べないほど発音や文法が間違った言語という認識が誤りであることを気付かせるきっかけにもなった。現代の言語研究においては、いわゆる「標準英語」という言語変種とまったく同じように、りっぱな体系規則をもつ英語の一言語変種として扱われている。

もちろん、本来は黒人英語などは存在しない。少なくともこの名称（識別）は誤解を生じる危険性がある。なぜならば、そもそもアフリカ諸言語のいずれかの言語の母語話者と英語母語話者との**言語接触 (language contact)** によって生じた英語中心の**ピジン (pidgin**: 異なる言語を話す人々が、主としてビジネス

の伝達手段としてつくりあげた補助言語)が数多く生じたのである。そして、それらのピジン英語が**クレオール**(creole: ピジンが用いられる地域の人々にとっての母語となったもの)へと推移し、その過程(成立や統廃合)およびその後も絶え間なく「標準英語」やその他の英語変種と言語接触したことによって生じた言語変種が黒人英語と呼ばれているものなのである(クレオール起源説、Dillard 1972)。すなわち、黒人から生じたという誤った観点が先立つので黒人英語という認識ができるだけで、社会的・歴史的発展過程の結果として黒人が多く用いているだけで、黒人の本質とは全く関わりがなく、現に黒人以外の母語にもなっている言語変種なのである。(17)は、この意味における黒人英語の発音の主な特徴の一部を記したものである。

(17) a. them、then、that などの語頭の/ð/が/d/になり、south、mouth、death などの語末の/θ/が/f/になる。
b. during、more、Paris などの語中や語末の/r/が省略され、それぞれdoing、mow、pass と同じ発音になる。
c. help、will などの語中や語末の/l/が省略され、それぞれ hep、wi のような発音になる。
d. bed、hood、testなどの語末の破裂音が省略され、それぞれbe (/bé/)、hoo、tes のような発音になる。

A Tip for Thinking(7-8)

pidginはもともと、英語のbusinessという単語が中国語風になまったものである。首都北京のことを英語ではBeijinと書いたりPekinと書いたりする。中国語の発音を聞いてみるとbとpがなかなか区別しにくい。このためbusinessのbがpになり、最後のsが発音されなくなりpidginとなったのである。

語法や文法には非常に多くの特徴がある。be動詞の用法一つをとりあげるだけでも様々な特徴があり、例えばShe la(te).とShe be la(te).では、前者が「彼女は(今日は)遅い。(非習慣)」で、後者は「彼女はいつも遅れる。(習慣)」という意味となる。

この他、You loves me.やHe am walking.などのような**過剰修正**(hypercorrection)に起因すると思われる用法や、revorce(=divorce)やunderstandment(=understanding)のような独自の派生など、種々の特徴が非常に多くみられる。

> **A Tip for Thinking(7-9)**
>
> 過剰修正（hypercorrection）と呼ばれる現象がある。例えば、John and I were very tired. とすべきところをJohn and me were very tired. としてしまい、その間違いに気がついたため、今度は、This is just between you and I. としてしまうような場合の修正の事である。この場合は、betweenという前置詞の目的語なので、you and meが正しいのであるが、最初の例に見た主語なのにJohn and meとした間違いが過剰に意識され、修正しなくてもよい部分に修正を施す現象である。

　一般によく知られている黒人英語の特徴の一つが多重否定であろうと思われる。(18)の発話は、広く世代間を超えた一般向きの娯楽映画の一場面でのものである。

　　(18) Marvin : We're gonna take a little break but we'll be back in a while so, uh, don't nobody go nowhere.

　　　　　　　　　　　　　　　　　　　　　　　　（*Back to the Future*）

この場面では、Marvinというミュージシャンにdon't nobody go nowhereと発話（セリフ）をさせることによって、この黒人俳優をよりほんものの黒人ミュージシャンらしく演出する効果をもたらせているようである。

　以上のように、言語変種としての女性言語や黒人英語は、社会の新しい認識から生じた観点によってより鮮明に浮き彫りにされた対象なのである。とりわけ、人権思想の台頭による社会認識の変革は、言語に対しても以前は認識され難かった様々な問題意識を生み出していく契機となったのである。

練習問題 ⑦

次の文章にみられる黒人英語の特徴を述べよ。
　　It's a guy name Steven Lee live in San Francisco. He bees really cool, so nobody don't never say nothing bad about him.

7.7 結び

　英語は世界の大言語の一つであることはよく知られている。試算の一つによると、105ヶ国で約8億5千万人が英語を用いているという（Grimes 2002）。そして、英語は国際共通語としての普及が広まるにつれて、英語はもはや英語母語

話者だけのものではないという認識が高まりつつある。いわゆる**国際英語** (International English)という思想の成立である。現在の英語の勢力は、(19)のような3つの概念を用いて大まかに分類されている。

(19) a. インナー・サークル (Inner Circle)：アメリカやイギリスやオーストラリアのように英語が母語として使われている国
  b. アウター・サークル (Outer Circle)：インド、パキスタン、フィリピン、シンガポール、スリランカ、ナイジェリア、タンザニアなど、もと英語圏の植民地だった国で、英語が公用語として使われていた(る)国
  c. エクスパンディング・サークル (Expanding Circle)：中国、韓国、台湾、日本、エジプト、インドネシア、イスラエル、ネパール、サウジアラビアなど、英語が外国語として使われている国

(Kachru 1992)

　このような英語の普及の陰で、多くの言語が急速に消失しつつあるのも見逃せない。また、**世界言語権宣言** (Universal Declaration of Linguistic Rights)に込められた主張や観点から英語の普及を捉えると、どのような不利益を誰が被ることになるのか、いかなる社会問題を引き起こす可能性をはらむのかが見えてくる。ともあれ、英語は(19)のように非常に多くの社会、様々な文化圏に属する社会にまたがる大言語となった。今後ますます英語は社会との関係において、より注意深い観察を必要とするのである。

A Tip for Thinking(7-10)

　Chomsky(1986)は第2章Concept of Languageで、何を指して言語というかという問題を取り上げている。我々は日常的に日本語とか英語という言葉をよく使うが、いったい、この場合の日本語とはどの日本語を指しているのだろうか？東京弁？関西弁？あるいは津軽弁？鹿児島弁？言語というものを規定する場合、次のようなものをChomskyは紹介している。

　A standard remark in introductory linguistics courses is that a language is a dialect with an army and a navy (attributed to Max Weinreich).
　(言語学の入門で標準的に用いられる説明は「言語とは陸軍と海軍を持った方言のことである」というものである。(Max Winreichの言による))

人間の言語は軍隊がある、つまり国家という単位があってこそ、〜語というように言われるが、もし軍隊が無ければ、それは方言であるという主張である。ポルトガル語とブラジル語は同じ言語であるが、国が異なるので、このように2つの言語であるとみなされる。スペイン語とイタリア語の差は、日本語の津軽弁と鹿児島弁の差より小さいのではないだろうか？中国では北京方言を話す人と広東方言を話す人は意思疎通が難しい。アメリカ、サンフランシスコのテレビの中国語放送では、中国語で（つまり漢字で）字幕が出ている。放送が北京語である場合、広東語を話す人には音声だけでは理解されないからである。いったい「〜語」というのは何なのだろうか？

第8章 言語と心理

8.1 はじめに

　この章は、心理言語学に属する主要な2つの分野である言語獲得と統語解析（文処理）に、脳とことば・バイリンガリズム（特に心理言語学的観点から見て）を加えて構成したものである。ここで紹介している研究成果・理論は英語に限らず、他のさまざまな人間言語にもあてはまるものであることに留意されたい。それぞれのトピックについてより詳しく調べたい人のために、本文の中にはいろいろな参考文献も含めた。

8.2 言語獲得
8.2.1 こどものことば：発達のプロセス

　母語にかかわりなく、子供のことばの発達は一般的に以下のプロセスをたどる。

なん語期 (babbling stage)	3ヶ月～	言語音と思われる音を出すが、単語にはなっていない段階。例：ba,ma,gaこのなん語には乳児の母語には存在しないような言語音も含まれている。
一語期 (one-word stage, single word stage)	10ヶ月～	聞き手が状況などを用いて、その一語を文として理解している段階。例：doggie
二語期 (two-words stage)	18ヶ月～	二語で文を表現する。軸文法（後のセクションで解説）の分析対象となっている段階。例：Mommy sock
多語期 (multiword stages)	24ヶ月～	三語以上の文を発話できる段階。例：Mommy no play

　まだ言語を発していない段階の乳児でも基本的な言語音の特徴や音節を知覚していることが実証されている。Eimas *et al.*(1971) は、生後1～4ヶ月の幼児にセンサーつきのおしゃぶりを吸わせてその吸引の頻度の変化を測定するという方法で、乳児の言語音の知覚に大人と同じ特性が見られることを証明した。

8.2.2 幼児の言語知識

　子供は周囲の大人の真似をして言葉をおぼえるような印象を持つ人は少なくない。日常生活では一見そのように思えるかもしれないが、幼児の母語の発達をよく観察していくと決してそうではないことがわかる。もし幼児が大人の話し方を真似して言葉をおぼえているとすると、次の2点が予測できるはずである。

- 幼児は大人が発話しない文や単語を決して使うことはない。
- 周りの大人の発話の内容や頻度によって個々の幼児の言語発達のパターンが影響される。(つまり、無口な大人に育てられた幼児、文法をあまりよく知らない大人に育てられた幼児の言語発達は他の幼児よりも遅れる。)

しかし、実際には上の予測は二つとも事実に合わないことが報告されている。
　もし子供が大人の真似をすることによって母語を獲得するのであれば、子供の言語発達は初めから文法的には大人と同じ発話のみを許す形で進んでいくと予測できる。しかし実際には、子供は大人が使ったことのないような文やことばを自分で考え出して使っていることが観察されている。例えば、下の例では、幼児が *hay putter* や、*breaked* という単語を自分で創り出して使用している。

　　(1) One day the dog ate his food and the rooster ate his food and then the duck did. Then the hay got into the hay putter and the hay putter put the hay where it belonged.
　　(2) I breaked it.

〔Akmajian *et al.* 1995〕

A Tip for Thinking(8-1)

　英語を母語とする子供達が一番早く習得する形態素は-ingであると言われている。過去を表す形態素-edは、不規則変化動詞、例えば、drankとかtookのようなものを先に獲得し、その後一時的にdrinkedとかtakedとか、親が決して発さないような語を自ら作り上げて発話する。もちろん、少し時間が経過すると規則変化動詞は-edを付け、不規則変化動詞はそれ固有の変化をすることが定着していく。

　幼児が語形成についての理論、つまり**形態論**(morphology)の規則を誰にも教えられないで認識し、使用しているという事実を確かめるためにBerko(1958)

は、wugという実際に存在しない単語の複数形を幼児に尋ねてみるという実験を行なった。もし子供が大人のことばの真似で言語を獲得していくのなら、実際に存在していない単語の複数形は作ることはできないはずである。しかし、子供達は文法的な複数形(wugs)を難なく作ることができた。これらの観察は子供が大人の発話のコピーを貯えることでことばをおぼえるということではなく、子供が何らかの文法の知識を、今までに聞いたことのないようなデータに適用していることを示している。

　統語論の獲得研究では、Thornton (1990) が幼児がパペットに質問をするという状況を作り出して、want to から wanna への縮約が可能な文とそうでない文の幼児の発話を比較した。その結果、3-5歳児に**wanna縮約**(*wanna*-contraction)にかかわる制約の知識が存在しているということが示された。英語話者の間では、wannaは乱れたことばであり、文法の一部として教えるようなものではないと一般的に考えられている。ゆえに、親や小学校の教師がどういう場合に縮約ができるかを子供に指導するような機会はまず考えられない。仮に、例外的にこの縮約に関する条件を子供に教えようと考えたとしても、その条件の説明にはwh句の**痕跡**(trace)のような極めて抽象的な概念を必要とするため、言語学の訓練を受けていない人がその性質を理解することは大変困難といえよう。それにもかかわらず3-5歳児が非文法的なwanna縮約を生成しないという事実は、文法の知識が他者に教えられるものではなく、生まれつき備わっているという可能性を強く示している。

　それでは、その知識は人間の一般的問題解決能力を言語データにあてはめただけのものなのだろうか。それとも言語知識は、他の認知能力から独立した言語に特有のものなのだろうか。

A Tip for Thinking(8-2)

英語母語話者の言語習得過程では次のような、一見奇妙な発話が観察される。

Is I can do that?
Is Ben did go? (Akmajian and Heny 1975: 17)

3歳の子供の発話である。英語の疑問文は主語助動詞倒置(Subject-Auxiliary Inversion: SAI)を用いて形成されるが、この例における文頭のIsは本来のbe動詞としての機能は果たさず、単に疑問文のマークとして機能している。日本語が「か」を文末につけることにより疑問文を形成するのと似ていると言える。

8.2.3 言語のモジュール仮説と心理言語学的データ

Fodor(1983)は、認知能力は役割別にモジュール(機械のパーツのようなもの)に分かれている部分と、そのモジュールを束ねる存在である**中央系**(central Systems)の二層になっていると考えた。これを人間の認知能力の**モジュール仮説**(modularity hypothesis)という。たとえば視覚は独立したモジュールであり、刺激(目に見えるもの)の処理は中央系に属する信念や予備知識に影響されずに行われる。錯覚・だまし絵などを考えてみよう。頭で「これはだまし絵だ」とわかっていても錯覚それ自体を防ぐことはできない。これは視覚刺激が独立したモジュールから成り立っている可能性を強く示している。

言語能力がモジュールを形成するかどうかについては研究者によって意見が大きく分かれている。しかし、言語獲得研究において言語能力が他の認知能力と独立して発達することを示唆する例が報告されている。その中でも有名なものはYamada(1990)によって出版されたLaura(仮名)という女性の言語能力の記録である。この女性の研究当時の年齢は17歳だったが、知能発達障害のため、知能指数は2歳児に近い数値を示していた。それにもかかわらず、Lauraの言語能力(文法の知識や発話能力)は2歳児をはるかに超えるレベルであることが報告されたのである。

もう一つの関連研究は**遺伝子**(gene)の異常によって引き起こされる知的障害である**ウィリアムズ症候群**(Williams Syndrome)患者の言語能力の研究である(Bellugi et al. 1988)。Lauraの場合と同様に、患者たちの言語能力は文法・特に語彙能力で同年齢の子供を上回っていることが明らかになっている。これらの言語データは言語能力が一般の認知能力とは独立して発達すること、つまり言語知識のモジュール性の証拠としてとらえることができる。

8.2.4 インプットの問題：刺激の貧困

母親からのインプットを**母親語**(motherese)というが、近年の研究では**親語**(parentese)と呼ばれることもある。このインプットが子供にとって重要な言語データであることはいうまでもない。しかし、親子の会話の分析結果では、子供の文法知識はすべて周りの大人に教えてもらったものではないことも明らかになっている。下の例では、大人が子供の不規則動詞の過去形(*taked*)を訂正しているが、子供は自分の使った文が文法的に訂正されていることを理解していない。

(3)　Child:　I taked a cookie.
　　　Adult:　Oh, you mean you took a cookie.
　　　Child:　Yes, that's right, I taked it.

（Akmajian *et al.*1995）

　この例に見られる通り、大人が子供の発話を訂正しても、どこがどういう理由で直されているのかは伝わっていないことがほとんどである。
　また、実際に大人が子供の発話を訂正するときには、文法そのものではなく、話している内容が事実と合っているかどうかだけが問題となるという分析結果がBrown and Hanlon（1970）によって報告されている。下の（4）の例では、子供が文法的に誤った文（大人の発話では*he*は*she*となるはずで、さらに必要なbe動詞も抜けている）を発話したにもかかわらず、母親の反応は肯定的である。

(4)　Child　:　Mama isn't a boy, he a girl.
　　　Mother:　That's right.

下の例では、子供が発話した文は文法的には正しいが、内容が事実と符号しないので母親は訂正を行っている。

(5)　Child　:　There's the animal farmhouse.
　　　Mother:　No, that's a lighthouse.

　他にも、Newport *et al.*（1977）は、親からのインプットと文法発達の関係を調べるために、6ヶ月の時間をおいて、15人の母親と幼児の会話の記録を二度にわたって行った。そのデータを分析した結果、使われた文の長さ・複雑さ・文型などに関しては、母親と幼児の発話の間にはほとんど関連性が見られないことが明らかになった。つまり、幼児が文法などについての知識を大人に教えてもらうとは考え難いということである。これらの例を見ても、子供が母親の訂正の有無によって文法の知識を学ぶことはできないということがわかる。
　子供は大変複雑な文法の知識を獲得しなければならないのに、周囲の大人から与えられる言語資料は実に貧弱なものである。大人の母語話者が必ずしも文法的な文だけを使っているわけではないこと、非文法的な文を非文法的だと明確に示す**否定証拠**（negative evidence）が欠如していること、そして、子供が獲得する文法は無限の数の文を生成できるのに、与えられる言語データは有限

であること、これらの状況を称して**刺激の貧困**(poverty of stimulus)という。しかし子供が獲得する言語の知識は、実際に耳にする有限の言語資料を超えた無限の文を生成できるシステムなのである。

8.2.5 プラトンの問題

人間言語の獲得のような「知識が経験を上回っている」という観察は、**プラトンの問題**(Plato's problem)と呼ばれている。プラトンは『メノン』の中で幾何学の問題を取り上げて、生得的な（生まれながらにして既に備わっている）知識の存在について次のように述べている。

> 「こうして、魂は不死なるものであり、すでにいくたびとなく生まれかわってきたものであるから、そして、この世のものたるとハデスの国のものたるとを問わず、いっさいのありとあらゆるものを見てきているのであるから、魂がすでに学んでしまっていないようなものは、何ひとつとしてないのである。…それはつまり、探求するとか学ぶとかいうことは、じつは全体として、想起することにほかならないからだ。」プラトン（藤沢令夫訳）『メノン』（岩波書店：1994）

生成文法(generative grammar)においてはこの**生得性**(innateness)の考え方が人間言語の知識にもあてはまると仮定している。この考え方にもとづいて提案された、言語の知識と言語獲得のプロセスに関する理論を簡単に解説する。

8.2.6 原理とパラメータのアプローチ（principles and parameter approach: P&P Approach）

生成文法において仮定されている言語獲得のモデルは下の図のようなものである（Chomsky 1986）。

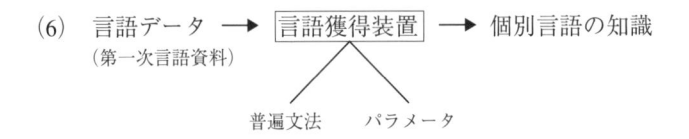

(6)　言語データ　→　言語獲得装置　→　個別言語の知識
　　　（第一次言語資料）
　　　　　　　　　　　普遍文法　パラメータ

言語データは**第一次言語資料**(primary linguistic data：PLD)とも呼ばれ、子供たちの周囲で話している人や子供たちに話しかけてくる人たちの発話そのも

のである。**言語獲得装置**(language acquisition device: LAD)は、**普遍文法**(universal grammar: UG)と**パラメータ**(parameter)から構成されており、人間が種として生まれながらに持っている、つまり**生得的な**(innate)知識であると仮定されている。普遍文法は、どのようなタイプの言語が人間言語として許されるかという範囲を規定することによって、子供がまわりで聞きとる言語データの処理の可能性を狭め、それによって短期間で効果的に言語を獲得することを助けると仮定されている。普遍文法は文法を規定する原理から構成されているが、その原理の多くにパラメータが含まれている。実際に獲得しようとしている言語において、普遍文法の一部として用意されている原理のどれが活性化するべきかを規定するのがパラメータの役割である。一般的に、パラメータの値は正(プラス)もしくは負(マイナス)であると仮定されている。

ある特定の言語の獲得は、その言語に必要な原理のパラメータの値を設定すること、つまり**パラメータ値の固定**(parameter setting)によって達成される。例えば、「主語が省略できる(空主語が可能である)」という**空主語パラメータ**(pro-drop parameter)の値が正であると設定されると、その文法は主語が省略された文を文法的な文として生成することになる。イタリア語やスペイン語の文法などがこのグループに該当する。

― *A Tip for Thinking(8-3)* ―
　英語ではwh疑問文の場合、wh語は文頭まで移動しなければならない。埋め込み文中にwh語がある場合も同じで、そのような場合には長距離をwh語が移動することになる。例えば、Who do you think John met *t* ?のような文では、文頭のwhoが痕跡 *t* の位置から移動している。この場合、第4章で見たように、埋め込み文の補文標識Cの位置に移動し着陸してから、更に文頭に移動している。勿論、この位置に着陸したかどうか見ただけではわからない。しかし、子供の言語習得過程ではこれを示すと思われる現象が観察されている。子供の発話にはWho do they say who the monsters pushed *t* out of bed?のように途中埋め込み文の補文標識の位置にwhoが残っている。(Crain and Thornton 1990:14)

8.2.7 言語獲得・言語習得の臨界期

先のセクションでは生得的な言語知識の理論について述べてきたが、個々の言語のデータとそれが得られるタイミングも母語の獲得に不可欠であることは言うまでもない。言語獲得には**臨界期**(critical period)というものがあり、この時期を過ぎてしまうと母語の獲得が不可能もしくは困難になるといわれている。Lenneberg(1967)によると、この臨界期を過ぎる前であれば、言語を処理すると仮定されている左脳に損傷を受けた場合でも**失語症**(aphasia)の症状を残さずに言語能力が回復することがわかっている。この臨界期は正確な年齢で

はなく思春期前後と考えられている。

この臨界期の存在を裏付ける例がジーニー（Genie・仮名）の事例である（Curtiss 1977）。この女性は幼少時より長期にわたって親に監禁された結果、13歳7ヶ月になるまで人間のことばを耳にする機会が皆無であった。救出後に7ヶ月にわたる訓練を受けて数字や単語を学習したが、それらの語を組み合わせて（つまり統語論の知識を使って）文を作ることはできなかった。

ジーニーの事例は母語の獲得の臨界期の存在に関わるものだったが、外国語の習得に同じような臨界期があてはまるかどうかは議論が分かれている。思春期を過ぎてから外国語の勉強を始めた人でもネイティブスピーカー並みの発音を身につける人が決して少なくないことから、外国語学習に厳密な臨界期の存在を論じることは困難である。近年では臨界期よりも言語学習達成度の個人差を考慮した**敏感期**（sensitive period）という考え方も提案されている。

8.2.8 言語獲得研究の方法論

大人の話者と違って、幼児には文法性の判断を直接質問することができない。よって言語獲得の研究を行う際には、その分析対象となるデータをどのようにして収集するかは大変重要な問題となる。データ収集の方法としては、実験研究と自然発話のコーパス分析の2つがある。実験研究では、自然発話では必ずしも観察できないような文型や、普段の発話行動では明確に確認できないような文解釈についての幼児の文法知識を確認することができる。しかし、研究の対象となる文法知識が早期（3歳以前）に獲得されていると思われる場合には、実験によるデータ収集は難しい。早期に獲得される文法知識で、しかも、その知識を示す言語データが自然に多く観察されるようなものである場合には、自然言語コーパスが唯一のデータ収集法となる。言語コーパスとは、自然な状況で話されたことばをそのまま録音、もしくは、ビデオ録画したうえで、印刷物、もしくは、コンピューター検索ができる形に書き起こしたものである。現在、世界の言語獲得研究者の間で最もよく使われている幼児言語コーパスは、カーネギーメロン大学のBrian MacWhinneyが責任者をつとめるCHILDES（Child Language Data Exchange System）である（MacWhinney 2000）。

A Tip for Thinking(8-4)

虹は何色かと問われれば、普通7色と答えるであろう。英語でも、虹の色は<u>R</u>ichard <u>o</u>f <u>Y</u>ork <u>g</u>ained <u>b</u>attles <u>i</u>n <u>v</u>ain.の下線部の頭文字をとって、red, orange, yellow, green, blue, indigo, violetとしているようである。ところが、アフリカの言語Bassa語（リベリアの一言語）では色彩語（color term）は2語しかない。Berline and Kay (1969)によると、100ほどの言語を調べた結果、色彩語に関して次のような階層があるらしい。

$$\left\{\begin{array}{c}\text{white}\\\text{black}\end{array}\right\} \text{----} \left\{\text{red}\right\} \text{----} \left\{\begin{array}{c}\text{green}\\\text{yellow}\end{array}\right\} \text{----} \text{blue} \text{----} \text{brown} \text{----} \left\{\begin{array}{c}\text{purple}\\\text{pink}\\\text{orange}\\\text{grey}\end{array}\right\}$$

今、仮にある言語がblueに対応する色彩語を持っていることが判明したとすると、blueより左に位置する色彩語は調べなくても存在すると推測することが出来るのである。上で述べたBassa語に色彩語が2色しかないとすると、その2色とはwhiteとblackであると予測される。そしてこの予測は正しい。

8.2.9 軸文法と主要部パラメータ

生後18ヶ月前後から始まる二語期の子供の発話を分析する考え方に、**軸文法** (pivot grammar) がある。Brain (1963) によって提案された分析で、初期の幼児の発話における単語の組み合わせでは両方の単語がランダムに選ばれているのではなく、**軸語** (pivots : P) に**開放語** (open words : O) が組み合わされているという観察に基いている。典型的な例は以下のようなものである。

(7) more car, more cereal, more cookie, more fish（軸語：more）
(8) All broke, all buttoned, all clean, all done（軸語：all）

これらの例に基いて4つの規則「P+O」「O+P」「O+O」「O」からなる軸文法が提案された。

しかし、軸文法の考え方にはいろいろな問題点がある。まず、軸文法は大人の文法と本質的に異なっているが、どのようにして子供の言語が軸文法から大人の文法へ移行するのか定かではない。また、上の4つの規則にあてはまらない発話も多く記録されている。Goodluck (1991) は、この軸文法を句構造の**主要部パラメータ** (head parameter) と組み合わせて解釈しなおしている。つまり、軸語は句の主要部にあたる部分で、開放語が補部にあたるという考え方である。英語を母語とする子供の場合でも、次のような**主要部先行型** (head-initial) と**主要部後続型** (head-final) の両方のパターンが見られる。

(9) 主要部先行型パターン

more car, more cereal, more cookie, more fish（軸語：more）

(10) 主要部後続型パターン

Boot off, light off, pants off, shirt off（軸語：off）

すべての二語発話がこれらのパターンにあてはまるわけではないが、Goodluck の解釈を仮定すると、軸文法は決して大人の文法知識（句構造とXバー投射のシステム）からかけ離れたものではないとも考えることができる。

A Tip for Thinking(8-5)

　言語にはイタリア語やスペイン語のように、主語代名詞を表現しない言語と、英語やフランス語のように必ず表現しなければならない言語がある。前者をpro-drop言語といい、どちらの言語形式になるかを決める変数をpro-drop変数（pro-drop parameter）と呼ぶ。初期の言語習得過程においては、英語もpro-drop言語であり、途中からpro-drop言語でなくなる。この変数の再設定（reset）には、虚辞のthere（expletive *there*）が関係しているらしい。英語やフランス語では虚辞という要素が存在するが、イタリア語やスペイン語に虚辞は無い。つまり、英語では、意味的には主語を必要としない文の場合でも主語は統語上必要なので意味を持たないthereを入れなければならない。これが子供の変数設定を変えるという主張がある。

練習問題 ①

a. 「子供が大人の真似をして言語を獲得する」という仮定は支持されるか。例をあげて論じなさい。

b. モジュールとは何か。人間言語がモジュールを形成するかどうかについて例をあげて論じなさい。

c. プラトンの問題とは何か。それに生成文法の理論がどう応えているか説明しなさい。

d. 言語獲得の研究を行う際のデータ収集法を比較し、それぞれの利点と欠点を述べなさい。

8.3 統語解析

8.3.1 文処理のプロセス

　日常的には、人は（知らない外国語でない限り）はっきり意識することなく瞬時に聞いた文を理解しているが、このプロセスには多くのステップがかかわっている。**文処理**（sentence processing）にはおおまかに考えても次の5つの異な

ったレベルでの作業が考えられる。

(11) 音の処理→語の処理→統語構造の処理→意味解釈→語用論的解釈

　音の処理では、音の連鎖を単語ごとに区切る処理が行われる。語の処理では単語を脳内辞書もしくは心的辞書(mental lexicon)に照らし合わせて、それぞれの語の統語情報や意味情報を取り出す。次に統語構造の処理では、辞書からの情報と文法の知識に基づいて文の構造を分析する。その後、処理された文に論理的・意味的に可能な解釈を与えられ、最後に、文の意味が今の文脈では何を示し得るかを判断する語用論的解釈が行われる。
　文の理解(文処理)には、このような複雑なプロセスが関わっている。しかし、ひとつひとつの文を最後まで聞いてから解析を始めていては時間がかかりすぎてしまう。実際には、話者の**解析器**(parser)は文を聞きながら解析を進めているということがわかっている。そのことを示す例について以下に簡単に解説する。

8.3.2 文処理の暫時的プロセス：ガーデンパス現象

　下の文が**ガーデンパス効果**(garden-path effect)をひきおこす典型的な例である。

(12) The horse raced past the barn fell.

　この文を英語の母語話者に読んでもらうと、多くの話者は途中で文の意味がわからなくなって、文頭に戻って考え直すのである。話者によってはこの文の意味がまったくとれない場合もある。ここで重要な役割を果たしているのは上にあげた**統語解析**(syntactic parsing)のプロセスである。この文を正しく理解するには、次に述べるような統語構造の理解が必要となる。まず、racedをhorseを修飾する過去分詞として解釈しなければならない。この処理ができてはじめて、最後のfellが主文の動詞であることが理解できる。しかし、もしこのracedを自動詞の過去形として解釈してしまうと、barnの後にあらわれる、fellが統語的に処理できなくなってしまう。つまり文の構造の中にfellが入る場所がないということである。よって文処理をはじめからやり直すか、解析がまったくできなくなってしまうという結果となる。これがガーデンパス効果である。ガーデンパスの存在は、話者が文を聞き始めると同時に、文の最後を待たずに文

処理を開始しているということを示している。

A Tip for Thinking(8-6)

When did John say he hurt himself?という文は曖昧である。whenがsayにかかる解釈と、whenがhurt himselfにかかる解釈があるからである。ところがこの文にwhereを入れて、When did John say where he hurt himself?とすると、曖昧性が無くなる。理由は第4章で見た下接の条件で説明出来る。英語の母語話者であれば、4歳の子供でも無意識のうちに知っていることである。

8.3.3 ガーデンパスがなぜ起こるか：統語解析の理論

　文処理の理論を考えるにあたって、先に見てきたガーデンパス現象が起きる場合とそうでない場合を比べることは大変重要である。この現象の存在によって、母語話者が文処理を行う際に何らかの予測をたてて特定のパターンの統語解析を行っていることがわかるからである。

　Frazier and Fodor (1978) はこの現象に句構造を使った分析を用いた。彼らは、**最少付加**（minimal attachment）という分析を提案した。最少付加とは、解析器が最初にとる手順と考えられるが、新しい要素を処理中の構造内に取り込む際には、それを付加するための節点の数がなるべく少なくなるようにすることである。たとえば、先ほどの例で、ガーデンパス現象を引き起こす統語解析は以下のようなものである。前に説明したように、この構造には最後の動詞fellを付加できる場所が存在しない。

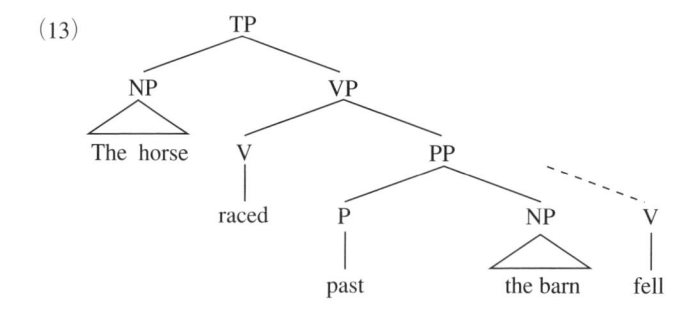

(13)
```
              TP
           /      \
         NP        VP
        / \       /  \
    The horse    V    PP
                |   /    \ ┈┈
              raced P    NP   V
                    |   / \   |
                  past the barn fell
```

それに対して、解釈可能な統語解析は以下のようになる。

(14)

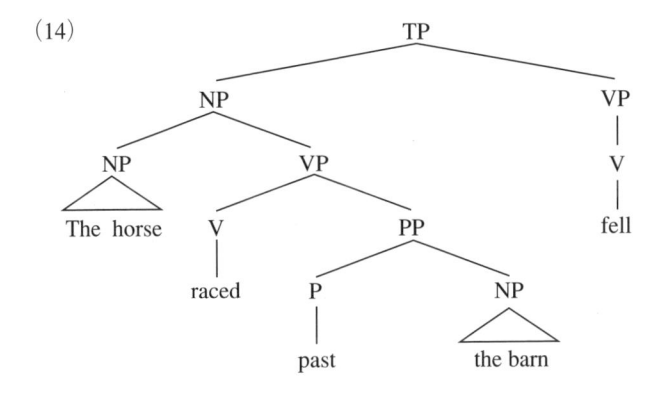

```
            TP
           /  \
         NP    VP
        /  \    |
       NP   VP  V
       △   / \  |
   The horse V  PP  fell
            |  / \
          raced P  NP
                |  △
              past the barn
```

この2つの樹形図で、前半部分 (*the horse raced past the barn...*) を比較すれば、(13) の方が節点の数が少なく、それに対して (14) では名詞句がひとつ余分に現れている。最少付加によって (13) の統語解析が選択され、その結果として文の最後で解析が行き詰まってしまう、つまりガーデンパス現象が起こると論じられたのである。最少付加は最も節点の少ない、つまり最も単純な構造を作ることが**解析器 (parser)** の負担を少なくするという仮定に基いている。

練習問題 ②

a. ガーデンパス効果とは何か。それがなぜ文処理の研究にとって重要となるかを簡潔に述べなさい。
b. 最少付加とは何か。例をあげて説明しなさい。

8.4 脳とことば

8.4.1 言語の局在化

　脳の中のことばの座、つまり脳のどの部分が言語に関わっているかという問題は紀元前の昔から様々な研究者によって考察されてきた。19世紀初期の神経解剖学者Gullは脳の表面を地図のように区切って、脳のいろいろな部分とそれが司る機能を示す図を作成したが、それによるとことばの機能は左脳に位置している。実際には言語のような高次機能は脳のいろいろな部分が同時に機能して処理されているので、Gullが作ったような「脳の地図」で端的に表すことはできない。しかし、脳全体がすべての人間の認知能力を扱うのではなく、異なった部分が異なった機能にかかわるという点を示したのは重要な貢献であっ

た。その後、19世紀後半になると、フランスの外科医Brocaが発話を司る部分である**ブローカ野**(Broca's area)、ドイツの精神科医Wernickeが言語の理解を司る部分**ウェルニケ野**(Wernicke's area)を発見し、脳と言語の研究が盛んになった。

A Tip for Thinking(8-7)

我々の脳は約1000億個の神経細胞(neuron)がある。しかしこれは脳全体の話であり、言語中枢などがある大脳皮質(cerebral cortex)には140億個ほどの神経細胞しかない。大脳皮質では一日約10万個の神経細胞が死んでしまう。

8.4.2 失語症のパターン

ブローカ野(左半球の第三前頭回脚部)になんらかの損傷を受けた場合に起こる**ブローカ失語症**(Broca's aphasia)の特徴は、言語を理解する能力はよく保たれているのにもかかわらず、発話が著しく阻害されることである。ブローカ失語症患者の発話の一例は次のようなものである。患者が質問者に聞かれていることを正確に理解していることに注意すること。

(15) Examiner : Tell me, what did you do before you retired?
　　　Aphasic　 : Uh, uh, uh, puh, par, partender, no.
　　　Examiner : Carpenter?
　　　Aphasic　 : (shaking head yes) Carpenter, tuh, tuh, tenty (20) year.
　　　Examiner : Tell me about this picture.
　　　Aphasic　 : Boy... cook... cookie...took....cookie.

(Akmajian *et al*, 1995)

このタイプの失語症では、発話内での文法的な誤りが多いことや、理解においても受動態と能動態のような文法に基く区別が困難であることが観察されている。よって**失文法**(agrammatism)とも呼ばれている。

A Tip for Thinking(8-8)

失語症(aphasia)の中にはきわめて局所的なものがある。例えば、脳卒中を患ったある患者は、普通の言語活動には何ら支障を来さないが、何と受動態だけが理解出来ないという症状を示した。A leopard was killed by a lion. Which animal was dead?と尋ねられて、答えられなかったという事実がある。

それに対して、ウェルニケ野に障害を持つ**ウェルニケ失語症**（Wernicke's aphasia）の患者の発話は流暢だが、患者自身は周囲に言われたことがよく理解できない。また、話していることのつじつまがあわない、または回りくどい言い方になってしまう。下はウェルニケ失語症患者の発話の例である。

(16) Examiner : Do you like it here in Kansas City?
　　 Aphasic　 : Yes, I am.
　　 Examiner : I'd like to have you tell me something about your problem.
　　 Aphasic　 : Yes, I ugh can't hill all of my way. I can't talk all of the things I do, and part of the part I can go alright, but I can't tell from the other people. I usually most of my things. I know what can I talk and know what they are but I can't always come back even though I know they should be in, and I know should something eely I should know what I'm doing...
（Akmajian *et al*, 1995）

先のブローカ失語症患者とくらべてもスムーズに発話が行われているが、患者が自分の言いたいことを示す的確な表現がなかなか見つけられない様子がうかがえる。

上の2つはあくまでも代表的なパターンであり、障害の場所、障害を受けた年齢、障害の程度などによって異なったパターンの症状が見られる。他にも文字の読み書きに障害を示す失読失書という症候群もある。

8.4.3 近年の研究：言語学的失語症学

脳と言語の関係に関する臨床研究の方法は事故や脳梗塞などの原因で、ブローカ野、ウェルニケ野その他の言語に関わる脳の部分に障害をきたした失語症患者の言語能力の分析を行うことであった。それに加えて、近年になってからはPET（positron emission tomography、陽電子放射断層撮影法）やfMRI（functional magnetic resonance imaging、機能的磁気共鳴画像法）などの機能的画像法が発達し、健常者がいろいろなタスクを処理する際に脳のどの部分が活性化しているかを記録することができるようになった。生成文法からXバー原理・格原理・θ原理・束縛原理などの普遍文法の知識を踏まえて、失語症は文法の原理にかかわるパラメータの保持や喪失であるという説明を行おうとする研究分野が発展した。その分野の中心人物Caplanはそれまで**神経言語学**

(neurolinguistics) と呼ばれていた分野を**言語学的失語症学** (linguistic aphasiology) と名づけた (Caplan 1987)。

A Tip for Thinking(8-9)

てんかん症状の治療にかつて脳梁（写真中央の白い部分）を切断する手術が行われたことがあった。脳梁を切断するということは左右の脳の情報の受け渡しがうまくいかないことを意味し、そのような手術を受けた患者には奇妙な後遺症が残った。患者にディスプレーの中央を凝視するように指示する。このようにすると、左画面は右脳に、右画面は左脳にその情報が入る。この状態で中央より右側に靴やフットボールのボールなどを瞬間的に表示して見せると、何の問題もなく言葉でa shoeとかa footballなどと適切に答えることが出来た。ところが、画面左側に女性が電話で話している絵を瞬間表示したところ、答えはa jumping rope（縄跳び）であった。その後で、手元を本人から見えないようにして左手で今見えたものをペンで書かせると、なんとtelephoneと書いたのである。口で言ったことと手で書いたことがバラバラになったのである。これは右半身は左脳が司り、左半身は右脳が司っているという事実と、言語中枢は左脳にあると言うこと、そしてこの患者は脳梁が切断されていると言うことを考え合わせれば、この奇妙な現象にある程度の答えが得られる。考えてみよう。

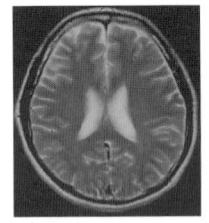

練習問題 ③

a. ブローカ失語とウェルニケ失語の損傷部位と症状を比較して述べなさい。
b. 脳と言語に関する臨床データの集め方にはどのようなものがあるか。19世紀後半と近年の研究を比較して述べなさい。また、近年のデータの利点としては何が考えられるか。

8.5 バイリンガリズム

バイリンガル研究にはおおまかに社会的な側面と心理言語学的な側面に分けられる。ここでは特に心理言語学に関する研究をとりあげる。

8.5.1 バイリンガリズムの定義の問題

端的にいって**バイリンガリズム** (bilingualism) という用語には包括的な定義は存在しない。最も狭義な定義はBloomfield (1933) の提案した、2つの言語をネイティブスピーカーのようにコントロールできることであり、その反対の極端はHaugen (1953) のある言語の話し手が、もう一つの言語だけで完全にまとまった有意味な会話ができる時点をバイリンガルの出発点と考えるものである。実際のバイリンガル話者はこの両極端の間のどこかの部分にあてはまると

考えられる。

　しかし、バイリンガルを定義する際の問題点はバイリンガリズムは動的な過程であること、つまり時期によってバイリンガルの度合いが変わり得ること、そして読む・聞く・話す・書くの4技能のそれぞれでバイリンガルの度合いに差があり得ること、さらに家庭・学校・職場・地域などで使用言語の能力に差が出ることなどがあげられる。たとえば、家ではスペイン語を話していても、英語で学校教育を受けた場合は職場や生活している地域では英語の方が使いやすく感じるというバイリンガル話者も多く見られる。バイリンガル研究を行う際には、これらの点を踏まえてバイリンガルをどう定義するかというところから始める必要がある。

---*A Tip for Thinking(8-10)*---
　神経細胞が数万個集まったコラムという脳単位がある。幅は0.5mm、高さ2, 3mmの脳細胞のかたまりである。これがつながって大脳皮質を構成している。あるコラムは視覚の中である特定の角度に反応し、ネズミのひげはその一本が1コラムに対応する。このように脳の機能最小単位はコラムであると言われている。

8.5.2 複合バイリンガリズムと等位バイリンガリズム

　Ervin and Osgood(1954)の文献によって普及した用語だが、**複合バイリンガリズム**(compound bilingualism)というのは、2つの異なった言語の間に一つの意味体系を持つ場合をいう。つまり「いぬ」あるいはdogのどちらの単語を聞いても、それと結び付けられる意味は一つということである。子供の頃から2つの言語を聞いて育った話者に多いとされている。それに対して**等位バイリンガリズム**(coordinate bilingualism)というのは、2つの異なった言語に別々の意味体系を持つ場合である。この場合はそれぞれの言語を聞いたときに思い起こされる感情・感覚などはそれぞれの言語によって違うと仮定されている。たとえば「家」と聞いたら日本のこぢんまりとした家を連想し、「house」と聞いたら広広とした家を連想するようなことである。

　これまでにこの二つのバイリンガリズムの区別が心理的に実在するかについて、様々な実験が行われた。たとえば二つの異なった言語の単語について想起するイメージを図に示すというようなsemantic differentialを扱ったものなどが例としてあげられる。また、前のセクションで解説した失語症の患者のうち、バイリンガルの人の回復過程を分析したものもある。(Romaine 1995にいろいろな実験が紹介されている。)しかし、結果については、実験プロジェクトによって正反対のものが報告されている。矛盾する結果が報告された最大の理由は、

先ほどのセクションで見たように、バイリンガリズムの定義がはっきりしていないことである。つまり、研究者が採用したバイリンガリズムの定義（複合・等位の違いをどのように区別するかなど）がそれぞれの研究で異なっているため、プロジェクト間の比較が難しくなっているのが現状である。同じことが次に紹介するコードスイッチングの研究でも見られる。

8.5.3 コードスイッチング・混合・借用

コードスイッチング(code-switching)とは、発話の中で複数の言語をところどころで交替させて使用することである。**単語単位のコードスイッチング**(intra-sentential code-switching)や、**文単位のコードスイッチング**(inter-sentential code-switching)などがある。単語レベルのコードスイッチングの例は以下のようなものである。

  (17) kodomotachi liked it.
(Nishimura 1986, cited in Romaine 1995)

Romaine (1995) は、コードスイッチングは言語の乱れではなく、バイリンガリズムの自然な言語使用として認められるべきだと主張している。

 近年の研究ではコードスイッチングを文法的な側面と談話・語用論的な側面に分けるものが多くなっている。しかし、バイリンガルのコードスイッチングのパターンを研究する場合の問題点は、コードスイッチング・**混合**(mixing)・**借用**(borrowing)をどのように区別するかが明確でないことである。たとえば、文内での単語レベルの言語の交替を「混合」としてコードスイッチングとは区別する研究者もいる。モノリンガルの発話においてもコードスイッチングは行われるし、言語は常に他言語から新しい単語や表現を借用している。コードスイッチング・混合・借用は一見同じように見えるために、研究者の間で区別が一致せず、異なる研究間で矛盾する分析結果が出る一因となっている。

練習問題 ④

a. バイリンガリズムの定義についての問題点とは何か。
b. バイリンガリズムのタイプにはどのようなものがあるか例をあげて説明しなさい。またその分類法を使った実験研究の問題点を述べなさい。
c. コードスイッチングとは何か。例をあげて論じなさい。

第9章　英語の歴史

9.1 はじめに

　自然言語はそれぞれの発生から長い年月を経て現在の姿になった。その途中でいろいろな要因の影響を受け、変化を遂げてきたし、これからもそれは続くであろう。英語の歴史は英国の歴史と深いかかわりがあり、英国は幾度となく多民族の侵略を受けた。他の言語と接触を繰り返し、劇的な変化を遂げ、現在に至っている。

　英語の歴史は発達に応じて、次の4つの時代に区分することができる。

(1)　古英語　　（Old English: OE）　　　450-1100
　　 中英語　　（Middle English: ME）　 1100-1500
　　 近代英語　（Modern English: ModE）　1500-1900
　　 現代英語　（Present-day English: PE） 1900〜

　英語はゲルマン民族の侵入（449年）に始まるが、古英語で書かれた最古の文献は700年頃であるため、古英語を700-1100とすることもある。

　英語は系統的には、**インドヨーロッパ語族**（Indo-European）の一派である**ゲルマン語派**（Germanic）の**西ゲルマン語**（West Germanic）に属する。ドイツ語、オランダ語も西ゲルマン語に属し、英語とは兄弟関係にある。英語は大きな変化を遂げたため、現代英語の文法とドイツ語の文法はかなり異なったものになってしまっているが、古英語の文法はドイツ語の文法に近くゲルマン語の特徴を色濃く残している。ドイツ語の知識があれば、古英語は比較的理解しやすい。

9.2 古英語期以前

　紀元前2000年頃、ケルト民族（Celt）がヨーロッパ大陸から渡り、紀元前6世紀頃までに、ブリテン島はケルト化された。紀元前55年、54年の2回**ジュリアス・シーザー**（Julius Caesar）は、ブリテン島に侵入し、ケルト人と戦い、ブリテン島はローマ化された。ジュリアス・シーザーが大陸に戻ったあと、紀元後43年に、**クローディアス皇帝**（Claudius）が4万人の兵士を率いて、徹底的な再征服を行ない、ケルト人をウエールズやスコットランドへ追いやった。北部へ追いやられたケルト人は、しばしば南下して略奪を試みたため、120年、ハ

ドリアヌス皇帝(Hadrian)は、このケルト人を制圧するためにブリテン島に渡り、ケルト人の南下を阻止するために防壁を築いた。これが万里の長城のミニ版、**ハドリアヌスの長城**(the Hadrian's Wall)である。(現在のエジンバラ(Edinburgh)南部のカーライル(Carlisle)とニューカッスル(Newcastle)を結ぶものであり遺跡として一部残っている。)しかしケルト人の勢力は強く南下を抑えることはできなかった。

410年にローマ軍が引き上げるまで、ブリテン島はローマ帝国の一部となり、現地の上流階級の人たちはラテン語を日常語として使用していた。暦はローマ暦になり現在に至る。

9.3 古英語期(450-1100)の英国
9.3.1 英国・英語の始まり

410年にローマ軍が撤退した後、5世紀半ばから6世紀にかけて、ヨーロッパ大陸に住んでいたゲルマン民族の一派である**サクソン族**(Saxons)、**アングル族**(Angles)、**ジュート族**(Jutes)などが海を渡り、ブリテン島へ大移動を始めた。ゲルマン民族の大移動である。ゲルマン民族がブリテン島を侵略し、定住することにより、先住民ケルト人は再度、スコットランドやウエールズに追いやられることになった。これが英国民と英語の始まりである。彼らは、7世紀の初めまでに**アングロ・サクソン七王国**(the Anglo-Saxon Heptarchy)と呼ばれる7つの王国を築いた。現在のエセックス州(Essex)、ケント州(Kent)などはこれに由来する。

A Tip for Thinking(9-1)

EnglandはAngle's land(アングル人の土地)を意味する。では、アングル人の「アングル」はどんな意味があるのか。アングル人の故郷の地形と関係がある。ドイツの北部、デンマークとの国境辺りに「アンゲルン(Angeln)」という地名がある。アンゲルンは「釣り針(angle)」を意味する。英語は「釣り針の形をした地形に住んでいた人たちの言語」と言う意味になる。

(2)　アングル族　⇒　東アングリア (East Anglia)
　　　　　　　　　　マーシャ (Mercia)
　　　　　　　　　　ノーサンブリア (Northumbria)
　　　サクソン族　⇒　サセックス (Sussex)、エセックス (Essex)
　　　　　　　　　　ウェセックス (Wessex)
　　　ジュート族　⇒　ケント (Kent)

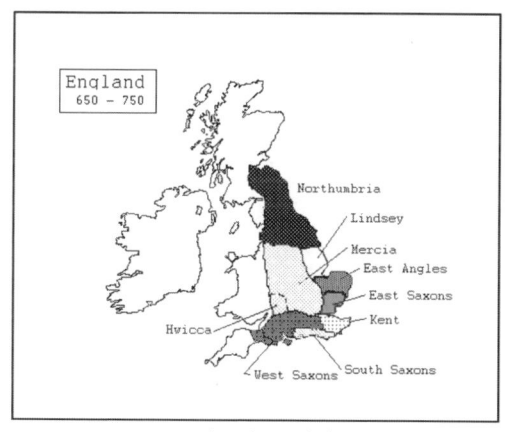

アングロ・サクソン七王国

9.3.2 バイキング

　8世紀になると、スカンジナビア半島や現在のデンマークに住んでいたゲルマン系民族**デーン人 (the Danes)** がブリテン島へ侵略を始めた。彼らは**バイキング (Viking)** と呼ばれ恐れられていた。850年から878年にかけて、デーン人はカンタベリー (Canterbury)、ロンドン (London)、ヨーク (York) に侵攻し、イングランド東部をほぼ支配下におさめた。次なる目標はウェセックスを侵略することであった。このため**アルフレッド大王 (Alfred the Great** 在位871-901**)** は、ウェセックス侵攻を食い止めるために、878年に、デーン人のリーダー、**グスルム (Guthrum)** と**ウェドモー条約 (Wedmore Treaty)** を結んだ。条約により、ロンドンとチェスター (Chester) を結ぶ線の東部はデーン人の領土として認められた。この地域はデーン人の法律が有効になるため、**デーンロー (Danelaw)** 地帯と呼ばれている。デーン人とアングロ・サクソン人は同じゲルマン系の民族であるため、共存できる素地があり、デーン人の言語である**古北欧語 (Old Norse: ON)** は英語に大きな影響を及ぼした。

A Tip for Thinking(9-2)

英語の人の名前には奇妙なスペリングがある。McDonaldとかBrowning, O'Brienである。このMcとか-ingやO'とかはいったい何なのか不思議に思われたことはないだろうか？実は、これは父称（patronymic）と呼ばれるもので、「息子」あるいは「子孫」を意味する形態素で、son ofの意味なのである。以下に父称をまとめてみる。

Mac- ＝ケルト系
　　　MacDonald, McDonald's, MacArthur, Mckenzie, etc.
-ing ＝アングロサクソン系
　　　Browning, Pershing, Canning, Rowling, etc.
-s ＝アングロサクソン系
　　　Jones, Williams, Poppins, Lions, etc.
O'- ＝アイルランド系
　　　O'Henry, O'Brien, O'Connor, O'Neill, etc.
-son ＝スカンジナビア系
　　　Johnson, Anderson, Atkinson, Parkinson, etc.

9.3.3 古英語のアルファベット

英国にやって来たゲルマン人は**ルーン文字**（Rune）をもっていたが、元来ルーン文字は装飾、魔除け目的のものであった。

（3）ルーン・アルファベット（下段は対応するローマ字）

```
ᚠ ᚢ ᚦ ᚠ ᚱ ᚺ ᚷ ᛈ   ᚾ ᛏ ᛁ ᛇ ᛃ ᛉ ᚲ ᛋ
f u þ o r c g w   h n i j ʒ p (x) s

↑ ᛒ ᛖ ᛗ ᛚ ᛜ ᛞ ᚺ   ᚠ ᛖ ᛗ ᛦ ᚨ ᛣ ᛜ
t b e m l ŋ œ d   a æ y ê a k ḡ
```

(Blair, P.H. 1960. *An Introduction to Anglo-Saxon England.* p309)

6世紀に入りキリスト教伝来と共にローマン・アルファベット（ローマ字）が文字として使用されるようになった。古英語のアルファベットは23文字であったが、その中で発音の不備を補うためにルーン文字2文字が採用された。

（4）古英語のアルファベット（23文字）
　　　a æ b c d e f g（OE形 ʒ）h i l m n o p r s t þ ð u ƿ y

[θ]と[ð]の音はþ（thorn）、[w]はƿ（wenまたはwyn）というルーン文字で表された。

さらにローマ字dに横棒をつけてð (eth) と呼ばれる文字が作られた。þとðは[θ]と[ð]の二つの音に対して区別なく用いられた。[æ]を表す文字æ (ash) はローマ字aとeを組み合わせて作られた。1文字1音が原則で文字と音声はおおむね対応していた。kはcで表され、例えばcniht (=knight) [kniçt]のように黙字でなく発音されていた。現代英語のknife, knight, knee などのkはOEではすべて発音されていた。

9.4 古英語の文法
9.4.1 語形変化と活用

古英語では文法関係を**屈折**(inflection)によって表した。屈折とはある語が文中で文法的関係を示すために語形を変えることをいう。名詞・代名詞・形容詞の**性**(gender)、**数**(number)、**格**(case) の区別を示すための屈折を**語形変化**(declension)と呼び、動詞の**人称**(person)、**数**(number)、**時制**(tense)、**法**(mood)の区別を示すための屈折を**活用**(conjugation)と呼ぶ。

現代英語では、名詞が語形変化するのは数(単数dog/複数dogs)のみであるが、古英語では、数以外に、**性**(gender)、**格**(case)で語形変化した。性はドイツ語と同じように、**男性**(masculine)、**女性**(feminine)、**中性**(neuter)があった。これは**文法的性**(grammatical gender)であり、**自然性**(natural gender)の男・女とは直接関係はない。例えば、太陽sunne (sun) は女性であり、月mona (moon) は男性であった。(独語Sonne (女性)、Mond (男性)：仏語soleil (男性)、lune (女性))

名詞の格には、主語になる**主格**(nominative)、直接目的語になる**対格**(accusative)、所有を表す**属格**(genitive)、間接目的語になる**与格**(dative)がある。語形変化の例として、現代英語のstoneが古英語でどのような語形変化を示したのか見てみよう。

(5) stān (=stone:男性名詞) の語形変化

	単数	複数
主格	stān	stān-as
対格	stān	stān-as
属格	stān-es	stān-a
与格	stān-e	stān-um

(āは長音)

そして動詞では、**人称**(person)、**数**(number)、**時制**(tense)、**法**(mood)に

応じて、動詞の活用が変化した。時制には現在時制と過去時制があり、未来や完了を表す特別な活用形はなかった。現在時制で現在と未来を、過去時制で過去と完了（現在完了・過去完了）を表した。法には**直説法**(indicative mood)、**仮定法** [接続法ともいう] (subjunctive mood)、**命令法**(imperative mood)がある。古英語では法の種類によって、動詞は異なった活用変化したが、現代英語では、仮定法としての活用形を失い、一部の例外を除き、直説法との区別がつかなくなった。その結果、助動詞などを用いて仮定法を表現するに至った。動詞活用の例として、古英語のbe動詞の活用変化を見てみよう。

(6)

直説法	現在単数	1人称 eom bēo		過去単数	1 wæs
		2人称 eart bist			2 wǣre
		3人称 is bit			3 wæs
	現在複数	1,2,3 sind bēot		過去複数	1,2,3 wǣron
仮定法	現在単数	1,2,3 sīo bēo		過去単数	1,2,3 wǣre
	現在複数	1,2,3 sīen bēon		過去複数	1,2,3 wǣren
命令法	単数	bēo			
	複数	bēot			

我々は中学校でam, are, is などをまとめてbe動詞と呼ぶことを学んだ。しかし助動詞や命令文を習うまでbe動詞自体出てこないため、何故be動詞と呼ぶのか戸惑ったものだ。この謎は上の表を見るとその理由が明らかになる。古英語のbe動詞（直説法現在）には2つのパターンが存在した。つまりbe動詞と呼ばれるものは、3種類の異なる動詞をミックスしたものなのである。単数1、2、3人称に対してeom, eart, is と bēo, bist, bitのパターン、複数に対してsindとbēotのパターンが存在した。複数sind, bēotは16世紀頃Anglian方言aronからの発達によるareによって取って代わった。単数2人称eartも同様である。（独語：bin, bist, ist 複数sind）仮定法現在単数のbeと、仮定法過去単数1人称・3人称の単数wereは、現代英語でも用いられる。

> **A Tip for Thinking(9-3)**
>
> 　英語の名詞の複数形の作り方にはいろいろある。その中でchildの複数形の作り方は少し変わっている。元々「子供」という語childの複数形はchildruで、複数の形態素ruをつけて作った。ところがこの-ruの部分が語幹の一部と解釈されたため、更に複数を意味する-enという形態素がつけられたのである。つまり、childrenは二重の複数形(double plural)になっている単語なのである。

9.4.2 古英語の語順

　現代英語は語順によって文法関係が決まるが、定冠詞や名詞の語形変化が豊かであった古英語では、語順は比較的自由であった。自由であるといっても、主に単文・主節ではSVOが好まれ、主節で目的語が代名詞の場合や従属節の中ではSOVが好まれる傾向があった。下に基本的なSVOの構文で例を示す。

　　(7) PE: The king kissed the boy.
　　　　OE: Sē cyning cyste þone cnapan.（王が少年にキスをした）

現代英語ではthe kingとthe boyの位置を入れ換えてThe boy kissed the king.にすると意味が変わってしまうが、古英語では(8a)を(8b,c)のように語順を変えても意味は変わらない。

　　(8) a. Sē cyning cyste þone cnapan.
　　　　b. þone cnapan cyste sē cyning.
　　　　c. Sē cyning þone cnapan cyste.

なぜなら、定冠詞Sēは主格を、þoneは対格（目的格）を表しているからである。一方、「少年が王にキスをした」は次のようになる。

　　(9) a. Sē cnapa cyste þone cyning.
　　　　b. þone cyning cyste sē cnapa.
　　　　c. Sē cnapa þone cyning cyste.

定冠詞と同様に、定冠詞に続く名詞も語形変化し文法関係を示す。cnapaは主格であり、cnapanは対格である。(cyningは主格・対格同形)

─ *A Tip for Thinking(9-4)* ─

goの過去形はwentであると習うが、いかに不規則変化動詞といえども、あまりの変化である。wentはもともとwendという語源的にgoとは異なる別の単語の過去形なのである。現在ではほとんど用いられることはなく、イディオムの一つとして、あるいはわざと古い言い方として用いられるぐらいである。以下の例は *Harry Potter and the Goblet of Fire*, p.599からの例である。

Bagman hurried alongside Harry as they began to <u>wend</u> their way out of the growing maze.

ここで、定冠詞の語形変化をまとめてみよう。定冠詞も性・数・格で次のような語形変化をした。

(10) 定冠詞（the）の語形変化

	単数			複数
	男性	女性	中性	すべての性
主格	sē	sēo	þæt	þā
対格	þone	þā	þæt	þā
属格	þæs	þære	þæs	þāra
与格	þæm	þære	þæm	þæm
具格	þȳ	þære	þȳ	þæm

例えば、stānaという名詞が続けば、この名詞は男性・複数・属格であるので定冠詞は男性・複数・属格þara をとり、þāra stāna（of the stones）となる。注目すべきは、表の中で女性主格単数sēoが現代英語の代名詞sheになり、中性主格単数þætが指示代名詞thatになったことである。

9.4.3 句動詞

現代英語の特徴の一つに、イディオムの**句動詞（phrasal verb）**というものがある。例えばJohn called up Mary.に見られるcall upのようなもののことである。これは古英語の**副詞（adverb）/接頭辞（prefix）＋動詞（verb）**にさかのぼることができる。その数は非常に多く、古英語の特徴であった。古英語後期以降、副詞は動詞の後に移動し、また接頭辞は動詞から分離して、動詞の後に来るようになった。中英語期に入ると動詞＋副詞の結びつきが生産的になり、現在の句動詞へとつながっていく。現代独語は、分離動詞としてその用法を留めている。（*ausgehen* → *gehen...aus*（go out）, *aufstehen* → *stehen...auf*（get up））句動詞の古英語から中英語への推移を見てみよう。

(11)　　　古英語　　　　　　　　　中英語
　　　　副詞/接頭辞＋動詞　　⇒　　動詞＋副詞
　　　　to cuman, tocuman　　　　　cumen to （come to）
　　　　ut gan, utgan　　　　　　　 gan ut （go out）
　　　　in gan, ingan　　　　　　　 gan in （go in）
　　　　up springan, upspringan　　 springen up （spring up）
　　　　fort bringan, fortbringan　　bringen fort （bring forth）

9.4.4 古英語の作品

　古英語の主な作品として *Anglo-Saxon Chronicle* と *Beowulf* がある。*Anglo-Saxon Chronicle*（編纂は Alfred 王）は1世紀から Henry 2世が即位した1154年までを記録したイギリス年代史である。現存する9編の写本の中で、イングランド中部ピーターバラの地で書かれた *Peterborough Chronicle* は、1154年までの英国を記述し、中英語の特徴を示しているので、英語史上極めて貴重な文献である。*Beowulf* は3182行の英雄叙事詩であり、前半は主人公 Beowulf と怪物 Grendel やその母親との戦いが描かれ、後半は竜退治が描かれている。

　Beowulf の冒頭3行を見てみよう。(複合) 名詞 geardag, teodcyning などは語形変化に富み、語順は緩やかで動詞 gefrunon, fremedon は目的語の後に来ている。また各半行の主要語の語頭（下線部）は韻を踏んでいることがわかる。これも古英語の特徴の一つであり**頭韻 (alliteration)** と呼ばれるものである。

(12)　Hwat! We G̱ārdenā　　　in ġeardagum
　　　（Lo! we of the Spear-Danes in former days）
　　　þeodcyninga　　þrym　　ġefrūnon
　　　（of the kings of the people the glory heard）
　　　hū ðā æþelingas ellen fremedon.
　　　（how the heroes　　　　valour performed）
　　　'Lo! We have heard of the glory of the kings of the Spear-Danes in days of yore, how those princes did deeds of valour.'
　　　（聴けよ、その昔の、人民の統治者たる王たちの、槍の誉も高いデーン人の力闘、また戦士の勇ましい武勲のありさまは、語り伝えられてわれらの耳に達している。筧寿雄訳『英語史概説』p.40.）

以下のものは *Beowulf* の一部である。

(13)

9.5 中英語期(1100-1500)の英国
9.5.1 ノルマン人による征服(Norman Conquest)

　1066年1月、英国の**エドワード懺悔王**(Edward the Confessor)が亡くなった。王には子供がなかったため、王位継承をめぐる争いが起き、エドワード王の義弟ハロルド(Harold)がハロルド二世となり英国王に即位した。ところが、エドワード王のいとこにあたる**ノルマディー公ウイリアム**(William)は、王の在位中に王位継承者として即位することを約束されていたため、王位継承権を主張して、9月に大軍を率いて英国に上陸した。**ヘースティングズ**(Hastings)の地で、ハロルド二世を倒し、クリスマスの日にウエストミンスター寺院で正式に英国王として即位し、**ウイリアム征服王**(William the Conqueror)の名を得た。ノルマン人の征服により、支配階級・上流階級はノルマン人で占められ、ノルマンディー地方(現在のフランス北西部)に住んでいたノルマン人の言語、**ノーマン・フレンチ**(Norman French)が公用語となり、英語は小地主と農民・農奴の言語となってしまった。以後約300年間、英語はフランス語との言語接触により、大量のフランス語の語彙を取り入れ、文法関係を表す屈折変化をほぼ失うことになった。

　「ノルマン人による征服」は英語の歴史に最も大きな影響を与えた大事件であり、この大事件がなければ、現代英語はオランダ語やドイツ語と同じような言語であり、ゲルマン語の特徴を色濃く留めていたであろう。

　ノルマン人による征服以降、イギリス国王は、同時にノルマンディー公を兼務し、大半をフランスで過ごした。ジョン王(在位1199-1216)はフランス貴族

ともめごとを起こし、1204年にノルマンディー公国を失った。その結果、貴族の多くは英国かフランスのどちらかに帰属することを余儀なくされた。英国を選択した貴族たちはイギリス人としての意識が高まり、その意識が言語にも反映され、英語が復活し始めた。そして、エドワード3世 (Edward Ⅲ)(在位1327-77)が王位継承権を主張し1337年にフランスに侵攻した。これが**100年戦争** (Hundred Year's War 1337-1453) である。結果的にはイギリスが敗北したが、フランス語が敵国の言葉であることから、英語復権の原動力になった。この時期から、公文書の上でも英語が使用され始め、書き言葉レベルでの標準英語へと進んでいく。ヘンリー5世 (Henry Ⅴ)(在位1413-22) は、英語で公文書を作成することを提案したため、**大法官庁 (Chancery)** の役割が重要視されるようになった。公文書の英語はChancery Englishと呼ばれ、標準英語の基礎となった。

標準英語化の大きな原動力の一つに、**William Caxton (1422?-91)** が大陸から活字印刷機を持ち帰り、1476年にロンドンで印刷を始めたことがあげられる。これにより聖書をはじめ、多くの書物がロンドン方言の英語で印刷されることになり、標準英語化が進んだのである。そして、15世紀から16世紀にかけて**大母音推移 (Great Vowel Shift)** という一大音韻変化の時期を迎える。この変化が終了したあたりから、中英語が近代英語へと発展するのである。

9.5.2 中英語のアルファベット

古英語ƿ (wen) はuあるいはuuに置き換えられたが最後には大陸からきたwに代わった。ȝ (yogh) とþ (thorn) の2文字はそれぞれyと2文字thに置きかえられ姿を消していった。また古英語ではまれであったk, q, v, zが使われ始め、17世紀にはjが付け加えられ現在の26文字ができあがった。OEでは1文字1音が原則であったが、MEでは2文字1音が見られるようになる。ch [tʃ] sh [ʃ] th [ð],[θ] など。

(14) a b c d e f g (ȝ) h i k l m n o p q r s t (þ) u v w x y z

9.6 中英語の文法
9.6.1 屈折語尾水平化

中英語の時代は、屈折の区別が失われ、語順や前置詞によって文法関係を表す時代であり、語彙変化が縮小されていく**屈折語尾水平化 (leveling of inflection)** の時代でもあった。古英語では語尾変化が豊富であり語順は比較的自由であったが、中英語では語尾変化の消失により語順の自由さを失い、現在

の「S＋V＋O」の語順が一般化された。動詞の法や時制を補うために助動詞が使用されるようになり、また名詞の屈折消失を補うために前置詞などの**機能語**（function word）が発達した。

　古英語の名詞の語形変化は中英語になると単純化する。文法的性の区別はなくなり、「私たち二人」あるいは「あなた達二人」を表す**両数**（dual）も13世紀に消える。古英語のセクションで見たstoneの語形変化は、中英語になると次のような簡単な変化に簡素化された。

　（15）stoon 'stone'

	単数	複数
主格・対格・与格	stoon	stoon-es
属格	stoon-es	stoon-es

名詞の語形変化簡素化と共に、定冠詞も性・数・格に関係なくþe/theになり、14世紀に統一されていった。

　人称代名詞3人称単数・複数では与格が対格を追いやりhim, hir, himとなり、中性はitとなった。後に、3人称単数女性にはsheが、複数には古北欧語からの借用語であるthey, their, themが使われ始める。

　動詞は古英語に比べ活用形はかなり簡略化され、それを補うために迂言的表現（2語以上を用いて表す方法）が発達した。古英語では現在時制で未来を表していたが、shall / willが未来時制の助動詞として使われ始める。

　（16）i shall hafenn for min swinnc god læn att Godd onn ende
　　　（I shall have for my labour good reward from God in end）
　　　'I shall have a good reward for my labour from God in the end'

　haveを用いた完了表現は、古英語にも現れるが、中英語で広く使われるようになり、「have＋過去分詞」が一般化した。

　（17）Jhesus seide to hym, Thou hast answerid riȝtli.
　　　（Jesus said to him You　have answered correctly）
　　　（Wyclif, Luke 10.28）

　現代英語には存在しないが、古英語・中英語には**非人称構文**（impersonal

construction）という構文があった。意味上の主語を対格または与格で表し主格の主語を欠く構文である。形式主語 it を添えることもあったが古英語ではまれであった。例えば、中英語 me thinketh の me は与格形（現代英語では to me）であり、me thinketh... は「私にとって…であると思われる」という意味で用いられていた。

  (17) With that me thoghte that this kyng
    （With that to me seemed that the king）
    Gan homwardes for to ryde Unto...
    （went homeword to ride to...）

中英語に入り語尾変化の単純化や語順の一般化に伴い、動詞の前には主格が来ると解されるようになり、非人称構文の多くは人称構文へ移行していった。

  (18) (it) liketh me , me liketh → I like
    (it) thinketh me, me thinketh → I think

英語と同語族であり、英語ほど大きな変化を遂げなかったドイツ語には現在でも非人称構文を見ることができる。

  (19) a. Es durstet mich.
     （it be thirst me）
     'I am thirsty.'
    b. Es hungert mich. / Mich hungert.
     （it be hungry me / me be hungry）
     'I am hungry.'

---*A Tip for Thinking(9-5)*---

 英語で「さようなら」を意味する Good-bye は、God be with ye. が縮まったものである。ye は you を表す。つまり、「私が今あなたと一緒にいる時には、あなたに何かあったら私が助けます。でも別れてしまうと、一緒にいられないのだから、あなたに何かあっても私はあなたを助けてあげられない。なので、私に変わって、神様があなたのそばにいらっしゃいますように。」という意味の祈願文なのである。ドイツ語の Auf Wiedersehen. やフランス語の Au revoir. などは See you (later) の意味であるのに対して、英語は何と宗教色豊かなことか！ ちなみに、日本語の「さようなら」は「左様なら」という接続詞から来ている。

9.6.2 大母音推移

中英語から近代英語への移行過程で起きた音韻上最も大きな変化が**大母音推移**(Great Vowel Shift)である。これは長母音の変化で調音点が一段階上に推移した変化としてとらえることができる。

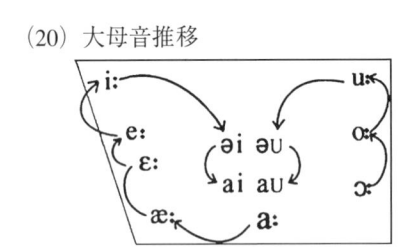

(20) 大母音推移

```
       i:           u:
      ↗  ↘         ↙  ↖
     e:   əi   əu   o:
     ↑    ↑    ↑    ↑
     ɛ:   ai   au   ɔ:
      ↖              ↗
       æ:         a:
```

母音[ɛ:],[ɔ:]は中母音[e:],[o:]に、中母音[e:],[o:]は高母音[i:],[u:]に1段階ずつ高められた。高母音[i:],[u:]は2重母音[əi],[əu]に推移した。さらに、後に[ai],[au]へと推移した。

では、どの位置から推移が始まったのであろうか? 2つの説がある。一つはOtto Jespersenが唱えた「吸い上げ説(pull-theory)」である。まず、[i:]→[əi]、[u:]→[əu]という二重母音化が起こり、[i:]と[u:]の場所が空になった。そこに吸い上げられるように下位の音が[e:]→[i:],[o:]→[u:]などとなり、順次母音の舌の位置が引き上げられた。もう一つの説は「突き上げ説(push-theory)」で、まず[e:]と[o:]が上に動いて、それぞれ[i:]と[u:]を突き上げてその位置に入り込み、[i:]と[u:]は二重母音化した。[e:]と[o:]の位置が空になり下位の音が上に移動することになった。この2つの説は裏付ける証拠が希薄であるためWilhelm Hornは音声生理学の見地から大母音推移を捉えた。

渡辺(1983)はHornの考えを次のようにまとめている。「人間は興奮すると喉仏が高くなる。その結果母音も高くなる。たとえばbear(熊)とbeard(あごひげ)の母音はMEにおいては同じであった。しかしbear[bɛər]であるのに反し、beard[biərd]になった。なぜ[ɛ]と[i]に分かれてしまったか。これは男のひげが男性らしさを示すものとして受け取られるので、女性は知らず知らず興奮して発音する。したがって女性は常にbearの'ea'よりもbeardの'ea'を高く発音する。それを子供が聞いて覚えるというようにして、そのうち全く違った音価を持つに至ったと説明するのである。」(渡辺昇一『英語の歴史』大修館書店 pp.228-229.)

A Tip for Thinking(9-6)

英語の名詞には複数形を作る時-(e)sをつけるのではなく、母音を変化させるものがある。例えば、foot→feet、mouse→miceなどである。なぜこんな奇妙な変化をしたのだろうか？footは、古英語と親類関係にあった古サクソン語(Old Saxon)のfōtが元の単語で、複数形は語末に-iをつけてfōtiのようなものであった。この-iが消滅する際に、前の母音に影響を与え、oの音をiに近づけるような影響を及ぼした。その結果、oの音はeに近い音になったのである。これはドイツ語のウムラウト(Umlaut)(母音変異)、である。(Väter (=fathers), Mütter (=mothers)における¨がウムラウト記号である。)このようにしてfootはfeetになったのである。

大母音推移の具体例を見てみよう。

(21) 大母音推移の具体例

	中英語	→	現代英語（PE）
	[aː] > [æː]	→	[ei]
	name [naːmə] > [næːmə]	→	name [neim]

([aː]は[æː]に高められ、[ɛː] > [eː]を経て[ei]に変化した。)

	[ɛː] > [eː]	→	[iː]
	meat [mɛːt] > [meːt]	→	meat [miːt]

	[eː] > [iː]	→	[iː]
	deep [deːp] > [diːp]	→	deep [diːp]

	[iː] > [əi]	→	[ai]

[iː]は[əi]を経て[ai]に変化した。

	mine [miːn] > [məin]	→	mine [main]

	[ɔː] > [oː]	→	[ou]
	stone [stɔːn] > [stoːn]	→	stone [stoun]

	[oː] > [uː]	→	[uː]
	food [foːd] > [fuːd]	→	food [fuːd]

```
            [uː] > [əu]          →        [au]
        house [huːs] > [həus]    →        house [haus]
```

9.6.3 中英語の借用語

ノルマン人の征服により、フランス語からの借用が際立っており、借用語は約1万語で、7500語が現代英語に残っている。支配階級・上流階級に関わる「政治・行政」、「宗教」、「法律」、「軍事」、「料理」などに多く見られる。具体例をあげると次のような単語があげられる。

(22) a. 政治・行政　minister, government, parliament
　　 b. 宗教　　　 religion, mystery, mercy, service
　　 c. 法律　　　 accuse, justice, suit, jury, sentence
　　 d. 軍事　　　 army, navy, enemy, soldier
　　 e. 料理　　　 soup, spice, vinegar, salad, toast, beef, pork, mutton

特に、次の例はフランス語支配を顕著に表している。

(23) a. 料理名はフランス語　beef, pork, mutton
　　 b. 家畜名は英語　　　 ox, swine, sheep

当時、領主の家畜飼育を任されていたアングロ・サクソン人は、農民・農奴の言語である英語を使用していたので、家畜をox（牛）, swine（豚）, sheep（羊）と呼んでいた。しかし領主の食卓に上がると、領主の言語であるフランス語beef, pork, muttonで呼ばれ、料理名となり今日に至っている。

9.6.4 中英語の作品

中英語の主な作品として『カンタベリー物語』(*The Canterbury Tale* 1387-1400)と『ウイクリフ訳聖書』(*The Wycliffite Bible* 1384, 1395)があげられる。カンタベリー物語はイギリス詩の父と言われる大詩人 Geoffrey Chaucer (1340-1400)の作品で24篇（2篇の散文と22編の韻文）、17,000余行からなる大作である。ウイクリフ訳聖書はラテン語訳聖書であるウルガタ聖書 (Vulgate) を全英訳したものである。

『カンタベリー物語』は英国南東部・カンタベリーの聖トマス・ア・ベケッ

トの寺院に参拝するため、ロンドン郊外サザークの旅亭に集まった29名の巡礼者が、旅の慰めに各自がいくつか話をするという構成になっている。プロローグの冒頭18行を見てみよう。

(24) 1 Whan that Aprill, with his shoures soote
2 The droghte of March hath perced to the roote,
3 And bathed every veyne in swich licour
4 Of which vertu engendred is the flour;
5 Whan Zephirus eek with his sweete breeth
6 Inspired hath in every holt and heeth
7 The tendre croppes, and the yonge sonne
8 Hath in the Ram his halfe cours yronne,
9 And smale foweles maken melodye,
10 That slepen al the nyght with open ye
11 (So priketh hem Nature in hir corages);
12 Thanne longen folk to goon on pilgrimages
13 And palmeres for to seken straunge strondes,
14 To ferne halwes, kowthe in sondry londes;
15 And specially from every shires ende
16 Of Engelond, to Caunterbury they wende,
17 The hooly blisful martir for the seke
18 That hem hath holpen, whan that they were seeke.

(この長さで1文。11行目までがwhenに導かれる従属節で、12行目以降が主節である。1,18 Whan that＝when 1 his＝its shoures soote＝sweet showers 3 veyne＝vein (of the plant) swich＝such 5 Zephirus＝the West Wind 8 yronne＝run (過去分詞) 9 smale foweles＝nightingales 10 ye＝eye 11 corages＝hearts 11,18 hem＝them 13 palmeres もとはパレスチナへ行ってその印に棕櫚(palm)の枝を持ち帰ったことからpalmer(聖地巡礼者)と呼ばれたが、後に巡礼を示すようになった。 14 ferne halwes＝distant shrines 17 the hooly blisful martir＝聖トマス(Thomas a Becket)のこと 18 hem hath holpen＝has cured them)

「時は4月。夕立がさわやかにやってきて、3月ひでりの根本までしみとおってしまう。そのおしめりの精気で花が生まれて咲いている。そよ風もまた、香ばしい息を吹いて、どこの山林地にも荒野にも、柔らかい新芽が枝にふいてきた。まだ若い太陽も、春分からめぐり出して、白羊宮を半分以上もめぐってきた四月の初旬。ナイチンゲールという小鳥は、夜中もおちおち眠らないで、美しい節回しで鳴いている。それほどまでに、自然の力というものは、

小鳥の心でさえも、やるせなく突くものか。こんな季節になると、人々は霊廟の巡礼にあこがれて、遠い諸国の国々へ旅立つのだ。パレスチナの聖地巡礼をする人は、海を越えて、外国へとあこがれる。とくにイギリスでは、どの州のはてからも、カンタベリの巡礼を思いたち、病気をいやしてくだされた、聖トマスの参詣に出かけるのだ。」

(西脇順三郎訳『カンタベリ物語 上』ちくま文庫 1987)

A Tip for Thinking(9-7)

関係代名詞というとwhichがすぐに浮かぶであろう。しかし、whichが関係代名詞として用いられるようになったのは、中英語の後半である。元々関係代名詞はthatに当たる語が用いられていたのである。一時的にこの両者が共存した時がある。

This Carpenter had wedded newe a wyf
<u>Which that</u> he lovede more than his lyf;
(この大工は新しい妻を迎え、命よりも大切に思っていた。)
(Chaucer, *The Canterbury Tales*, The Miller's Tale, 35-36)

古英語に比べれば、かなり現代英語に近く、語彙集(glossary)があればある程度読みこなすことができる。文中で特出すべきことは行末の単語*soote*と*roote, licour*と*flour, breeth*と*heeth* などが同じ発音を含みリズムを作り出していることである。**脚韻**(end rhyme)と呼ばれるものである。このように**韻**(rhyme)を踏んだ作品を**韻文**(verse)と呼ぶ。(韻を踏まない作品を**散文**(prose)と呼ぶ。)古英語では9.4.4で述べたように**頭韻**(alliteration)が盛んに用いられていたが、中英語に入るとフランス詩の影響により脚韻が盛んに用いられるようになった。

9.7 近代英語(Modern English: ModE) 1500-1900
9.7.1 分析的言語

古英語のように語の屈折変化で文法関係を表す言語を**総合的言語**(synthetic language)と呼ぶのに対して、中英語以降の英語のように、語順、迂言的表現、前置詞などの機能語によって文法関係を表す言語を**分析的言語**(analytic language)と呼ぶ。英語の歴史は「ノルマン人による征服」を契機に、まさに総合的言語から分析的言語への劇的な変遷の歴史であったととらえることができる。

屈折語尾が消失したため、近代英語期は屈折語尾消失の時代と呼ばれ、語順がいっそう固定化され、前置詞や助動詞による分析的な表現がますます使われるようになる。現代英語に見られる様々な文法構造が用いられ始めた時代であ

る。本動詞として使われていた do が助動詞として使われるようになり、その機能を確立する。

9.7.2 近代英語の作品

近代英語の代表作には『**欽定訳聖書**』(*The Authorized Version* 1611)と William Shakespeare (1564-1616) の作品があげられる。欽定訳聖書は英国王 James 1 世の強力な推進力により完成した英訳聖書である。文体は簡素かつ格調高く、英語散文史上最高傑作の一つである。Shakespeare はイギリスの詩人・劇作家であり、『ハムレット』(*Hamlet*)、『マクベス』(*Macbeth*)、『オセロー』(*Othello*)、『リア王』(*King Lear*) の四大悲劇を始め、『ロミオとジュリエット』(*Romeo and Juliet*)、『むだ騒ぎ』(*Much Ado about Nothing*) など様々な傑作を残した。

『ロミオとジュリエット』(1594-96) は純粋で可憐なジュリエットとロミオの悲しい恋の物語。世界恋愛悲劇の代表作であり、永遠の愛を誓うバルコニーの場面(2幕2場)は、最も甘美な恋愛描写として心に残る。その場面を見てみよう。

(25) O Romeo, Romeo! wherefore art thou Romeo?
Deny thy father and refuse thy name;
Or, if thou wilt not, be but sworn my love,
And I'll no longer be a Capulet.
(thou=you, thy=your, wilt=will, but=only)
「おお、ロミオ、ロミオ！どうしてあなたはロミオなの？お父様とは無関係、自分の名は自分の名ではない、とおっしゃってください。それがいやなら、お前だけを愛していると、誓ってください。そしたら、私もキャプュレットの名を捨ててしまいましょう。」

(平井正穂訳　『ロミオとジューリエット』　岩波文庫)

> **A Tip for Thinking(9-8)**
>
> ShakespeareのHamlet, III, ii.16に次のような文が出てくる。
>
> ... it out-Herod's Herod.
> 　（それはヘロッド顔負けの残忍ぶりだ）
>
> Herodとは、キリストを亡き者にするために、ベツレヘムの二歳以下の幼児をすべて殺害するように命じたという残忍さで有名なユダヤの王である。out-をつけることによって「Herodを凌駕する」という意味になる。上の文ではout-Herod'sが動詞で、'sは三単現のsである。その後のHerodはout-Herodの目的語である。この語形成の方法は、out-Kennedyのように、Herod以外にも用いられ、out-の後に特徴ある人物名を入れて、しゃれた表現を作るのに用いられることがある。

9.8 英語史から見た現代英語

英文法の授業で、仮定法過去形として次のような英文を学習する。

(26) a.　If I were younger, I would climb that mountain.
　　　b.　I wish my father were alive now.

主語が1人称・3人称単数であるのに何故wereがくるのか不思議に思うであろう。このwereは古英語be動詞の活用形の名残であり、仮定法過去単数を示している。(仮定法過去単数は人称に関係なくwere)

> **A Tip for Thinking(9-9)**
>
> 特殊記号&、£はアルファベットを基にして作られた。&（ampersand）はandを意味するが、ラテン語 et（=and）を図形化したのもである。大文字 Eと小文字tを組み合わせて作った（E + t →&）。£は英国の通貨ポンドを表す記号である。重さの単位も通貨の単位も ポンドであるが、重さのポンドをlbで、通貨の単位を£で表す。ともにラテン語 libra（古代ローマの重量単位）に由来している。lbはlibraから、£はlibraのlの大文字を用いて作られた。

現代英語で、現在完了形は「have（has）+過去分詞」で表現され、haveは助動詞として扱われる。この構文のルーツは、古英語「have+目的語+過去分詞」にさかのぼる。haveは本動詞であり主に所有の意味で用いられていた。過去分詞は目的語を説明する形容詞の性格が強かった。のちに「have+過去分詞+目的語」の語順が一般化し、迂言的表現の完了形が確立した。したがって、John has finished the job.のような文は、歴史的に見ると、Johnがfinished the jobの状

態を have している、と分析出来る。つまり has が本動詞で finished the job がその目的語であると解釈出来るのである。このように考えれば、現在完了形の文は、上の例で has が示すように、現在形なのである。したがって、過去を表す副詞とは共起しないのである。

　will, shall は「単純未来・意志未来」を、can は「能力・可能」を表す法助動詞であるが、古英語でこれらの助動詞は本動詞として機能していた。will (OE willan) は desire（欲する）、shall (OE sculan) は be obliged（義務がある）、can (OE cunnan) は know（知っている）の意味で用いられていた。今の shall には「義務」の意味はないが、過去形 should の用法に「義務（〜すべきである）」の意味が受け継がれた。can は「知っている」から「〜できる」という意味に変化した。

　現代英語で一般動詞の疑問文、否定文を作る時に助動詞 do を用いる。助動詞 do (OE don) も古英語では本動詞であり、put（置く）、act（行う）、cause（〜させる）の意味であった。do の起源・発達には諸説があり大きな研究テーマになっている。主な仮説には使役動詞の再解釈がある。中英語以降、本動詞 do は (27a) のように使役動詞として使われていた。ただし (27b) のように使役動詞の目的語が現れない表現も可能であった。目的語が明示されていないため、原形不定詞の意味上の主語を本動詞の主語と考える解釈も可能になった。そのため使役の意味が弱まり、本動詞から助動詞へ移行していったと考えられる。

(27) a. She did them paint the fence.
　　 b. She did paint the fence.

　不定詞の to と前置詞の to はスペルが同じなので何か関係があるように思える。しかし意味的には無関係に思える。この両者には何の関係も無いのだろうか？ ただの偶然の一致なのだろうか？　英語の歴史をたどるとこの疑問が解ける。元々英語の不定詞は動詞に不定詞固有の語尾変化 -an または -enne をつけて作り to などつける必要はなかった。この不定詞は名詞的用法として用いられ、名詞的用法なので、前置詞 to の目的語になれたのである。I want to leave. を例にとると、leave だけで不定詞であり、この leave は名詞なのである。その名詞に前置詞 to がついて、「私は leave すること (=leave) に向けて (=to) 欲している (want)」というのが元々の意味である。不定詞の to は前置詞の to と同じものだったのである。

　不定詞の主語を for でマークする事がある。(e.g., It is nice for you to do it.) 統語論ではこの for を補文標識として扱った。しかし、歴史的に見るとこの for はや

はり前置詞のforであった。前置詞toがその後の歴史の流れの中で前置詞としての意味を失い、完全に不定詞のマーカーとなった。そこで、やはり方向を意味する前置詞forが更に加えられ、中英語ではfor to leaveのような形で用いられることがかなりあった。((24)の13行目参照)。そしてこの前置詞forも前置詞としての意味合いが無くなって、最終的に不定詞の主語をマークする補文標識となったのである。不定詞をマークするto、その主語をマークするfor、いずれも前置詞のtoやforと無関係ではなかったのである。

A Tip for Thinking(9-10)

　8本足のタコを英語でoctopusと言う。octoはラテン語で数詞8を、pusは足を意味するので、8本足の生き物という意味になる。しかし、月名Octoberも同じoctoをその内部に持つのに8月ではなく10月である。Decemberのdecemはラテン語で数詞10を示すが、12月である。何故だろうか。これらは、ローマ暦と深いかかわりがある。旧ローマ暦、ロムルス暦(紀元前753年)では1月から4月までをローマ神話の神の名前、5月から10月までをラテン語の数詞にちなんで名づけられた。1年は10カ月で冬には月名のない日が続いた。ヌマ暦(紀元前710年)になると、空白の11月にJanuarius(門神)、12月にFebruarius(償いの神)が付け加えられた。ヌマ暦改暦(紀元前153年)ではJanuarius(門神)、Februarius(償いの神)が1月、2月へ移動した。その結果Martius以降の月名は2カ月後へずれることなった。また7月に移動したQuinitilisはローマの軍人Julius Caesarの月を表すJulius(ユリウス)に、8月に移動したSextilisはローマ皇帝アウグストゥスの月を表すAugustus(アウグストゥス)になった。June bride(6月の花嫁)は、Junius(結婚の守護神ユノ)に由来する。

章別推薦図書

第2章 音の構造
原口庄輔. 1994.『音韻論』. 開拓社.
川越いつえ. 1999.『英語の発音を科学する』. 大修館.
窪薗晴夫・本間猛. 2002.『音節とモーラ』. 研究社.
山田恒夫・足立隆弘・ATR人間情報通信研究所. 1999.『英語スピーキング科学的上達法：CD-ROM付き』. 講談社
Spencer, A. 1996. *Phonology*. Blackwell.

第3章 語の構造
伊藤たかね・杉岡洋子. 2002.『語のしくみと語形成』. 研究社.
影山太郎. 1999.『形態論と意味』. くろしお出版.
Spencer, A. 1991. *Morphological Theory*. Blackwell Publishers.
Plag, I. 2003. *Word-Formation in English*. Cambridge University Press.
Aitchison, J. 2003. *Words in the Mind* (3rd Edition). Blackwell Publishers.

第4章 文の構造
中村捷・金子義明・菊地朗. 2001.『生成文法の新展開―ミニマリスト・プログラム』. 研究社.
福井直樹. 2001.『自然科学としての言語学―生成文法とは何か』. 大修館.
ノーム・チョムスキー（福井直樹、辻子美保子［訳］）. 2003.『生成文法の企て』. 岩波書店.
Radford, A. 1997. *Syntactic Theory and the Structure of English: A Minimalist Approach*. Cambridge University Press.
Haegeman, L. 1994. *Introduction to Government and Binding Theory* (2nd Edition). Blackwell.

第5章 意味の構造
坂原茂. 1985.『日常言語の推論』. 東京大学出版会.
影山太郎. 1999.『形態論と意味』. くろしお出版.
原口庄輔・中島平三・中村捷・河上誓作. 2000.『ことばの仕組みを探る　生成文法と認知文法』. 研究社.
Hofmann, R. 1993. *Realms of Meaning: An Introduction to Semantics*. Longman.
Leech, G. 1994. *Meaning and the English Verb*. ひつじ書房.
Lyons, J. 1977. *Semantics* (2 volumes). Cambridge University Press.

第6章　談話の構造

ジェニー・トーマス. 1998.『語用論入門－話し手と聞き手の相互交渉が生み出す意味』. 研究社出版.

小泉保(編).2001.『入門　語用論－理論と応用－』. 研究社出版.

今井邦彦. 2001.『語用論への招待』. 大修館書店.

Brown, P. and Levinson, S. C. 1987. *Politeness: Some Universals in Language Usage*. Cambridge University Press.

Mey, J. L. 2001. *Pragmatics: An Introduction* (2nd Edition). Blackwell.

第7章　言語と社会

東　照二. 1997.『社会言語学入門 － 生きたことばのおもしろさにせまる』. 研究社出版.

中尾俊夫・日比谷潤子・服部範子. 1997.『社会言語学概論―日本語と英語の例で学ぶ社会言語学』. くろしお出版.

小泉保. 1995.『言語学とコミュニケーション』. 大学書林.

Trudgil, Peter. 1974 *Sociolinguistics: An Introduction to Language and Society*. Harmondsworth: Penguin Books. (土田滋(訳). (1975).『社会と言語』. (岩波新書 青版950) 岩波書店.)

Lehmann, W. P. 1983. *Language: An Introduction*. New York : Random House. (山崎敏・赤野一郎・小野隆啓・柳田博明・倉田誠 （共訳）. 1992.『言語学入門』. 学書房.)

第8章　言語と心理

大津由紀雄・池内正幸・今西典子・水光雅則 （編).2002.『言語研究入門・生成文法を学ぶ人のために』. 研究社.

酒井邦嘉. 2002.『言語の脳科学：脳はどのようにことばを生み出すか』. 中央公論新社.

中井悟・上田雅信(編). 2004.『生成文法を学ぶ人のために』. 世界思想社.

Jackendoff, R. 1994. *Patterns in the Mind: Language and Human Nature*. Basic Books.

Pinker, S. 1994. *The Language Instinct*. Harper Perennial. (「言語を生み出す本能（上・下）」. スティーブン・ピンカー. 1995. 日本放送出版協会.)

第9章　英語の歴史

中尾俊夫・寺島迪子. 1988.『図説　英語史入門』. 大修館書店.

渡辺昇一. 1983.『英語の歴史（スタンダード英語講座第3巻)』. 大修館書店.

西光義弘(編). 1997.『英語学概論』. くろしお出版.

Baugh, A.C. and T. Cable. 1978. *A History of the English Language*. 3rd edition. Prentice-Hall.

Jespersen, O. 1982. *Growth and Structure of the English Language* (10th edition). Blackwell.

参考文献

Akmajian, A. and F. Heny. 1975. *An Introduction to the Principles of Transformational Syntax.* Cambridge, Mass.: MIT Press.

Akmajian, A., R. Demers, A. Farmer, R. Harnish. 1995. *Linguistics: An Introduction to Language and Communication.* Fourth Edition. Cambridge, Massachusetts: MIT Press.

Austin, J. L. 1962. *How to Do Things with Words.* Cambridge, Massachusetts: Harvard University Press.

Bellugi, U., S. Marks, A. Bihrle, and H. Sabo. 1988. Dissociation between Language and Cognitive Functions in Williams Syndrome. In *Language Development in Exceptional Circumstances*, ed. by Dorothy Bishop and Kay Mogford, 177-189. Dordrecht: Lawrence Erlbaum Associates.

Berko, J. 1958. The child's learning of English morphology. *Word* 14, 150-177.

Berlin, B. and P. Kay. 1969. *Basic Color Terms.* Berkely and Los Angeles: University of California Press.

Bloomfield, L. 1933. *Language.* New York: Holt.

Bolinger, D. 1977. *Meaning and Form.* London: Longman.

Brain, M. 1963. The ontogeny of English phrase structure: the first phase. *Language* 39: 1-13.

Brown, P. & S. Levinson. 1987. *Politeness: Some Universals in Language Usage.* Cambridge: Cambridge University Press.

Brown, R. and C. Hanlon. 1970. Derivational Complexity and the Order of Acquisition of Child Speech. In *Cognition and the Development of Language*, ed. by John Hayes.11-53. New York: Wiley.

Caplan, D. 1987. *Linguistic Aphasiology and Neurolinguistics.* Cambridge: Cambridge University Press.

Chomsky, N. 1981. *Lectures on Government and Binding.* Dordrecht: Foris.

Chomsky, N. 1986. *Knowledge of Language: Its Nature, Origin, and Use.* New York: Praeger.

Chomsky, N. 1995. *The Minimalist Program.* Cambridge, Masschusetts: MIT Press.

Chomsky, N. and M. Halle. 1968. *The Sound Pattern of English.* New York: Harper and Row.

Crain, S. and R. Thornton. 1990. Levels of representation in child grammar. Mimeo, University of Connecticut and Haskins Laboratories.

Curtiss, S. 1977. *Genie: A Psycholinguistic Study of a Modern-day "wild child."* New York: Academic Press. ［久保田競・藤永安生（訳）.『ことばを知らなかった少女ジニー』. 築地書館］

Dillard, J.L. 1972. *Black English: Its History and Usage in the United States.* New York: Vintage.

Dowty, D. 1979. *Word Meaning and Montague Grammar. Dordrecht*: Reidel.

Eimas, P. E.R. Siqueland, P. Jusczyk, and J. Vigorito. 1971. Speech perception in infants. *Science* 171: 303-6.

Ervin, S. and C. Osgood. 1954. Second language learning and bilingualism. *Journal of Abnormal and Social Psychology Supplement* 49: 139-46.

Fillmore, C. 1982. Frame Semantics, in Linguistic Society of Korea (ed.) *Linguistics in Morning Calm*, 111-138, Seoul: Hansin.

Fodor, J. 1983. *The Modularity of Mind*. Cambridge, Massachusetts: MIT Press.

Frazier, L. and J. Fodor. 1978. The sausage machine: a new two-stage model of the parser. *Cognition* 6: 291-325.

Fromkin, V. and R. Rodman. 1998. *An Introduction to Language: 6th Edition*. Orlando, FL.: Harcourt Brace College Publishers.

Goldberg, A. 1995. *Constructions: A Construction Grammar Approach to Argument Structure*. Chicago: The University of Chicago Press.

Goodluck, H. 1991. *Language Acquisiton: a linguistic introduction.* Oxford: Blackwell.

Grice, H. P. 1967. *Logic and Conversation.* William James Lectures, reprinted in Grice (1989): 117-137.

Grice, H.P. 1975. Logic and conversation. In *Syntax and Semantics 3: Speech Acts*, ed. by P. Cole and J.L. Morgan, 41-58. New York: Academic Press.

Grice, H. P. 1989. *Studies in the Way of Words.* Cambridge: Cambridge University Press.

Grimes, B. F. (ed.). 2002. *ETHNOLOGUE : Languages of the World* Fourteenth Edition. (http://www.sil.org/ethnologue/) Summer Institute of Linguistics, Inc.

Haugen, E. 1953. *Norwegian Language in America: A Study in Bilingual Behavior.* Philadelphia: University of Pennsylvania Press (reprinted in 1969. Bloomington:Indiana University Press.)

Heim, I. and A. Kratzer. 1998. *Semantics in Generative Grammar.* Oxford: Blackwell Publishers.

Jakobson, R. 1968. *Child Language, Aphasia and Phonological Universals.* Janua Linguarum, Series Minor, Nr. 72. The Hage: Mouton.

Jakobson, R. 1971. *Studies on Child Language and Aphasia.* The Hugue: Mouton.

Labov. W. 1966. *The Social Stratification of English in New York City.* Washington, D.C.: Center for Applied Linguistics.

Labov. W. 1972. *Sociolinguistic Patterns.* Philadelphia: University of Pennsylvania Press.

Lakoff, R. 1973. The Logic of Politeness: or minding your p's and q's. *Chicago Linguistic Society* 9, 293-305.

Lakoff, R. 1975. *Language and Women's Place.* New York: Harper and Row.

Lee, D. 2001. *Cognitive Linguistics: An Introduction.* Oxford: Oxford University Press.

Leech, G. N. 1983. *Principles of Pragmatics.* London: Longman

Lenneberg, E. 1967. *Biological Foundations of Language*. New York: John Wiley and Sons.［佐藤方哉,神尾昭雄（訳）.『言語の生物学的基礎』. 東京：大修館書店］

Levinson, S. C. 1983. *Pragmatics*. Cambridge: Cambridge University Press.

Levine, D. R. and M. B. Anderman. 1982. *Beyond Language, Inrercultural Communication for English as a Second Language*. New York: Prentice Hall.

MacWhinney, B. 2000. *The CHILDES Project: Tools for Analyzing Talk; Third Edition*. Hillsdale, New Jersey: Lawrence Erlbaum Associates.

Mey, J. L. 2001. *Pragmatics: An Introduction*, 2nd Edition. Oxford: Blackwell.

Newport, E., H. Gleitman, L. Gleitman. 1977. Mother, I'd Rather Do it Myself: Some Effects and Non-effects of Maternal Speech Style. In *Talking to Children: Language Input and Acquisition*, ed. by Catherine Snow and Charles Ferguson. 109-149. Cambridge: Cambridge University Press.

Nishimura, M. 1986. Intrasentential code-switching: the case of language assignment. In Vaid, J. ed. by *Language Processing in Bilinguals: Psycholinguistic and Neuropsychological Perspectives*. Hillsdale, NJ; Lawrence Erlbaum Associates. 123-43.

Nishmura, M. 1997. *Japanese/English Code-Switching*. New York: Peter Lang.

Romain, S. 1995. *Bilingualism: Second Edition*. Oxford: Blackwell.

Searle, J. R. 1969. *Speech Acts*. Cambridge: Cambridge University Press.

Sperber, D. and Willson, D. 1995. *Relevance: Communication and Cognition*, Second Edition. New York: Blackwell.

Tannen, D. 1986. *That's Not What I Meant*. New York: Ballantine Books.

The International Phonetic Association. 1999. *Handbook of the International Phonetic Association: A Guide to the Use of the International Phonetic Alphabet*. Cambridge: Cambridge University Press.

Thornton, R. 1990. *Adventures in Long-distance Moving: The Acquisition of Complex WH-questions*. Doctoral Dissertation, University of Connecticut.

Trudgill, P. 1974. *Sociolinguistics: An Introduction to Language and Society*. Harmondsworth: Penguin Books.

Vendler, Z. 1967. *Linguistics in Philosophy*. Ithaca, N.Y.: Cornell University Press.

Yamada, J. 1990. *Laura: A Case for the Modularity of Language*. Cambridge, Massachusetts: MIT Press.

索引
(五十音順)

＜ア＞

I言語(I-language)：109
アクション・チェイン(Action Chain)：83
*(asterisk)：6
アメリカ英語(American English)：14
アメリカ英語(American English: AE)：26
R表現(R-expression)：104
アルフレッド大王(Alfred the Great 在位 871-901)：225
アングル族(Angles)：224
アングロ・サクソン七王国(the Anglo-Saxon Heptarchy)：224

＜イ＞

異音(allophone)：30
イギリス英語(British English)：14, 26
異形態(allomorph)：57
E言語(E-language)：109
意志疎通(communication)：13
一語期(one-word stage)：16
位置素性(place feature)：24
1項述語(one-place predicate)：132
遺伝子(gene)：208
一般アメリカ英語(General American：GA)：189
一般化量化子理論(Generalized Quantifiers Theory)：135
意図(volition)：11
意図的(+volitional)：11
意図明示的行為(ostensive behavior)：165
イベント(event)：10
意味(meaning)：10
意味素性(semantic feature)：122
意味役割(semantic role)：11, 123
意味論(semantics)：115
意味論的直観(semantic intuition)：115
依頼(request)：153
韻(rhyme)：240
インターフェイス(interface)：112
インドヨーロッパ語族(Indo-European)：223
韻文(verse)：240
韻律(prosody)：37
韻律音韻論(Metrical Phonology)：42
韻律語(Prosodic Word)：37

＜ウ＞

ウイリアム征服王(William the Conqueror)：232
ウィリアムズ症候群(Williams Syndrome)：208
ウェドモー条約(Wedmore Treaty)：225
上向き二重母音(upgliding diphthong)：25
ウェルニケ失語症(Wernicke's aphasia)：219
ウェルニケ野(Wernicke's area)：17, 218

＜エ＞

A位置(A-position)：101
A'位置(A'-position)：101
A移動(A-movement)：101
A'移動(A'-movement)：101
英語の歴史(History of English)：18
Xバー理論(X-bar theory)：97
エドワード懺悔王(Edward the Confessor)：232
演算子(operator)：134

＜オ＞

オーストラリア英語（Australian English）：14, 193
オノマトペ（onomatopeoia）：44
親語（parentese）：208
音韻規則（phonological rule）：31
音韻素性（phonological feature）：122
音韻論（phonology）：5
音声学（phonetics）：5
音声形式（phonetic form: PF）：112
音声形式部門（phonetic form component : PF-component）：93
音節核（syllable nucleus, peak）：36
音節周辺（syllable margin）：36
音節を軽音節（light syllable）：37
音節を重音節（heavy syllable）：37
音節を超重音節（superheavy syllable）：37
音節を閉音節（closed syllable）：37
音素（phoneme）：30
音素表記（phonemic transcription）：29

＜カ＞

下位語（hyponym）：117
下位範疇化素性（subcategorization feature）：70
開音節（open syllable）：37
開口度（aperture）：25
外心構造（exocentric structure）：62
解析器（parser）：215, 217
階層的構造（hierarchical structure）：36, 60
開放語（open words: O）：213
会話の含意（conversational implicature）：160
会話の公理（conversational maxims）：159
かぎカッコ（square bracket）：58
格（case）：100, 227

核強勢規則（Nuclear Stress Rule: NSR）：42
核作用域（nuclear scope）：134
格素性（Case feature）：113
格フィルター（Case filter）：100
垣根言葉（hedge）：15
過去時制（past tense）：18
下降含意（downward entailment）：137
過剰修正（hypercorrection）：201
数（number）：227
下接の条件（Subjacency Condition）：103
学校文法（school grammar）：78
活動動詞（activity verb）：124
活用（conjugation）：227
仮定法（subjunctive）：19
仮定法［接続法ともいう］（subjunctive mood）：228
ガーデンパス効果（garden-path effect）：215
含意（entailment）：119
冠詞（article）：7
感謝（gratitude）：153
間接発話行為（indirect speech act）：158
関係の公理（Maxim of Relevance）：160
慣用（convention）：54
簡略表記（broad transcription）：29
関連性（Relevance）：166
関連性の原理（伝達原理）（Principle of Relevance: Communicative Principle）：166
関連性の原理（認知原理）（Principle of Relevance: Cognitive Principle）：166
関連性理論（relevance theory）：164

＜キ＞

偽（false）：118
記号化（encoding）：54
きこえ配列の原則（Sonority Sequencing

Principle）:47
基底構造（underlying structure）:100
機能語（function word）:39, 52, 234
機能主義（functionalism）:79
機能文法（Functional Grammar）:79
脚韻（end rhyme）:240
逆行同化（regressive assimilation）:34
旧情報（old information）:79
強形（strong form）:40
強勢音節（stressed syllable）:37
強勢拍リズム（stress-timed rhythm）:37
協調の原理（cooperative principle）:159
共通部分（intersection）:134
局所性（locality）:103
曲線分節音（contour segment）:28
際立たせ（profile）:84

＜ク＞

句（phrase）:17, 77
空主語パラメータ（pro-drop parameter）:211
句構造（phrase structure）:90
句構造規則（Phrase Structure Rules: PS-rules）:91
句動詞（phrasal verb）:230
グスルム（Guthrum）:225
屈折（inflection）:55, 227
屈折語尾水平化（leveling of inflection）:233
繰り上げ構文（raising）:85
グリッド（grid）:42
クレオール（creole）:201
クローディアス皇帝（Claudius）:223

＜ケ＞

経験者（experiencer）:11
警告（warning）:153
経済性（economy）:111

形式意味論（formal semantics）:115
形態素（morpheme）:6, 53
形態論（morphology）:7, 51, 206
形容詞句（Adjective Phrase: AP）:90
ゲルマン語派（Germanic）:223
言語運用（language performance）:109
言語学（linguistics）:1
言語獲得装置（language acquisition device: LAD）:211
言語学的失語症学（linguistic aphasiology）:220
言語接触（language contact）:200
言語伝達（verbal communication）:195
言語能力（language competence）:109
言語変種（language variety）:185, 189
顕在的（manifest）:167
原理（principle）:17, 86, 111
原理と変数のアプローチ（principles and parameters approach）:111

＜コ＞

語（word）:51
語基（base）:53
語彙意味論（lexical semantics）:115
語彙分解（lexical decomposition）:70
行為遂行的（performative）:153
古英語（Old English）:20
口音（oral sound）:24
口蓋垂（velum）:24
語形成（word formation）:7
語源（etymology）:18
語構造（word structure）:58
合成語（complex word）:52
構成性の原理（principle of compositionality）:145
構成素（constitnent）:88
後舌（back）:24

拘束形態素(bound morpheme):53
高段(high):24
喉頭(larynx):24
喉頭に関する素性(laryngeal features):27
構文文法(construction grammar):146
声の同化(voice assimilation):34
国際英語(International English):203
国際音声学会(International Phonetic Association):29
国際音声字母(International Phonetic Alphabet: IPA):29
黒人英語(Black English):200
語形成(word formation):53
語形変化(declension):227
個人言語(idiolect):195
コックニー(Cockney):14, 193
語と語の境目(word boundary):32
コード切替(code-switching):197
コードスイッチング(code-switching):222
古北欧語(Old Norse:ON):225
語用論(pragmatics):151
混合(mixing):222
痕跡(trace):4, 100, 207

<サ>

再帰代名詞(reflexive pronoun):8
最小対語(minimal pair):31
最少付加(minimal attachment):216
最大投射(maximal projection):97
差集合(difference set):134
サクソン族(Saxons):224
散文(prose):240

<シ>

θ基準(θ-criterion):96, 123
θ役割(θ-role):96, 123
c統御(c-command):105

子音(consonant)1,26
子音連結(consonant cluster):46
シェイクスピア(W. Shakespeare):19
時間直示(time deixis):173
軸語(pivots:P):213
軸文法(pivot grammar):213
死語(a word out of use):54
指示対象(referent):130
刺激の貧困(poverty of stimulus):210
事実確認的(constative):153
自然音類(natural class):33
自然性(natural gender):227
時制(tense):98, 227
事態(event):83
失語症(aphasia):17, 211
辞書部門(Lexion):92
質の公理(Maxim of Quality):160
失文法(agrammatism):218
指定部(specifier):97
指標(index):105
自動詞(intransitive verb):90
社会言語学(sociolinguistics):185
社会的直示(social deixis):173, 178
借用(borrowing):222
社会的距離(social distance):196
謝罪(apology):153
種(kind):142
自由(free):106
自由形態素(free morpheme):53
自由選択(free-choice):136
主格(nominative case):20,227
樹形図(tree diagram):95
主語・助動詞倒置(Subject Auxiliary Inversion: SAI):9
主格(nominative Case):100
重名詞句移動(heavy NP-shift):80
主観的自己認識(identity):187

主張(demand):153
主強勢(main stress, primary stress):41
縮約(contraction):3
受動化(passivization):84
受動態(passive voice):10
ジュート族(Jutes):224
主要部(head):17, 62, 97
主要部後続型(head-final):213
主要部先行型(head-initial):213
主要部パラメータ(head parameter):213
主要部変数(head parameter):18
ジュリアス・シーザー(Julius Caesar):223
順行同化(progressive assimilation):34
順序対(ordered pair):132
上位語(hypernym):117
使用域(register):196
照応形(anaphor):104
照応性(anaphoricity):139
照応用法(anaphoric usage):173
条件A(Condition A):107
条件B(Condition B):107
条件C(Condition C):107
照合(checking):113
上昇含意(upward entailment):137
状況(situation):118
女性(feminine):227
状態(state):11
状態動詞(stative verb):124
情緒的意味(emotional meaning):10
焦点(focus):4, 80
助動詞(auxiliary verb):7
所有者(possessor):123
真(true):118
神経言語学(neurolinguistics):219
新情報(new information):79
深層構造(D(eep)-Structure):92
心理言語学(psycholinguistics):16

真理条件(truth condition):130
真理条件的意味論(truth conditional semantics):130
真理値(truth value):153

<ス>

推意(implicature):171
随意的(optional):36
遂行動詞(performative verbs):153
遂行分析(performative analysis):155
数量詞上昇(quantifier raising):134
スコープ(scope):84

<セ>

there構文(there-construction):4
性(gender):227
制限部(restriction):134
性差別主義(sexism):198
生産的(productive):62
誠実性条件(sincerity condition):157
生成文法(generative grammar):79, 87, 210
生得性(innateness):210
生得的な(innate):211
精密表記(narrow transcription):29
世界言語権宣言(Universal Declaration of Linguistic Rights):203
接辞(affix):53
接頭辞(prefix):53, 230
ゼロ形態素(zero morpheme):58
ゼロ派生(zero derivation):72
宣言(declaration):153
先行詞(antecedent):104
前舌(front):24
選択制限(selectional restriction):117
前置詞句(Prepositional Phrase: PP):18, 90

前提(presupposition):120, 163
全否定(total negation):12

<ソ>

層(tier):43
相互代名詞(reciprocal pronoun):104
総合的言語(synthetic language):240
相互同化(reciprocal assimilation):35
総称性(genericity):142
総称文(generic sentence):142
想定(assumption):167
相補分布(complementary distribution):31
束縛(bind):105
束縛理論(binding theory):107
属格(genitive):227
存在文(existential sentence):4

<タ>

wh移動(wh-movement):9
第一言語獲得(first language acquisition):16
第一次言語資料(primary linguistic data:PLD):210
対格(accusative):227
帯気音化(aspiration):32
代償延長(compensatory lengthening):39
大母音推移(Great Vowel Shift):233
大法官庁(Chancery):233
代名詞(pronoun):104
代名詞類(pronominal):105
多音節語(polysyllabic word):37
多義語(polynomous word):116
多義性(polynomyまたはambiguity):116, 118
多義的(ambiguous):118
多重wh疑問文(multiple wh-question):10

達成動詞(accomplishment verb):124
他動的(transitive):20
他動詞(transitive verb):90
段階性(gradability):122
単音節語(monosyllabic word):37
単項素性(monovalent feature):27
単純語(simple word):52
単語単位のコードスイッチング(intra-sentential code-switching):222
男性(masculine):227
単母音(monophthong):25
談話(discourse):151
談話直示(discourse deixis):173
談話内直示(discourse deixis):177

<チ>

地域方言(regional dialect):189
中央系(central Systems):208
中間動詞(middle verb):90
中間投射(intermediate projection):97
中性(neuter):227
中舌(central):24
中段(mid):24
調音(articulation):23
調音位置に関する素性(place features):27
調音点の同化(place assimilation):35
調音法に関する素性(manner features):27
長母音(long vowel):25
直示(deixis):173
直示的中心(deictic center):174
直感(intuition):16, 87
チョーサー(G. Chaucer):19
直説法(indicative mood):228

<テ>

TP(tense phrase):99
低段(low):24

丁寧さ(politeness):195
適切(felicitous):154
適切性条件(felicity condition):154
転換(conversion):72
デーン人(the Danes):225
デーンロー(Danelaw):225

<ト>

等位バイリンガリズム(coordinate bilingualism):221
頭韻(alliteration):231, 240
同音異義性(homonym):116
同音異義語(homonymous word):116
同化(assimilation):34
同義性(synonym):116
同義語(synonymous word):116
道具(instrument):11, 123
統語解析(syntactic parsing):215
同語反復文(tautology):161
統語論(syntax):10, 77
動作(action):11
動作主(agent):10, 123
動詞(verb):11, 230
頭子音(onset):36
頭子音最大化の原則(Onset Maximization Principle):48
動詞句(Verb Phrase: VP):17, 90
動詞句前置(VP-preposing):89
到達動詞(achievement verb):124
トラジェクター(trajector/figure):83

<ナ>

内心構造(endocentric structure):62
中向き二重母音(centering diphthong):25
内容語(content word):39, 52

<ニ>

二言語話者(bilingual):196
2項述語(two-place predicate):132
二項素性(binary feature):24
西ゲルマン語(West Germanic):223
二重母音(diphthong):25
二重目的語構文(double object construction):19, 146
人称(person):227
人称直示(person deixis):173
認知意味論(cognitive semantics):115, 148
認知文法(Cognitive Grammar):79, 82

<ネ>

ネガティヴ・フェイス(negative face):181

<ノ>

能格動詞(ergative verb):90
能動態(active voice):10
ノーマン・フレンチ(Norman French):232
ノルマンディー公ウイリアム(William):232

<ハ>

バイキング(Viking):225
バイリンガリズム(bilingualism):220
拍(beat):37
場所直示(place deixis):173
派生(derivation):53, 65
派生接辞(derivational affix):53
発音記号(phonetic alphabet):3
発語内行為(illocutionary act):155
発語行為(locutionary act):155
発語媒介行為(perlocutionary act):156
発語内の力(illocutionary force):156
母親語(motherese):208
発話(utterance):151
発話した音(speech sound):28

発話の文脈(context of utterance):173
ハドリアヌス皇帝(Hadrian):223
ハドリアヌスの長城(the Hadrian's Wall):224
パラメータ(parameter):211
パラメータ値の固定(parameter setting):211
反意語(antonym):117
破擦音(affricate):26, 27, 28
範疇(category):91

<ヒ>

BBC英語(BBC English):189
非意図的(－volitional):11
鼻音(nasal sound):24, 26
非言語伝達(nonverbal communication):195
尾子音(coda):36
ピジン(pidgin):200
左半球(left hemisphere):16
必須条件(essential condition):157
否定極性表現(negative polarity item):136
否定証拠(negative evidence):209
被動者(patient):10, 123
皮肉(irony):161
非人称構文(impersonal construction):234
評価する(evaluate):130
非文(ungrammatical sentence):6, 78
非文法的(ungrammatical):6
非明示的遂行文(implicit performative sentence):154
100年戦争(Hundred Year's War 1337-1453):233
表意(explicature):171
表音文字(phonogram):28
表層構造(S(urface)-Structure):92
敏感期(sensitive period):212

品詞(parts of speed):91

<フ>

フェイス(face):181
フェイスを脅かす行為(FTA: face threatening act):181
付加詞(adjunct):98
複合(compounding):53, 61
複合語(compound):41
複合バイリンガリズム(compound bilingualism):221
副詞(adverb):5, 230
副次強勢(secondary stress):41
フット(foot):37
部分否定(partial negation):12
プラトンの問題(Plato's problem):210
普遍文法(universal grammar: UG):17, 111, 211
フレーム(frame):149
フレーム意味論(frame semantics):149
ブローカ失語症(Broca's aphasia):218
ブローカ野(Broca's area):16, 218
文(sentence):77
文主語(sentential subject):20
文処理(sentence processing):214
分節音(segment):23
分析的言語(analytic language):240
文単位のコードスイッチング(inter-sentential code-switching):222
文法的性(grammatical gender):227
文末焦点の原理(principle of end focus):80
文脈(context):167
文脈含意(contextual implication):167
文脈強化(contextual strengthening):167
文脈効果(contextual effect):167

<ヘ>

閉鎖音(stop):26
ヘースティングス(Hastings):232
変形規則(transformational rule):86, 93
変数(parameter):17, 111
弁別特徴の束(bundle of features):33
弁別的(distinctive):33
弁別的特徴(distinctive feature):24

<ホ>

母音(vowel):1, 24
母音後の/r/(postvocalic r):14
母音のきこえ(sonority):44
法(mood):227
方言(dialect):14, 189
母語(native language):1
ポジティヴ・フェイス(positive face):181
補助記号(diacritics):29
補部(complement):97
補文標識(complementizer):99
ポライトネス(politeness):181

<マ>

摩擦音(fricative):26

<ミ>

右側主要部の規則(Right-hand Head Rule):64
右半球(right hemisphere):16
ミニマリストプログラム(minimalist program):111

<ム>

無強勢音節(unstressed syllable):37
矛盾(contradiction):167
無声(voiceless)23

<メ>

名詞(noun):5
名詞句(noun phrase):41
明示的遂行文(explicit performative sentences):154
命令(command):153
命令文(imperative sentence):88
命令法(imperative mood):228
命題内容条件(propositional content condition):157
メタファー(metaphor):148
メトニミー(metonymy):149
メンタル・レキシコン(または心内辞書)(mental lexicon):51

<モ>

黙字のe(silent 'e'):38
目的格(objective Case):100
モジュール仮説(modularity hypothesis):208
モーラ(mora):37
モンタギュー文法(Montague Grammar):115

<ユ>

唯一性(uniqueness):139
有界節点(bounding node):103
有生(animate):122
有声(voiced):23
有声音(voiced sound):3

<ヨ>

与格(dative case):20
与格(dative):227
与格構文(Dative Construction):19, 146
様式素性(manner feature):25
容認発音(Received Pronunciation:RP)

：189
余剰的特徴(redundant feature)：33
様態の公理(Maxim of Manner)：160
予備的条件(preparatory condition)：157

<ラ>

ラポート・トーク(rapport talk)：199
ランドマーク(landmark/ground)：83

<リ>

流音(liquid)：26
量の公理(Maxim of Quantity)：160
臨界期(critical period)：16, 211

<ル>

ルーン文字(Rune)：226

<レ>

例外的格標示(Exceptional Case-Marking: ECM)：107
レポート・トーク(report talk)：199

<ロ>

論理形式(logical form: LF)：112
論理形式部門(logical form component: LF-component)：93
論理的意味(logical meaning)：10

<ワ>

wanna縮約(wanna-contraction)：207
話題(topic)：10
渡り音(glide)：26

小野　隆啓（おのたかひろ）

　1954年生まれ。1976年京都外国語大学外国語学部英米語学科卒。1979年San Francisco State University 大学院 Language Study 修了。2001-2002年マサチューセッツ工科大学大学院言語哲学学科客員研究員。京都外国語大学教授。主な著書：『英語の輪郭：原理変数理論解説』（共著、英潮社）、『生成文法用語辞典』（共著、大修館書店）、『言語一般（日本語教師養成講座テキスト2）』（共著、ヒューマンアカデミー）、『現代英語正誤辞典』（共著、研究社）、『英語学用語辞典』（共著、三省堂）。
（ホームページ：http://www.kufs.ac.jp/English/faculty/ono/index.htm）

英語の構造

2004年10月 1 日　初版発行
2023年 2 月20日　第15版

監修者　小　野　隆　啓
発行者　福　岡　正　人
発行所　株式会社　金星堂
（〒101-0051）東京都千代田区神田神保町3-21
Tel.(03)3263-3828(代)　Fax(03)3263-0716　振替 00140-9-2636
http://www.kinsei-do.co.jp　E-mail:text@kinsei-do.co.jp
印刷／日新印刷　製本／松島製本

ISBN978-4-7647-0976-8 C1098
落丁・乱丁本はお取り替えいたします